Akzeptanz von Arbeitsplatzbedingungen in Büros an Atrien unter besonderer Berücksichtigung der Tageslichtverhältnisse

von

Hans Jürgen Schmitz

Tectum Verlag
Marburg 2003

Schmitz, Hans Jürgen:
Akzeptanz von Arbeitsplatzbedingungen in Büros an Atrien unter besonderer
Berücksichtigung der Tageslichtverhältnisse
/ von Hans Jürgen Schmitz
- Marburg : Tectum Verlag, 2003
Zugl.: Dortmund, Univ. Diss. 2002
ISBN 978-3-8288-8477-9

© Tectum Verlag

Tectum Verlag
Marburg 2003

The lighting of a given interior is not good
unless it is pleasing to the occupants.
(Guide on Interior Lighting, Publication CIE 29.2-1986)

Vorwort

Ein Tageslichtbezug an ständigen Arbeitsplätzen ist in der Bundesrepublik Deutschland gesetzlich verankertes Recht und damit ein wesentlicher Teil ergonomischer Arbeitsplatzgestaltung. Die Wichtigkeit eines gesunden und befriedigenden Arbeitsumfelds belegen zahlreiche Studien zur Produktivität von Arbeitern und Angestellten.
Atriumgebäude mit Büronutzungen sind in der Vergangenheit aus verschiedenen Gründen vielfach realisiert worden, dabei stellen sich im Atrium wesentlich andere Tageslichtbedingungen ein, als im Außenraum. Der Anlass für diese Arbeit war die gutachterliche Tätigkeit des Autors, bei der in vielen an Atrien gelegenen Büroräumen ein oft kaum den geltenden Mindestanforderungen entsprechender Tageslichtanteil festgestellt wurde. Ob die durch eine Dach- und Fassadenkonstruktion geminderte Tageslichtmenge durch weniger Blendung, einen interessanteren Ausblick oder andere Verbesserungen des Arbeitsumfeldes kompensiert werden kann, wird langfristig über die Tauglichkeit dieser Bauform entscheidend mitbestimmen.
Es galt zu untersuchen, unter welchen Bedingungen die Nutzer in den Gebäuden ihre Tageslichtverhältnisse im Raum als angenehm empfinden. An der Schnittstelle von Lichttechnik und Architektur sollen die Ergebnisse dieser Arbeit letztlich Planungshilfen für die Konzeption und Ausführung von Bürogebäuden mit Atrien anbieten, die sowohl die Gestaltung der Atrien selbst, wie auch die der angrenzenden Räume betrifft.

Inhaltsverzeichnis

1 Einführung 9
1.1 Tageslicht 10
1.2 Architektur und Tageslicht 22
1.3 Einführung Büros 27
1.4 Einführung Atrien 34

2 Aufgabenstellung 45
2.1 Definition und Einschränkung der Aufgabe 45
2.2 Lösungsansatz 46

3 Bestandsaufnahme 49
3.1 Untersuchungen zum Tageslicht in Atriumgebäuden 49
3.2 Untersuchung zu Planungskriterien für Atrien 56
3.3 Untersuchungen zur Akzeptanz von Tageslichtbedingungen 57
3.4 Untersuchungen zur Auswirkung von Arbeitsumfeldbedingungen 69

4 Arbeitshypothesen 75
4.1 Hypothese 1 75
4.2 Hypothese 2 76
4.3 Hypothese 3 78
4.4 Hypothese 4 79
4.5 Hypothese 5 80
4.6 Zusammenfassung der Hypothesen 81

5 Methode 83
5.1 Feldstudie 83
5.2 Konzeption der Studie 86
5.3 Begründung der Projektauswahl 91
5.4 Durchführung 93

6 Auswertung 99
6.1 Statistische Auswertung 101
6.2 Inhaltliche Auswertung 113

7 Ergebnisse 149
7.1 Diskussion der Ergebnisse 149
7.2 Planungshilfen 151
7.3 Vergleichende Diskussion 158

8 Zusammenfassung 163
8.1 Aufgabe 163
8.2 Methode 163
8.3 Zusammenfassung der Hypothesen 163

Inhaltsverzeichnis

8.4 **Zusammenfassung der Ergebnisse** 164
8.5 **Fazit** 164
    Stichwortindex 166
    Quellenangaben 168
ANHANG ....
  I. **Statistische Methoden** 173
  II. **Literaturverzeichnis** 175
 III. **Projektdokumentation** 183
 IV. **Musteranschreiben** 203
  V. **Musterfragebogen** 204

1 Einführung

Das Licht der Sonne ist für unseren Planeten die einzige Primärenergiequelle; alle fossilen und nachwachsenden Brennstoffe sind ebenso wie Wind- und Wasserkraft Produkte der enormen Einstrahlung elektromagnetischer Strahlung von unserem nächstgelegenen Fixstern. Durch die Ölkrise und den inzwischen kaum noch zu leugnenden Treibhauseffekt, ist man in allen Kulturformen der Gesellschaft gezwungen, die verfügbaren fossilen Energien rationell einzusetzen. Eine Gruppe namhafter Architekten formulierte 1996 in der Europäischen Charta für Solarenergie in der Architektur: „Rund die Hälfte der in Europa verbrauchten Energie dient dem Betrieb von Gebäuden (...) Neue Gestaltungskonzepte sind zu entwickeln, welche die Sonne als Licht- und Wärmequelle bewußt machen."[1] Dies ist ein Grund für die Aktualität der Diskussion um das Tageslicht in der Architektur. Das Tageslicht ist der für uns sichtbare Anteil der durch die Atmosphäre gefilterten Solarstrahlung, deshalb ist Tageslichtnutzung direkte Solarenergienutzung. Nicht nur, dass das Tageslicht ermöglicht, wertvollen Strom für Kunstlicht einzusparen, das Tageslicht ist selbst ein Energieträger für das Gebäude. Eine geschickte Solarenergienutzung ermöglicht schon heute technisch - leider noch nicht wirtschaftlich - die Deckung des gesamten Betriebsenergiebedarfes eines Gebäudes [2].

Betrachtet man das Tageslicht im Gebäude jedoch allein aus energetischer Sicht, erfasst man bestenfalls die halbe Wahrheit. Die primäre Aufgabe eines Gebäudes ist nicht, möglichst wenig Energie zu verbrauchen, sondern den sich darin aufhaltenden Menschen einen ihnen angemessenen Lebensraum zu bieten. Durch schlechte Erfahrungen u.a. mit den Großraumbüros der 60-er und 70-er Jahre des 20. Jhdts., hat man den Bezug zu der natürlichen Umwelt als Gesundheits- und Produktivitätsfaktor wiederentdeckt. Leider hat sich unsere technologisch geprägte Kultur Arbeitsanforderungen geschaffen, die diesen Bezug zur Natur immer mehr erschweren und damit auch ganz neue Krankheiten hervorgerufen, wie das bekannte Sick-Building-Syndrom. Es ist nicht die Aufgabe der Bauschaffenden zu entscheiden, ob eine solche kulturelle Entwicklung zurückgedreht werden kann oder soll, wohl aber die negativen Folgen zu begrenzen und den Menschen zu einer schützenden statt einer schadenden baulichen Umgebung zu verhelfen. Nach einer Architekturepoche, die von der Machbarkeit des Gebäudes als kontrollierbare, künstliche Umwelt geprägt war, setzen sich heute mehr und mehr Vorstellungen von Gebäuden mit größtmöglichem Außenbezug durch.

Durch sich verändernde Lebensbedingungen der Menschen ist die Suche nach der angemessenen Architektur ein anhaltender Prozess. Sowohl unter dem Gesichtspunkt der rationellen Energieverwendung als auch im Hinblick auf die

Einführung

Tageslichtverhältnisse ist in der Baugeschichte eine Bauform immer wieder aufgetaucht, die im Rahmen dieser Arbeit genauer untersucht werden soll: das Atrium. „Tageslicht war einst der Anstoß zur Entwicklung des Atriums. Heute wird erneut die Tageslichtnutzung durch große städtische Sonnenräume zum Qualitätsmerkmal einer neuen Bauform."[3]

'Tageslicht', 'Büro' und selbst 'Atrium' sind allgemein gebräuchliche Begriffe. Für das Verständnis der Nutzerakzeptanz bedarf es dennoch einer genaueren Betrachtung, wie sich diese zum Nutzer verhalten.

1.1 Tageslicht

Vor der Beschäftigung mit der Wirkung des Tageslichtes in einer bestimmten Bauform, steht die Betrachtung des Tageslichtes in Bezug auf den Menschen. Bei der Beleuchtung eines Gebäudes geht es nicht nur um technische Größen. Das gilt ganz besonders für das Tageslicht. „Beleuchtung ist keine exakte Wissenschaft, sondern auch eine Kunst, die Dinge und Menschen betrifft. Die Beleuchtung eines Raumes ist daher nur gut, wenn sie den Nutzer befriedigt."[4] Wir müssen daher sowohl die Wissenschaft als auch die Kunst üben, das Tageslicht den Nutzern unserer Gebäude dienstbar zu machen.

1.1.1 Wirkung auf den Menschen

Beim gesunden Menschen macht das Sehen ca. 80 % der gesamten sinnlichen Wahrnehmung aus. Das Sehen ist uns möglich in einer Bandbreite vom Sternenlicht (0,01lx) bis zum grellen Sonnenlicht (100.000lx), wobei die untere Grenze soeben Orientierung ermöglicht und die obere Grenze bereits Schmerzen bereitet. Das Sehen findet dabei zum größten Teil im Gehirn statt, das nicht nur Reize der Netzhaut beider Augen, sondern auch damit korrelierende Reize anderer Sinne und Seherfahrungen aus der Erinnerung zu einem Bild verarbeitet. Dieser gesamte Sehapparat ist perfekt auf die Tageslichtbedingungen abgestimmt. Über die Wahrnehmung hinaus steuert das Tageslicht in seiner Zusammensetzung jedoch auch viele hormonelle und emotionale Funktionen. KÜKELHAUS beschreibt in seiner Untersuchung speziell der kindlichen Wahrnehmung, „daß das Sehen ein gesamtorganischer Prozess ist, daß also nicht bloß das Auge sieht, sondern der ganze Mensch mit all seinen Organsystemen."[5]

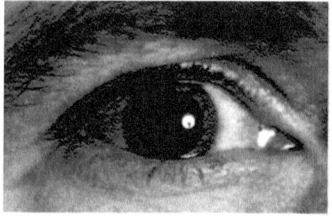
Abbildung 1: menschliches Auge bei Dunkeladaptation

Einführung

1.1.1.1 Physiologische Aspekte

Insbesondere das Tageslicht ist nicht nur Voraussetzung für das Sehen, sondern für das gesamte Wohlbefinden. „Die Sonne erhält nämlich in den Gegenden, woselbst sie eine gemäßigte Wärme ausströmt, die Körper in gesundem Zustand"[6]. So stellte bereits VITRUVIUS fest, dass das Tageslicht unsere physiologische Verfassung wesentlich mitbestimmt. Nach leidvollen Erfahrungen im Zuge der Industrialisierung wurden diese Erkenntnisse wiederentdeckt und führten zu Änderungen baurechtlicher Bestimmungen. „Die seit 1870 von Medizinern und Hygienikern durchgeführten Untersuchungen über Wohnverhältnisse von Arbeitern hatten gezeigt, daß die hochverdichtete Bauweise die Gesundheit der Bewohner beeinträchtigte und vielfach zu Krankheit und Tode führte. Die kleinen Wohnungen in den vielgeschossigen Häusern lagen an nur 5,3m x 5,3m großen Hinterhöfen und waren daher völlig unzureichend beleuchtet und besonnt. (...) Erst Anfang der 20-er Jahre entstand mit dem 'Neuen Bauen' eine Architekturrichtung, die (...) u.a. die Forderung nach gesunden Wohnverhältnissen - nach 'Licht, Luft, Sonne' zum zentralen Thema (...) machte"[7]. Medizinisch anerkannt ist inzwischen auch die Lichtmangelkrankheit SAD, die sich in vermehrter Häufigkeit bei Menschen nahe den Polarregionen durch Depression im Winter äußert, aber auch bei Personen auftritt, die beruflich bedingt keinen regelmäßigen Tageslichtbezug haben. Die Steuerung unserer dynamischen Hormonzyklen bedarf der Zusammensetzung und des Rhythmus des Tageslichts.[8] Nachdem OETER darauf hingewiesen hat, dass zu viel Tageslicht sehrwohl auch zu einer Gesundheitsgefährdung durch Hautkrebs führt, beschreibt er Untersuchungen in dauernd künstlich beleuchteten Räumen, die ergaben „daß nach 14 Tagen die Streßhormone im Körper der Versuchspersonen stark zunahmen - man spricht vom 'Lichtstreß'. Nach einer sowjetischen Untersuchung verminderten sich beim ganztägigen Arbeiten in fensterlosen Räumen die immunbiologischen Abwehrkräfte des Organismus."[9] Ergänzend belegt eine andere Studie in Intensivstationen von Krankenhäusern die positive Auswirkung von Tageslicht auf den Heilungsprozess. Patienten mit gleicher Behandlung, Personal und Raumbelegung erholten sich 10% schneller mit einem Ausblick in die begrünte Umwelt, als mit Blick in einen gemauerten Innenhof. [10] Obwohl die Zusammenhänge um die Wirkung des Lichtes auf unseren Körper noch nicht endgültig entschlüsselt sind, kann die positive Auswirkung des möglichst ungefilterten Tageslichtes auf die physische Konstitution nicht bezweifelt werden.

1.1.1.2 Psychologische Aspekte

Die Grenze zwischen den physiologischen und den psychologischen Auswirkungen des Lichtes auf den Menschen sind fließend. Der Mensch erlernt im Laufe seines Lebens unbewusst mit dem Tageslicht auch Jahreszeit, Tageszeit, Ort und Wetterbedingungen wahrzunehmen. Obwohl im Innenraum immer nur

Einführung

ein Teil der Informationen mit dem Tageslicht ankommt, zeichnet dieser informative Aspekt das Tageslichts gegenüber dem Kunstlicht aus. Die Erfahrbarkeit des Tageslichtes in dieser Veränderlichkeit ist daher der reinen Beleuchtungsfunktion mindestens gleichzustellen. Ergonomische Studien fordern ein interessantes Umfeld des Arbeitsplatzes zur Förderung der Produktivität. Das Tageslicht ist dabei ein zentraler Bestandteil eines visuellen Komforts in Gebäuden. [11] Über den visuellen Komfort hinaus hat das Licht auch emotionale Aspekte. Wie viele Stimmungen für uns mit dem Licht verknüpft sind, zeigen vielfach poetische Redewendungen. „Und es gibt eine tiefe emotionale Entsprechung zwischen dem Licht und unseren Gefühlen - in dem fröhlichen, belebenden Licht eines sprühenden Tages, dem weichen, träumerischen Licht von Nebel und Schnee, dem deprimierenden Licht, das fade und trübselig ist. Belebendes Licht hebt unsere Stimmung ebenso wie graue Lichtverhältnisse sie senken. (...) Die Veränderung emotionaler Qualitäten verleiht Orten eine Art Seele."[12]

1.1.2 Tageslicht und Wahrnehmung

Die visuelle Wahrnehmung ist ein komplexer Prozess von der Funktion des Auges bis zur Erkennung gespeicherter Strukturen im Gehirn. „Nur ein Teil (1/5) dessen, was wir sehen kommt über das Auge als Information von der Außenwelt. Im Gehirn wird daraus ein geschlossenes Modell der unmittelbaren Umgebung." [13]
Auch die Lichtverhältnisse außerhalb des momentanen Blickfeldes der Augen beeinflussen das Raumempfinden mit. Im Büro ist selbst bei konzentrierter Betrachtung des Bildschirmes die Helligkeitsverteilung des gesamten Raumes präsent. Für das Verständnis der Wichtigkeit des Tageslichtes und insbesondere des Ausblicks ist dies von großer Bedeutung.

1.1.2.1 Kontrastsehen

Um Dinge als eigenständige Objekte erkennen zu können, müssen sie sich visuell von ihrer Umgebung unterscheiden. „Kontrasterkennung ist die Grundlage, von der sich alle visuelle Wahrnehmungen herleiten. Wir können sagen, dass wir durch Kontraste sehen"[14] Dies geschieht durch Farb- und / oder Helligkeitsunterschiede der auf der Retina des Auges abgebildeten Umgebung. Der Kontrast ist definiert als das Verhältnis der Helligkeitsdifferenz ΔL eines Objektes zur Umgebungshelligkeit L_U. $K = \Delta L / L_U$. Um etwa diese Schrift lesen zu können, bedarf es der dunklen Zeichen einer gewissen Mindestgröße auf dem hellen Hintergrund, sowie Lichtverhältnisse, die die Zeichen als relativ dunkel und den Hintergrund relativ hell erscheinen lassen. Zu viel Licht überstrahlt die Zeichen, während zu wenig Licht den Hintergrund nicht ausreichend erhellt. Je geringer die Kontraste und je kleiner die Sehaufgaben, desto mehr Licht ist erforderlich, diese wahrzunehmen.

1.1.2.2 Adaptation

Bei gleichbleibenden Lichtverhältnissen können von der Netzhaut Leuchtdichteverhältnisse von 100:1 aufgelöst werden, wobei auf die hellste größere Fläche des Blickfeldes adaptiert wird. Bei Veränderung des Blickwinkels oder Veränderung der Lichtverhältnisse kann durch die Anpassungsfähigkeit der Pupille der Lichteinfall in Sekundenbruchteilen im Verhältnis von 1:16 regeln. (mechanische Adaptation) Die Pupille wirkt als Blende und ist abhängig vom Lichteinfall zwischen 1,5 und 8 mm Durchmesser veränderlich. Nur wenn Kontraste im Hintergrund von mehr als 16 x 100:1 auftreten, kann das Auge nicht mehr alle Kontraste auflösen. Es kommt zu Blendung oder dunklen Silhouetten.

Abbildung 2: Kontraste in einem Schriftsatz

Der größere Teil der Adaptationsleistung wird durch die Netzhaut erbracht in Form der photochemischen Anpassung an sich verändernde Lichtverhältnisse und den Wechsel zwischen dem Zapfensehen und Stäbchensehen. Das Auge kann sich damit insgesamt durch Adaptation Leuchtdichten bis zum Verhältnis 1:1.000.000.000 anpassen.

1.1.2.3 Akkomodation

Das Bild der Umgebung wird durch die Linse fokussiert, die mit Hilfe von Muskeln in ihrer Form veränderbar ist, so daß unterschiedlich entfernte Gegenstände scharf auf die Netzhaut abgebildet werden können. Optimale Sehschärfe ist gegeben, wenn bei heller Beleuchtung ein Bild auf die Fovea centralis trifft, eine winzige Vertiefung der Netzhaut, die eine dichte Ansammlung von Zapfen hat. Dieser kleine Bereich des Scharfsehens wird durch die Erinnerungsleistung im Gehirn zu einem scharfen Gesamtbild verarbeitet. Die Akkomodationsfähigkeit sinkt mit zunehmendem Alter, weil die Elastizität der Linse nachläßt. Die Muskeln sind bei der Akkommodation auf ein nahes Objekt angespannt, deshalb müssen wir von nahen Sehaufgaben gelegentlich aufsehen und möglichst den Blick aus dem Fenster in Anspruch nehmen können, da erst ab einer Sehentfernung von ca. 12m der Muskel vollständig entspannen kann.

Einführung

1.1.2.4 Ermüdung

Da der Sehvorgang mit Muskel- und Gehirntätigkeit verbunden ist, kann der Sehapparat ermüden. Eine Erholung ist in jeder Schlafphase möglich, so dass bei normaler Belastung keine dauerhafte Sehstörung auftritt. Eine im Volksmund behauptete langfristige Schädigung der Augen durch zu geringe Helligkeit konnte nicht wissenschaftlich bestätigt werden.
Bei unangemessenen Sehaufgaben über längere Zeit kann es jedoch zu Störungen sowohl der Augen, als auch der Gehirnfunktion kommen. „Bei einer höheren Belastung des visuellen Apparates sowie bei Störungen seiner Interaktion mit der visuellen Umwelt treten spezifische Beschwerden auf: asthenopische Beschwerden. Diese sind u.a. Kopfschmerzen, Augenbrennen, Augenjucken, Verschwimmen von Bildern sowie erhöhter Tränenfluß. (...) Das Auftreten von asthenopischen Beschwerden unter bestimmten Sehbedingungen deutet immer auf eine mangelhafte Anpassung der Sehaufgabe und der Umgebungsbedingungen an die Eigenschaften des Sehapparates hin."[15] Diese Beschwerden können zu einer erheblichen Minderung der Arbeitsleistung und Fehlzeiten führen und haben damit direkten Einfluss auf die Wirtschaftlichkeit eines Arbeitsplatzes.

1.1.3 Lichttechnische Grundbegriffe

Für das Verständnis und die Bewertung von Tageslicht sind nur wenige Grundbegriffe zu definieren. Das Licht ist der Teil der elektromagnetischen Strahlung von 380 nm bis 780 nm, der im Auge Helligkeitsempfindung hervorruft. „Eine besondere Bedeutung hat die spektrale Hellempfindlichkeit des menschlichen Auges, da sich (...) damit die lichttechnisch relevanten Größen beschreiben lassen." [16]

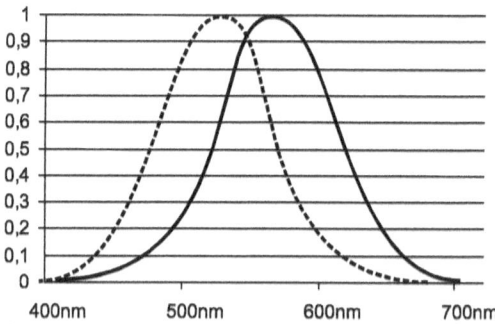

Abbildung 3: Spektrale Hellempfindlichkeit des meschlichen Auges V(λ)

Die Abbildung zeigt die spektrale Hellempfindlichkeit des menschlichen Auges (V(λ) Kurve), die von der CIE (internationale Beleuchtungskommision) für einen Normalbeobachter standardisiert wurde. Die größte Empfindlichkeit liegt

Einführung

bei Helladaptation bei λ=555 nm (grün), verschiebt sich jedoch bei Dunkeladaptation in den blauen Bereich (gestrichelte Linie).

1.1.3.1 Lichtstrom

Der Lichtstrom Φ ist die Grundgröße der Lichttechnik. Der Lichtstrom ist die von einem Strahler in den gesamten Raum abgegebene Strahlungsleistung $\Phi_{e\lambda}$ bezogen auf die spektrale Hellempfindlichkeit. Der Lichtstrom hat die Einheit Lumen [lm].

1.1.3.2 Lichtstärke

Die Lichtstärke I ist der Lichtstrom Φ eines Strahlers in einen begrenzten Raumwinkel Ω. Die Lichtstärke hat die Einheit Candela [cd]. Die Lichtstärke ist eine wichtige Größe bei der Beschreibung der Abstrahlcharakteristik von Leuchten.

1.1.3.3 Leuchtdichte

Die Definition der Leuchtdichte nach DIN 5031 lautet: „Die Leuchtdichte ist der Quotient aus dem durch eine Fläche A in einer bestimmten Richtung (e) durchtretenden (auftreffenden) Lichtstrom Φ und dem Produkt aus dem durchstrahlten Raumwinkel Ω und der Projektion der Fläche A* cos e auf eine Ebene senkrecht zur betrachteten Richtung"[17] Die Leuchtdichte hat die Einheit [cd/m²]. Gemeint ist nichts anderes, als die sichtbare Helligkeit einer Fläche. Die menschliche Wahrnehmung nimmt jedoch bedingt durch die Adaptation nur Leuchtdichterelationen wahr, so dass subjektiv nur die Wahrnehmung „relativ hell" bzw. „relativ dunkel" möglich ist.

Tabelle 1: Typische Leuchtdichten L unter Tageslicht und künstlicher Beleuchtung

Leuchtdichte	L (cd/m²)
Sonne	1.000.000.000
Glühlampe (mattiert)	100.000
Leuchtstofflampe	10.000
besonnte Wolken	10.000
blauer Himmel	5.000
weisses Papier bei 500 lx	100
Bildschirm (positiv)	100-200

1.1.3.4 Beleuchtungsstärke

Die Definition der Beleuchtungsstärke nach DIN 5031 lautet: „Die Beleuchtungsstärke E an einem Punkt einer realen oder gedachten Oberfläche ist die Flächendichte des auftreffenden Lichtstroms."[18] Damit wird beschrieben, welche 'Menge' an Licht einen bestimmten Punkt trifft. Die Beleuchtungsstärke hat die Einheit Lux [lx].

Einführung

Tabelle 2: Typische Beleuchtungsstärken E unter Tageslicht und künstlicher Beleuchtung

Beleuchtungsstärke	E (lx)
Sonnenlicht	100.000
bedeckter Himmel (Mittelwert)	10.000
Arbeitsplatzbeleuchtung	300 - 1.000
Straßenbeleuchtung	10
Mondlicht	1

Für das Tageslicht sind in der Regel Werte der horizontalen Außenbeleuchtungsstärke maßgeblich. Für die Raumbeleuchtung werden wie beim Kunstlicht die horizontalen Beleuchtungsstärken am Arbeitsplatz als wichtigstes Auslegungskriterium genannt. Die Beleuchtungsstärke kann nur messtechnisch erfasst werden. Wie hell eine beleuchtete Fläche empfunden wird, hängt jedoch von seiner Leuchtdichte in Betrachterrichtung und vom Adaptationsniveau des Auges ab.

1.1.3.5 Tageslichtquotient

Als wichtigste Bemessungsgröße für Tageslichtverhältnisse in Räumen hat sich der Tageslichtquotient D (dayligth factor) durchgesetzt. Der Tageslichtquotient wird nach DIN 5034 definiert: „Der Tageslichtquotient D ist das Verhältnis der Beleuchtungsstärke in einem Punkt einer gegebenen Ebene, die durch direktes und/oder indirektes Himmelslicht bei angenommener oder bekannter Leuchtdichteverteilung des Himmels erzeugt wird, zur gleichzeitig vorhandenen Horizontalbeleuchtungsstärke im Freien bei unverbauter Himmelshalbkugel. Die durch direktes Sonnenlicht bewirkten Anteile beider Beleuchtungsstärken bleiben unberücksichtigt."[19] Der Tageslichtanteil im Innenraum setzt sich aus drei Anteilen zusammen: Je nach Lage im Raum und Verbauung ist der größte Anteil der direkte Himmelslichtanteil (D_H), reflektiertes Licht von anderen Gebäuden, oder auch dem Boden bildet den extern reflektierten Anteil (D_V) und schließlich das im Raum reflektierte Licht den Innenreflexionsanteil (D_R).

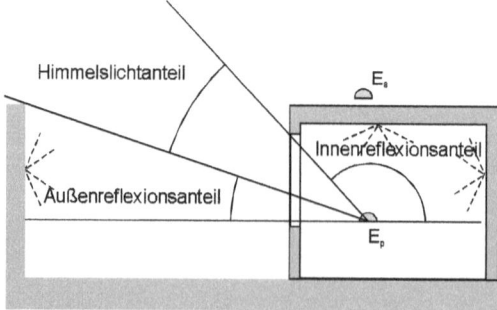

Abbildung 4: horizontaler Tageslichtquotient im Innenraum

Für den bedeckten Himmel ist der Tageslichtquotient an einem bestimmten

Einführung

Punkt in einem Raum eine konstante Größe. Bei klarem Himmel und mit Sonnenlicht kann der Tageslichtquotient zwar gebildet werden, ist jedoch sonnenstandsabhängig und somit als veränderlicher Parameter keine Raumkonstante.

1.1.4 Lichttechnische Gütekriterien

Bei der Bewertung der Gütemerkmale einer Beleuchtungssituation sind die Funktionen des zu beurteilenden Raumes zu berücksichtigen. Es sind demnach nicht in jeder Situation alle Gütemerkmale, die zutreffenden aber immer als Ganzes zu berücksichtigen.

1.1.4.1 Beleuchtungsniveau

Zur Bestimmung des für eine Sehaufgabe erforderlichen Beleuchtungsniveaus diskutieren Lichttechniker verschiedene Verfahren. Auf Messungen der Sehleistungen beruhend werden lichttechnisch korrekt Kontrastverhältnisse in Abhängigkeit der Umfeldleuchtdichte bzw. der Adaptationsleuchtdichte definiert. Eine 'erforderliche' Größe ist dabei immer eine Setzung, für die man eine gewünschtes Sehleistungsniveau definiert. Diese komplexen Methoden sind in der Planungspraxis jedoch bisher nicht praktikabel. Überlicherweise werden daher für bestimmte Sehaufgaben Beleuchtungsstärkeniveaus gefordert, bei denen unter üblichen räumlichen Bedingungen die lichttechnischen Umfeldbedingungen erreicht werden.

Tabelle 3: Empfohlene Beleuchtungsstärkebereiche (nach CIE Publ. 29.2)

Bereich	empfohlene Beleuchtungsstärken (lx)	Beispiel
Allgemeinbeleuchtung für Bereiche, die nur gelegentlich genutzt werden	20 - 30 - 50	öffentliche Bereiche mit dunklem Umfeld
bedeckter Himmel (Mittelwert) Arbeitsplatzbeleuchtung	50 - 100 - 150	einfache Orientierung bei kurzzeitigem Aufenthalt im Raum
	100 - 150 - 200	Räume, die nicht ständig genutzt werden
Allgemeinbeleuchtung in Innenräumen	200 - 300 - 500	grobe Sehanforderungen (z.B. grobe Maschinenarbeit)
	300 - 500 - 750	normale Sehanforderungen (z.B. Büroräume)
	500 - 750 - 1000	hohe Sehanforderungen (z.B. Handgravur, Gütekontrolle)
Zusatzbeleuchtung für hohe Sehanforderugen	750 - 1000 - 1500	langandauernde hohe Sehanforderungen (z.B. Uhrmacherei)
	1000 - 1500 - 200	außergewöhnlich hohe Sehanforderungen (z.B. Mikroelektronikmontage
	> 2000	spezielle Anforderungen (z.B. Operationsbeleuchtung

Für die verschiedenen Stufen wird nach Wichtungsfaktoren (Alter der Beschäftigten, mittlerer Reflexionsgrad des Umfelds, Erkennungszuverlässigkeit und

Einführung

-geschwindigkeit) das jeweils zu empfehlende Beleuchtungsstärkeniveau ausgewählt.
Für die Beleuchtung mit Tageslicht wird nach DIN 5034 ein Beleuchtungsstärkeniveau von 60% des für Kunstlicht empfohlenen Wertes als ausreichend angesehen. Zum einen wird damit berücksichtigt, dass Tageslicht im Gegensatz zum Kunstlicht keiner Alterung unterliegt und keiner Wartung bedarf und zum anderen, dass die Sehleistung unter Tageslicht bei gleicher Beleuchtungsstärke höher ist, als bei künstlicher Beleuchtung.

1.1.4.2 Gleichmäßigkeit

Die für einen Raum günstigste und angenehmste Leuchtdichteverteilung wird kontrovers diskutiert. BARTENBACH entwickelt seine Theorie der stabilisierten Wahrnehmung, nach der es notwendig ist, „die Leuchtdichteverhältnisse des Infeldes (fokussierter Betrachtungsbereich) und des Umfeldes in ein solches Verhältnis bzw. in einen solchen Bereich zu bringen, daß der Adaptationszustand des Auges sich seinem Endzustand nähern kann. Im Endzustand tritt dann die Optimierung der optischen Wahrnehmung ein. (Stabilisierung). Erreicht der Adaptationsvorgang keine Stabilisierung, dann wird das optische System in seiner Wirksamkeit reduziert. (Störung)"[20] Dies erfordert eine extrem gleichmäßige Leuchtdichteverteilung im ganzen Raum, die sich nur durch Kunstlicht oder Tageslichtumlenkung zur Aufhellung der Raumdecke erreichen lässt.
EVANS dagegen behauptet, der menschliche Organismus sei unveränderlicher Stimulans nicht angepasst und fordert lediglich für das unmittelbare Gesichtsfeld eine Begrenzung der Leuchtdichteverhältnisse von nicht mehr als 1:20. [21]
Bis zur seit 1983 mehrfach bearbeiteten Fassung der DIN 5034 war für die Raumbeleuchtung mit Tageslicht eine Gleichmäßigkeit der horizontalen Beleuchtungsstärken von $g_2 = D_{min}/D_{max} \geq 1/6$ und $g_1 = D_{min}/D_{mittel} \geq 1/2$ für Räume mit Seitenfenstern gefordert, was jedoch in der folgenden Fassung ersatzlos gestrichen wurde. Diese Anforderung erlaubte für normale Büroräume eine scheinbar sehr ungleichmäßige Beleuchtung. Tatsächlich ist diese Gleichmäßigkeit mit Tageslicht von der Seite nur bei unverbautem Ausblick oder geringen Raumtiefen einzuhalten.

1.1.4.3 Blendungsfreiheit

Blendung wird als wichtiges Gütekriterium einer Beleuchtungssituation beschrieben, daher ist ein Verständnis dieses komplexen Phänomens für die Beurteilung von Tageslichtbedingungen in Gebäuden ausgesprochen wichtig.
Als Blendung wird sowohl die objektive Verminderung der Sehleistung als auch die subjektive Störung durch das Auftreten von hohen Leuchtdichten oder zu großer Leuchtdichteverhältnisse im Gesichtsfeld bezeichnet. Hierzu heißt es in der Norm für die Tageslichtbeleuchtung von Innenräumen: „Abgesehen von der Direktblendung durch die Sonne entsteht Blendung in Innenräumen meistens

Einführung

durch den Kontrast zwischen der Leuchtdichte des durch die Lichtöffnungen sichtbaren Himmelsausschnittes und den Leuchtdichten der Raumbegrenzungsflächen. Jede Art der Blendung ist zu vermeiden."[22] Blendung ist neben rein lichttechnischen Größen auch von der Dauer einer Blendeinwirkung, der Blickrichtung, der Sehaufgabe, der Leuchtdichteverteilung der Umgebung einer Blendquelle und von Alter und Befindlichkeit der Person abhängig.

Blendung wird in ihrer Ursache unterschieden in Direktblendung und Reflexblendung.
- Direktblendung

Bei der Direktblendung ist die Blendlichtquelle selbst im Umfeld der Sehaufgabe sichtbar. Der Grad der Blendung hängt hierbei vor allem von der Leuchtdichte der Blendlichtquelle, ihrem Leuchtdichtekontrast zur Sehaufgabe, ihrer Größe und ihrer Nähe zur Sehaufgabe ab.
- Reflexblendung

Bei der Reflexblendung sind die Spiegelbilder direkter Lichtquellen im Blickfeld sichtbar. Bezüglich des Tageslichtes kommt es insbesondere durch Spiegelung des Sonnenlichtes in Fenstern und anderen Oberflächen mit einem hohen Anteil gerichteter Reflexion zu Reflexblendung.

In Bezug auf ihre Wirkung wird zwischen physiologischer und psychologischer Blendung unterschieden.
- physiologische Blendung

Die physiologische Blendung ist eine objektive Verringerung der Sehleistung. „Hierbei überlagert sich im Auge das Licht einer Blendlichtquelle dem Leuchtdichtemuster der eigentlichen Sehaufgabe und verschlechtert so deren Wahrnehmbarkeit (Abbildung 5). Grund für die Überlagerung der Leuchtdichten von Sehaufgabe und Blendlichtquelle kann die direkte Überlagerung beider Abbildungen auf der Netzhaut sein; für die Verminderung der Sehleistung reicht aber schon die Überlagerung des Streulichts aus, das durch die Streuung des Blendlichts im Auge entsteht. Der Grad der Lichtstreuung hängt vor allem von der Trübung des Augeninneren ab; diese mit dem Alter zunehmende Trübung ist für die höhere Blendempfindlichkeit älterer Menschen verantwortlich."[23]

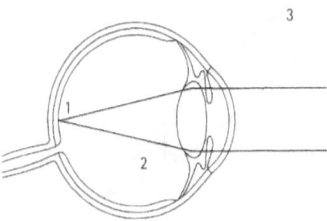

Abbildung 5: Bei der physiologischen Blendung wird das Netzhautbild des Sehobjekts (1) von Leuchtdichten überlagert die im Auge aus der Streuung (2) des Lichts einer Blendlichtquelle (3) entstehen

Beim Blick in die Sonne oder direkten Einblick in künstliche Lichtquellen, ist der Extremfall der physiologischen Blendung, die

Einführung

Absolutblendung gegeben. Die Absolutblendung ist in der Architekturbeleuchtung allerdings nur selten ein Problem und kann in der Regel durch eine Veränderung des Blickwinkels vermieden werden.
- psychologische Blendung

Die psychologische Blendung ist keine objektive Verringerung der Sehleistung, sondern lediglich eine subjektive Störempfindung. „Ursache für die psychologische Blendung ist die unwillkürliche Ablenkung, die von hohen Leuchtdichten im Gesichtsfeld ausgeht. Der Blick wird hierbei immer wieder von der Sehaufgabe auf die Blendlichtquelle gelenkt, ohne daß dieser Bereich erhöhter Helligkeit jedoch die erwartete Information zu bieten hätte; ähnlich wie bei einem störenden Geräusch erzeugt die Blendlichtquelle 'optischen Lärm', der die Aufmerksamkeit auf sich zieht und die Wahrnehmung stört. Durch die ständig wiederholte Anpassung an unterschiedliche Helligkeitsniveaus und die unterschiedliche Entfernung von Sehaufgabe und Blendlichtquelle kommt es hierbei zu einer Belastung des Auges, die als unangenehm oder sogar schmerzhaft empfunden wird. [...] Anders als die physiologische Blendung, die unabhängig von der jeweiligen Situation durch das Überschreiten physiologisch vorgegebener Grenzwerte für Leuchtdichte oder Leuchtdichtekontraste erklärt werden kann, handelt es sich bei der psychologischen Blendung um ein Problem der Informationsverarbeitung, das nicht losgelöst vom Kontext – vom Informationsgehalt der visuellen Umgebung und vom Informationsbedarf der jeweiligen Situation – beschrieben werden kann."[24]

Durch den Helligkeitsverlauf in einem seitenbelichteten Raum allgemein und im Atriumbüro insbesondere erschient die Gefahr von zu großen Leuchtdichtedifferenzen bei Tageslichtbeleuchtung deutlich größer als bei Kunstlicht. Demgegenüber ist das Empfinden störender Blendung bei Tageslicht weit geringer, als bei Kunstlicht.

1.1.4.4 Schleierreflexion

Die Schleierreflexion entsteht durch Spiegelung von hellen Objekten auf gerichtet bzw. teilweise gerichtet reflektierenden Oberflächen und wird daher häufig nicht ganz korrekt auch als Reflexblendung bezeichnet. Der gerichtete Anteil des reflektierten Lichtes überstrahlt die Kontraste der Sehaufgabe, so dass diese nicht mehr wahrgenommen werden kann. Diese Form der Reflexion hängt neben den oben erwähnten Faktoren zusätzlich von Glanzgrad und Lage der reflektierenden Oberfläche ab. Vor allem beim Lesen von Texten auf Kunstdruckpapier und bei der Arbeit am Bildschirm stellt die Störung durch reflektiertes Licht ein erhebliches Problem dar. Schleierreflexion lässt sich nur durch vollkommen matte Sehobjekte oder eine vollkommen ungerichtete Beleuchtung vermeiden. Da selbst das Tageslicht des diffusen Himmels durch die meist einseitige Fensteranordnung eine gerichtete Komponente erhält, ist dem Problem der Schleierreflexion nur durch einen möglichst hohen Indirektanteil

Einführung

der Beleuchtung (gleich ob mit Tages- oder Kunstlicht) oder angepasste Ausrichtung möglicher reflektierender Oberflächen zu begegnen.

1.1.4.5 Sonnenschutz

Der Sonnenschutz erfüllt für ein Gebäude eine thermische Aufgabe. Er soll verhindern, dass die durch die Tageslichtöffnungen eingestrahlte Energie im Gebäude unerwünscht hohe Temperaturen erzeugt. Mit der Reduktion der Wärmeeinstrahlung ergibt sich jedoch eine unvermeidliche Wechselwirkung mit der Tageslichtversorgung. In gemäßigten Klimazonen sind starre Sonnenschutzsysteme, zu denen auch das Sonnenschutzglas gehört, nur eingeschränkt sinnvoll. Mit einem starren System wird auch das diffuse Himmelslicht reduziert, so dass die Tageslichtöffnung entsprechend größer dimensioniert werden muss, um vergleichbare Tageslichtverhältnisse zu erreichen, wie ohne Sonnenschutz. Trotz des höheren Aufwandes ist daher in unseren Breiten ein beweglicher Sonnenschutz sinnvoller, der nur im Bedarfsfall die Energieeinstrahlung reduziert. Die oft großflächigen Atriumdächer erfordern in dieser Hinsicht eine sorgfältige Betrachtung.

1.1.4.6 Blendschutz

Ein Blendschutz ist nur erforderlich, wenn im Innenraum Sehaufgaben zu erfüllen sind, die eine Begrenzung der Kontraste oder der Leuchtdichten erfordern. Im Gegensatz zum Sonnenschutz ist Blendschutz gerade im Winter gegen die große Blendwirkung der tiefstehenden Sonne notwendig. Ob für eine Tageslichtöffnung ein Blendschutz sinnvoll oder zwingend erforderlich ist, entscheidet die Raumnutzung. Bei nur kurzfristigem Aufenthalt und unkritischen Sehaufgaben kann auf Blendschutz verzichtet werden. So ist in Erschließungsräumen und z.B. auch in Atrien die Sonne sehr willkommen und ein Blendschutz wird als unangenehme Einschränkung des Ausblicks empfunden. In Räumen mit längeren Aufenthaltszeiten ist dagegen selbst bei Wohnräumen ein Blendschutz unverzichtbar. Besonders Büroarbeitsplätze stellen hohe Anforderungen an die Sehbedingungen. Die Verwendung der in dieser Hinsicht sehr anspruchsvollen Computerbildschirme macht den Blendschutz derzeit selbst in rein nordorientierten Büroräumen erforderlich.

1.1.4.7 Besonnung

Scheinbar in direktem Widerspruch zum zuvor Gesagten steht die Forderung nach Sonnenlicht im Gebäude. Trotz der im Sommer problematischen Wärmeeinstrahlung und der harten Kontraste durch scharfe Schattenkanten ist ein Bezug zum direkten Sonnenlicht ein Gewinn für die meisten Gebäude. „Einer der stärksten Einflüsse auf Orientierungssinn und Wohlbefinden ist das Vorhandensein von direktem Sonnenlicht in Gebäuden. Der Wunsch nach direktem Sonnenlicht ist stark, obwohl er in nördlichen Breiten am stärksten ausgeprägt

Einführung

sein wird, wo Dauer und Intensität des verfügbaren Sonnenscheins geringer sind."[25] Die Forderung nach Sonnenlicht in Innenräumen ist vielfach formuliert worden. Es geht dabei nicht um möglichst viel Sonnenlicht im Gebäude, sondern die Möglichkeit, auch im Winterhalbjahr noch Licht der tiefstehenden Sonne in die Räume zu bekommen. „So lange es nicht mit unseren Tätigkeiten in Konflikt steht, begrüßen wir direktes Sonnenlicht in Gebäuden. (...) Auch ein kleiner Sonnenlichtfleck reicht aus, dieses besondere biologische Bedürfnis zu befriedigen. Die kleinste klar verglaste Fläche kann einen Raum mehr beleben, als großflächige, transluzente Verglasung, die dazu neigt, nur unerträgliche Blendung und unangenehme Wärme bei Sonne zu verursachen."[26] Die Verfügbarkeit direkten Sonnenlichtes in einem Raum ist natürlich in erster Linie abhängig von der Himmelsrichtung und von der Verbauung. Insofern ist die Besonnung eine Anforderung, der zunächst städtebaulich und dann mit einem geeigneten Gebäudekonzept Rechnung getragen werden muss.

1.1.4.8 Tageslichtautonomie

Die Tageslichtautonomie drückt aus, zu wieviel Prozent der Nutzungszeit eines Raumes das Tageslicht die Beleuchtungsanforderungen vollständig deckt. In der DIN 5034 wird der gleiche Sachverhalt Tageslichtnutzungszeit genannt. Für Büroräume etwa lässt sich die Zeit ermitteln, in der in einem standardisiertem Jahr die geforderten 500lx am Arbeitsplatz durch das Tageslicht erreicht werden. Da sich das Nutzerverhalten in Bezug auf das Ein- und Ausschalten des Kunstlichts sowie bei der Steuerung der Verschattung im Einzelfall nicht vorhersagen lässt, erlaubt die Berechnung der Tageslichtautonomie nur bei automatisch gesteuerten Systemen eine Aussage über die im Betrieb zu erwartenden Kunstlichteinschaltzeiten. Eine hohe Tageslichtautonomie ist jedoch mindestens ein Indiz für eine hohe Tageslichtqualität.

1.2 Architektur und Tageslicht

Ein Gebäude ist bestimmt durch ein komplexes Geflecht seiner verschiedenen Funktionen. Als technisches System muss es Sicherheit und Komfort bei verschiedenen äußeren und inneren Randbedingungen bieten; als Lebensraum soll es den Menschen einen ihnen angemessenen Aufenthaltsort bieten; als Baukunst soll das Gebäude ein Ausdruck der Zeit und Kultur sein, in der es entstanden ist. Für all diese Funktionen kann das Tageslicht zum Medium werden. Ein Grundverständnis der Tageslichtnutzung liegt jedem für Menschen gemachten Gebäude zu Grunde. „Architektur ist das kunstvolle, korrekte und großartige Spiel der unter dem Licht versammelten Baukörper. Unsere Augen sind geschaffen, die Formen unter dem Licht zu sehen; Lichter und Schatten enthüllen die Formen."[27] Dimension, Lage, Farbe und Oberfläche werden fast ausschließlich visuell wahrgenommen, wobei weniger die Menge des Lichtes sondern vielmehr die Verteilung die wichtigste Rolle spielt.[28] Den Umstand

Einführung

richtig zu nutzen, dass das Tageslicht naturgemäß mit zunehmender Eindringtiefe in das Gebäude abnimmt, ist die zentrale Herausforderung an die Tageslichtgestaltung eines Gebäudes.

1.2.1 Umgebung

Die Tageslichtverhältnisse in einem Gebäude sind zuallererst abhängig von den zu erwartenden Tageslichtverhältnissen des Standortes. Dabei sind das Klima, die Topographie und bereits bestehende Gebäude und die Vegetation zu berücksichtigen. Der Vergleich traditioneller Kulturen verschiedener Klimazonen zeigt einen engen Zusammenhang zwischen der Verfügbarkeit von Tageslicht und der Baukunst. „Die Baumeister haben in der Vergangenheit eine gute Kenntnis der lokalen Tageslichtbedingungen demonstriert, die durch die Möglichkeit elektrischer Beleuchtung vielfach zurückgedrängt wurde."[29] Für den Städtebau ist die Bildung städtischer Räume, die Nutzungsverflechtung, und die gegenseitige Beeinflussung der Tageslichtverhältnisse sowie des Ausblicks zu berücksichtigen. So kann ein in eine bestehende Struktur neu geplantes Gebäude zwar selbst ggf. beste Tageslichtverhältnisse aufweisen, durch seine Baumasse aber andere Gebäude so verschatten, dass die Tageslichtqualität dort drastisch reduziert wird. „Im idealen Fall beträgt der Abstand zum nächstliegenden Gebäude mindestens die Hälfte dessen Höhe"[30], wodurch in aller Regel eine Tageslichtnutzung bis in die Erdgeschosse ermöglich wird. Auch in dichterer Bebauung kann bei Beachtung der Baukörperstellung und Raumorientierung eine gute Tageslichtversorgung erreicht werden.

1.2.2 Baukörper

Die bauliche Aufgabe ist es, die Baumasse so zu formen, dass bei möglichst schonendem Umgang mit den Ressourcen ein Gebäude entstehen kann, das für die vorgesehene Nutzung Räume mit hoher Aufenthaltsqualität zur Verfügung stellt. Das Gebäudekonzept bringt den Inhalt in eine innere und äußere Form. Die Anordnung und Proportionierung der Baumasse legt dabei die Tageslichtverhältnisse bis auf einen geringen Spielraum in der Fassadengestaltung bereits endgültig fest. Durch die Orientierung und Umgebung weist kein Gebäude an allen Stellen gleiche Tageslichtbedingungen auf, insofern bietet es sich an, verschiedene Nutzungen den unterschiedlichen Lichtverhältnissen zuzuordnen. Einem Übermaß an Tageslicht kann durch Verkleinerung der Öffnungen begegnet werden. Einem zu geringen Tageslichtanteil bei gegebener Raumgröße kann nur soweit entgegengewirkt werden, bis die größte, konstruktiv mögliche Fensteröffnung erreicht ist.
Ein Atriumgebäude hat zusätzlich zu den verschiedenen Außenlichtverhältnissen auch durch die Proportionen des Atriums bestimmte Innenlichtverhältnisse.

Einführung

1.2.3 Gebäudehülle

Die Fassade und das Dach haben die Aufgabe, das Gebäude gegen die Umwelteinflüsse gezielt abzuschirmen und sind gleichzeitig dessen äußeres Erscheinungsbild. Zeitgenössische Architektur scheint zuweilen in erster Linie für die Außenwirkung entworfen zu werden. Heute wird das Ideal des gläsernen Gebäudes machbar, das Mies van der Rohe erstmal 1921 für Berlin als Utopie entwarf. Nicht nur im Bezug auf das Tageslicht ist dieses Ideal problematisch. Die voll verglasten Fassaden sind trotz großer Fortschritte bei Verglasung und Sonnenschutz immer noch kritisch in Bezug auf die externen Wärmelasten. [31] Öffnungen in verschiedenen Teilen der Fassade sind hinsichtlich Ihrer Beleuchtungsfunktion und ihrer Wirkung für den Raumeindruck sehr unterschiedlich wirksam. Für die Beleuchtung von Innenräumen ist eine Tageslichtöffnung unterhalb der Arbeitsebene relativ unbedeutend und führt im Gegenteil oft zu ungünstigen Helligkeitsverteilungen im Raum. Ein der Nutzung angemessenes Verhältnis der transparenten zu geschlossen Fassadenflächen ist daher für die Tageslichtverteilung in den Innenräumen nicht zwingend abträglich. Die wichtige Funktion des Ausblicks mit Fensteröffnungen in Augenhöhe ist dabei natürlich zu berücksichtigen.

1.2.4 Beschattung

Jede Tageslichtöffnung in der Fassade und im Dach erhält das Tageslicht in seiner ganzen Veränderlichkeit. Selbst für reine Nordfassaden ist daher, abhängig von den Anforderungen an die Gleichmäßigkeit der Lichtverhältnisse im Raum, eine Beschattung der Lichtöffnungen erforderlich. Bei der Beschattung ist zu unterscheiden zwischen der Sonnenschutzfunktion, die durch eine Reduktion der Energieeinstrahlung die externen Wärmelasten gering halten soll und der Blendschutzfunktion, die zu hohe Leuchtdichten durch das Tageslicht im Innenraum vermeiden soll. „Zur Vermeidung von Blendung und Raumüberhitzung müssen Menge und Richtung des Lichtes steuerbar sein, ohne daß der visuelle Außenkontakt beeinträchtigt wird. Eine häufig zu beobachtende und unerwünschte Nebenwirkung von Sonnenschutzvorrichtungen ist eine so starke Verschattung, daß trotz großen Tageslichtangebots paradoxerweise Kunstlicht eingeschaltet werden muß."[32] Die Ausführung und der Betrieb dieser Systeme haben erheblichen Einfluss auf die Konstruktion und das Aussehen von Fassaden und Dächern.

1.2.5 Baurecht

Es gibt im Baurecht Regelungen, die direkt die Tageslichtversorgung betreffen sowie Anforderungen, die indirekt die Tageslichtverhältnisse mit bestimmen. Das Tageslicht betreffende Regelungen dienen dazu, schädliche oder unzumutbare Lebens- und Arbeitsbedingungen in Gebäuden zu vermeiden. Im

Einführung

europäischen Vergleich sind die Anforderungen in Deutschland sehr detailliert, im Wesentlichen aber seit der Zeit der Erstfassung der DIN 5034 aus dem Jahre 1935 unverändert. Eine Anforderung an einen Tageslichtkomfort fehlt mangels einer anerkannten Definition.

1.2.5.1 Direkt tageslichtbezogene Anforderungen

Zu den direkt die Tageslichtverhältnisse betreffenden Regelungen zählt insbesondere die DIN 5034 „Tageslicht in Innenräumen" mit einer Soll-Forderung zur Tageslichtquantität und § 7 der Arbeitsstättenverordnung „Beleuchtung: (1) Arbeits-, Pausen-, Bereitschafts-, Liege- und Sanitätsräume müssen eine Sichtverbindung nach außen haben.", deren Größe und Beschaffenheit in den entsprechenden Richtlinien noch weiter ausgeführt werden. Eine Ausblickmöglichkeit durch einen vorgelagerten Raum -wie etwa ein Atrium- ist dabei nach ASR zulässig. Nur bei hohen Sichtschutzanforderungen und möglicher Unvereinbarkeit mit der Tageslichtbeleuchtung kann auf die Sichtverbindung ausnahmsweise verzichtet werden. Im Gegensatz zu der Arbeitsstättenverordnung hat die DIN keinen bindenden Anspruch, und formuliert daher nur Soll-Forderungen. Für Büroräume bis ca. 50m² Grundfläche wird in DIN 5034 gefordert: „Unabhängig davon soll in Räumen mit einer Raumhöhe bis 3,50m die Summe der durchsichtigen Flächen aller Fenster mindestens 30 % des Produktes der Raumbreite und der Raumhöhe betragen."[33] Der in der DIN 5034 für Wohnräumen ähnliche Büroräume geforderte Tageslichtquotient bei bedecktem Himmel von im Mittel mindestens 0,9% in halber Raumtiefe im Abstand von 1 m von den seitlichen Wänden ist hinsichtlich einer Nutzung des Tageslichtes als Raumbeleuchtung bereits als kritisches Mindestmaß anzusehen. Erstmals 1999 ist in der neuen DIN 5034 -zunächst nur für Wohnräume- eine Forderung nach einer Mindestbesonnung aufgenommen worden.

1.2.5.2 Indirekt tageslichtbezogene Anforderungen

Indirekt sind die Tageslichtverhältnisse insbesondere beeinflusst durch Abstandsflächenverordnungen, der DIN 4108 mit den Festlegungen zum Sonnenschutz, der Energieeinsparverordnung (EnEV), und im Verwaltungsbau den Bestimmungen zu Bildschirmarbeitsplätzen.

„(BildscharbV) Anhang: 15. Die Beleuchtung muß der Art der Sehaufgabe entsprechen und an das Sehvermögen der Benutzer angepasst sein; dabei ist ein angemessener Kontrast zwischen Bildschirm und Arbeitsumgebung zu gewährleisten. Durch die Gestaltung des Bildschirmarbeitsplatzes sowie Auslegung und Anordnung der Beleuchtung sind störende Blendwirkungen, Reflexionen oder Spiegelungen auf dem Bildschirm und den sonstigen Arbeitsmitteln zu vermeiden.
16. Bildschirmarbeitsplätze sind so einzurichten, daß leuchtende oder beleuchtete Flächen keine Blendung verursachen und Reflexionen auf dem Bildschirm

Einführung

soweit wie möglich vermieden werden. Die Fenster müssen mit einer geeigneten verstellbaren Lichtschutzvorrichtung ausgestattet sein, durch die sich die Stärke des Tageslichteinfalls auf den Bildschirmarbeitsplatz vermindern läßt."[34]

1.2.5.3 Bundesbaugesetz

Die Gesetzgebung formuliert zu Recht allgemeine Anforderungen an bauliche Verhältnisse bereits für die städtebauliche Planung. „Nach § 1 Abs. 6 des Bundesbaugesetzes (BBauG) sollen die Bauleitpläne – das sind die Flächennutzungspläne und die Bebauungspläne – eine geordnete städtebauliche Entwicklung und eine dem Wohl der Allgemeinheit entsprechende sozialgerechte Bodennutzung gewährleisten und dazu beitragen, eine menschenwürdige Umwelt zu sichern. Bei der Aufstellung der Bauleitpläne sind u.a. insbesondere "die allgemeinen Anforderungen an gesunde Wohn- und Arbeitsverhältnisse der Wohn- und Arbeitsbevölkerung" zu berücksichtigen.
(...) Nach § 3 Abs. 3 StBauFG sind bei der Beurteilung, ob in einem städtischen oder ländlichen Gebiet "städtebauliche Missstände" vorliegen, u.a. die Wohn- und Arbeitsverhältnisse oder die Sicherheit der in dem Gebiet wohnenden und arbeitenden Menschen in Bezug auf die "Belichtung, Besonnung und Belüftung der Wohnungen und Arbeitsstätten" zu berücksichtigen."[35] Die hier explizit erwähnte Tageslichtbeleuchtung (früher: Belichtung) zeigt, dass von Seiten des Gesetzgebers das Tageslicht in den Rang eines Grundbedürfnisses gestellt wird.

1.2.5.4 Landesbauordnungen

Die in den Bauordnungen der Länder vorgeschriebenen Abstandsflächen haben zu einem Teil ausgesprochen oder unausgesprochen ihre Begründung in der Sicherung ausreichender Tageslichtbeleuchtung von Innenräumen. Beispielhaft zeigt dies die Bauordnung des Landes Nordrhein-Westfalen. Eine allgemeine Grundforderung hinsichtlich einer ausreichenden Beleuchtung regelt § 6 BauO NW:
"Bauliche Anlagen sind auf den Grundstücken so anzuordnen, daß sie sicher zugänglich sind. Eine ausreichende Lüftung und Belichtung der Aufenthaltsräume sowie die erforderliche Bewegungsfreiheit und Sicherheit für den Einsatz der Feuerlösch- und Rettungsgeräte müssen gewährleistet sein."
Nach § 8 Abs. 2 BauO NW muss zwischen Wänden gegenüberliegender vorhandener oder zulässiger Gebäude oder Gebäudeteile vor notwendigen Fenstern ein Mindestabstand als Abstandsfläche eingehalten werden. "Es müssen jedoch Mindestabstände eingehalten werden, die unzumutbare Beeinträchtigungen verhindern." Die zwischen Wänden gegenüberliegender vorhandener oder zulässiger Gebäude oder Gebäudeteile vor notwendigen Fenstern geforderten Mindestabstände dienen u.a. der ausreichenden Versorgung der Aufenthaltsräume mit Tageslicht. Aufenthaltsraum ist nach § 59 BauO NW ein

Einführung

Raum, der zum nicht nur vorübergehenden Aufenthalt von Menschen bestimmt ist oder der nach Lage und Größe für diesen Zweck benutzt werden kann. Aufenthaltsräume müssen unmittelbar ins Freie führende und senkrechte Fenster von solcher Zahl, Größe und Beschaffenheit haben, dass die Räume ausreichend beleuchtet und gelüftet werden können. Diese Fenster sind die notwendigen Fenster. Nach § 21 Abs. 2 der Allgemeinen Verordnung zur Landesbauordnung (AVO BauO NW) muss die Fensterfläche von Aufenthaltsräumen (also von notwendigen Fenstern) mindestens 1/8 der Grundfläche des Raumes betragen.

Die Bauordnungen der anderen Bundesländer unterscheiden sich in der Regel nur geringfügig in der Ausformulierung dieser Anforderungen, nicht jedoch in deren allgemeiner Zielsetzung.

1.3 Einführung Büros

1.3.1 Büroarbeit

Heute arbeitet in der Bundesrepublik mehr als jeder vierte Arbeitnehmer in einem Büro.[36] Seit den ersten Anfängen der Büroarbeit verzeichnet diese Art der Tätigkeit mit dem damit verbundenem Raumbedarf ein stetiges Wachstum. Die Geschichte der Büroarbeit beginnt in der Renaissance: „Seit dem Ende des Mittelalters hatte sich ein stetig wachsender Fernhandel entwickelt, und von Italien ausgehend kamen neue Formen der Buchhaltung und Finanzierung auf. Der zentrale Arbeitsraum im Kaufmannshaus war Mittelpunkt der gesamten Geschäftsvorgänge."[37]

Grundsätzlich ist die Büroarbeit bis heute der mehr oder weniger komplexe Austausch von Informationen geblieben. Bis spät in das 19. Jahrhundert arbeiteten die Schreiber und Kopisten mit Feder und Tinte am Stehpult im Office (Büro). 1874 kam in den USA die erste serienmäßig hergestellte Schreibmaschine auf den Markt. „Ähnlich der industriellen Fertigung wurde die Büroarbeit immer weiter zerlegt und nach messbaren Kriterien bewertet. 1929 wurde die Akkordarbeit für Arbeiten an Büromaschinen eingeführt. Der Anteil repetitiver Arbeiten, die höchste Aufmerksamkeit bei schärfster Konzentration verlangten und doch gleichzeitig durch ihre Monotonie Formen psychischer Ermüdung förderten, nahm zu. Dementsprechend wuchsen die Anforderungen an Sehen und Wahrnehmung und damit an die Beleuchtung."[38] Die bis dahin durch kleine Fenster nur spärlich beleuchteten Schreibstuben erhielten eine künstliche Beleuchtung. „Die Einführung von Gaslicht, später von elektrischer Beleuchtung, verbesserte die Lichtverhältnisse in den oft düsteren Büros erheblich und ermöglichte längeres Arbeiten."[39]

Von der reinen Schreib- und Ablagetätigkeit befreite heutige Büroarbeit fordert immer höher qualifizierte Arbeitskräfte. Da heute ein großer Teil rein

Einführung

reproduktiver Bürotätigkeit von hochentwickelten Computern geleistet wird, haben sich sowohl der Schwerpunkt der Tätigkeit wie auch die visuellen Anforderungen vollkommen geändert. „Die neu hinzugekommenen Anwendungen, z.b. Bildretusche oder Grafikbearbeitung am Bildschirm, belasten das Auge wesentlich stärker als die frühere Arbeit in der Text- und Datenverarbeitung. Besonders starke Änderungen der Augenbelastung bringt das "papierlose" Büro mit sich, das seit einigen Jahren in die Arbeitswelt drängt."[40]
Die im Büro ausgeführten Tätigkeiten sind vielfältig geworden und ständig kommen neue Berufsbilder hinzu. „Leider sind im Laufe der Technisierung von Büros eine Reihe von Arbeitsplätzen entstanden, bei denen (...) die Sichtverbindung ständig verstellt werden muß, weil die Arbeitsmittel sehr lichtempfindlich sind. So werden auch heute noch viele CAD-Arbeitsplätze unter weitgehendem Ausschluß von Tageslicht betrieben. Das Tageslicht weitgehend oder ganz auszuschließen, empfahlen sogar Lichttechniker."[41] Eine noch neuere Arbeitsform ist das Call-Center, bei der die Tätigkeit auf die reine Telekommunikation und visuelle Datenbearbeitung am Bildschirm beschränkt ist und für die leider auch wieder Raumorganisationen mit dauerhaft verstelltem Ausblick eingerichtet werden. Dies zeigt, dass Veränderungen der Tätigkeit eine andauernde Auseinandersetzung um die angemessenen Tageslichtverhältnisse erfordern.

1.3.2 Bürogebäude

Bauhistorisch gesehen ist das Bürogebäude eine relativ junge Bauaufgabe. „Bis Mitte des 18. Jahrhunderts wurden reine Büros nur in geringem Umfang benötigt. Die privaten Verwaltungsaufgaben wurden meist von kleineren Firmen übernommen, die dafür keine neue Bauform suchten, sondern aufgrund ihrer geringen Größe in der Wohnbausubstanz untergebracht werden konnten."[42] Durch die Öffnung der Weltmärkte und immer weiter fortschreitender Automatisierung hat sich der Anteil der beruflichen Tätigkeit in den meisten westlichen Industrieländern schon weitgehend von der Produktion zunehmend in Richtung Dienstleitung und Verwaltung verschoben.

1.3.3 Büroraum

Die Anordnung der für die Büroarbeit benötigten Räume im Gebäude soll eine bestmögliche Organisation der Arbeitsprozesse ermöglichen. „Die räumliche Qualität, bestimmt durch die Vielfalt an Raumerlebnissen, (...) steht angesichts der 'seelischen Entfaltung' und der 'Kommunikation' der im Büro tätigen Personen ganz im Vordergrund. (...) Individuelle und/oder kollektive Einflussnahme auf die Arbeitsbedingungen erfordern (...) Raumbedingungen, die er (der Einzelne) individuell regeln kann (Belichtung, Belüftung)."[43] Bei der Vielfalt der zu verrichtenden Aufgaben kann die Frage nach der richtigen Raumform

Einführung

eine unternehmensphilosophische Dimension erhalten. Bis zur Zeit der vollklimatisierten Großraumbüros war es schon aus lüftungstechnischen Gründen notwendig, die Raumhöhe der Raumtiefe anzupassen und damit auch eine Tageslichtversorgung grundsätzlich zu ermöglichen. Raumhöhe kostet jedoch Geld, so dass heute selten mehr als die vorgeschriebenen gestaffelten Raumhöhen von 2,75m - 3,50m für Büroräume ausgeführt werden. Den wichtigsten Einfluss auf die Büroform hat die Anzahl der darin tätigen Mitarbeiter.

1.3.3.1 Zellenbüro

Die älteste Raumform des Büros ist das Zellenbüro. Räume mit oft nur einem kleinen Fenster mussten Arbeitstische bis zur dritten Reihe vom Fenster aufnehmen, wobei die Entfernung des Arbeitsplatzes vom Fenster gleichzeitig die Hierarchie im Raum bildet.

Wenn im Arbeitsprozess sensible Daten verarbeitet werden, ist das Zellenbüro nach wie vor die einzige Raumform, die größtmögliche Diskretion ermöglicht. „Zellenbüros bieten sich aufgrund ihrer Charakteristika für klar abgegrenzte Sachbearbeitertätigkeiten an, die wenig permanenten Kontakt zu mehr als einem Mitarbeiter erfordern. (...) Die vorteilhaft wirkenden Aspekte können auch als Nachteil empfunden werden. Die Mitarbeiter sind in ihren Büros eingesperrt."[44] Typisch für das heutige Zellenbüro ist die einseitige Tageslichtbeleuchtung mit Fenstern, die bei begrenzter Raumtiefe in der Regel Tageslichtnutzung im gesamten Raum ermöglichen. Gerade bei nur einem hohen, schmalen Fenster im Raum ist jedoch die Gefahr von Schlagschattenbildung gegeben.

1.3.3.2 Gruppenbüro/Teambüro

Mit der Erkenntnis, dass viele kreative Tätigkeiten besser von einer Gruppe gelöst werden können, als von einzeln arbeitenden Personen ist das Gruppenbüro entstanden. Um die Nachteile der Großraumbüros zu vermeiden, sind die Raumgrößen auf bis zu 20 Mitarbeiter beschränkt worden. Je nach Anzahl der gemeinsam im Raum arbeitenden Personen nimmt jedoch auch die potentielle gegenseitige Störung zu. Zu der Beleuchtung von einer Seite mit mehreren Fenstern oder einem Fensterband kommt bei größeren Raumtiefen in manchen Fällen eine zusätzliche Tageslichtbeleuchtung von einer zweiten Seite dazu (z.B. von einem Atrium). Ist dies nicht der Fall, ist häufig ständiger Kunstlichteinsatz in der tieferen Raumzone erforderlich.

1.3.3.3 Kombibüro

Das Kombibüro bietet sowohl kleine Bürozellen für ungestörte Einzelarbeit, wie auch umfangreiche meist innenliegende Zonen, die flexibel für interne Besprechungen und zentrale Einrichtungen genutzt werden. „Erstmals wurde ein Kombibüro 1976 für die Hauptverwaltung der ESAB in Stockholm geplant. (...)

Einführung

Wie das Gruppenbüro verbindet das Kombibüro die Vorteile von Großraum- und Zellenbüro."[45] Vom Großraumbüro ist die flexible Mittelzone übernommen und vom Zellenbüro der geschützte Einzelarbeitsplatz. Obwohl die Bürozellen in der Regel zur Kombizone hin voll verglast sind, ist der Tageslichtanteil in der Kombizone sehr gering, wenn nicht zusätzliche Tageslichtöffnungen vorhanden sind. Die meist verglasten Trennwände zur Kombizone erlauben aber den Sichtkontakt nach außen und werden häufig trotz geringer Tageslichtquotienten als lichtdurchflutet beschrieben.

1.3.3.4 Großraumbüro

Das Großraumbüro ist eine hierzulande kaum noch, im angelsächsischen Sprachraum dagegen noch häufig verwendete Büroform, die große Effizienz der Flächennutzung ermöglicht. Die Anordnung der Arbeitsplätze kann veränderlichen Erfordernissen durch Umgruppierung einfach angepasst werden. Die gegenseitige Störung ist geringer als in Büros mit geringer Mitarbeiterzahl, da durch das ständig vorhandene Grundgeräusch einzelne Geräusche weniger auffallen und deshalb nach einer Gewöhnung von der Wahrnehmung ausgeblendet werden. Für die freie Anordnung wurde der Begriff 'Bürolandschaft' geprägt. Die großen Raumtiefen erfordern mechanische Be- und Entlüftung. Die Tageslichtnutzung ist beschränkt auf eine fensternahe Zone. Hier finden sich bezeichnenderweise häufig die Arbeitsplätze höhergestellter Mitarbeiter. Der größte Teil der Arbeitsplätze hat keine Tageslichtbeleuchtung und kaum Ausblick.

1.3.3.5 Bürosaal

Der Bürosaal ist eine in den USA seit der ersten Welle der Büroautomation gelegentlich verwendete Raumform, die allerdings in Europa in Reinkultur nicht verwendet wurde. Gesundheitsstörungen sind vor allem durch die teilweise erhebliche Lärmentwicklung der Büromaschinen und die oft sehr einförmige Tätigkeit belegt. Durch die Reihung der Arbeitsplätze entlang der Fassade ist zunächst eine potentiell gute Tageslichtversorgung gegeben. Später führten heute kurios anmutende Überlegungen dazu, den Ausblick zu eliminieren: „Weg mit den Fenstern aus den Umfassungswänden. Wird doch bei der Anlage der Stallungen für Pferde und andere edle Tiere dieser Grundsatz schon lange als feststehend anerkannt."[46] Zunächst wird noch Tageslicht durch Oberlichter verwendet bis der Fortschritt der künstlichen Beleuchtung ausschließlich künstlich beleuchtete Räume erlaubt.

Abbildung 6: Bürosaal um 1930

Einführung

1.3.4 Bürobeleuchtung

Der weit überwiegende Teil aller Büroräume wird sowohl durch Tageslicht als auch durch Kunstlicht beleuchtet. In beiden Fällen sind neben den Mindestanforderungen ausreichender Beleuchtungsstärken speziell der Büroarbeit angemessene Leuchtdichteverhältnisse notwendig. Mit dem Einzug der EDV in den Büroalltag haben sich die Anforderungen an die Sehbedingungen erheblich verändert. Bei Einführung der Technologie noch mit aus der Fernsehtechnik übernommenen Bildschirmen war eine Vereinbarkeit mit Tageslicht nahezu unmöglich. „Es ist sogar so, daß im Gegensatz zu den herkömmlichen Druckmedien (Bücher, Zeitungen, Plakate usw.) das neue Ablesemedium, nämlich der Bildschirm, selbst eine Lichtquelle darstellt, deren abgestrahltes Licht mit dem Licht der Raumbeleuchtung (Tages- oder Kunstlicht) interagiert und bei ungünstigen oder falschen Beleuchtungsbedingungen die visuelle Belastung des arbeitenden Menschen übergebührlich steigern kann." [47] Die alleinige Betrachtung der für ein Arbeitsmittel optimierten Lichtverhältnisse greift jedoch für das von der Lichtverteilung insgesamt geprägte Raumempfinden zu kurz. Auch wenn der Computer zum Hauptarbeitsmittel im Büro geworden ist, muss doch die Beleuchtung den Raum für die darin arbeitenden Menschen angenehm und gebrauchstauglich machen.

1.3.4.1 Tageslicht in Büroräumen bei bedecktem Himmel

Wie zuvor beschrieben, steuert das Tageslicht viele physiologische und psychologische Prozesse und steht damit auf dem Rang eines Grundbedürfnisses. Hierbei ist das Fenster ein Medium, durch das der Kontakt zur belebten, äußeren Umwelt sichergestellt wird.[48] Die besonders hohen Anforderungen an Lichtbedingungen in Büros mit Bildschirmarbeitsplätzen erfordern zur Erfüllung der Beleuchtungsaufgabe Sorgfalt bei der Dimensionierung der Tageslichtöffnungen. „In mehrgeschossigen Bürogebäuden wird die Mehrzahl der Arbeitsplätze durch Öffnungen in der Fassade von einer Seite her mit Licht versorgt. Entsprechend ist eine gerichtete, ungleichmäßige Tageslichtbeleuchtung typisch für solche Büroarbeitsplätze im Gegensatz zur künstlichen Beleuchtung, für die Gleichmäßigkeit gefordert wird. In der Folge ergibt sich eine grundsätzliche Andersartigkeit von künstlicher und natürlicher Beleuchtung (...). Für die Tageslichtbeleuchtung werden andere Standards akzeptiert, als für die künstliche Beleuchtung, und es stellt sich die Frage ob dies auf Grund tieferer Einsicht, oder auf Grund technisch nicht überwindbar erscheinender Randbedingungen der Fall ist."[49]

Einführung

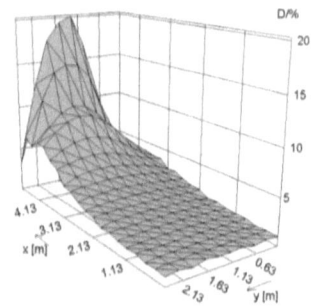

Abbildung 7: Tageslichtverteilung bei bedecktem Himmel in einem Büroraum

Die Simulation zeigt, wie schnell der Tageslichtquotient mit der Raumtiefe abnimmt. Trotzdem wird der Raum nicht als ungleichmäßig hell empfunden, weil die Lichtverteilung unserer Seherfahrung entspricht.

In der Regel wird ein Raum mit einer lichten Höhe von 2,75m bis 3m maximal bis zu einer Raumtiefe von 5-6m mit Tageslicht beleuchtet werden können. Ausschlaggebend ist dabei der bedeckte Himmel mit einer von der Himmelsrichtung unabhängigen Leuchtdichteverteilung. Für Räume über 3,5m Raumhöhe oder über 50m² Grundfläche gelten rechtlich keine Mindestanforderungen an die Tageslichtquotienten. Dennoch erweist sich auch hier nur eine Zone mit einem Tageslichtquotienten von mindestens ca. 1% als gerade noch ausreichend mit Tageslicht beleuchtet. Raumzonen mit geringeren Tageslichtquotienten erfordern fast ganzjährig Kunstlichteinsatz.

1.3.4.2 Tageslicht in Büroräumen bei klarem Himmel

Während eine Raumbeleuchtung mit dem diffusen Himmelslichtanteil des klaren Himmels ähnlich wie beim bedeckten Himmel möglich ist, birgt die Raumbeleuchtung mit dem nahezu parallelen, direkten Sonnenlicht einige Probleme. Die Tageslichtbeleuchtung von Büroräumen mit direktem Sonnenlicht funktioniert nur als eine indirekte Beleuchtung, denn das direkte Sonnenlicht ist für die meisten Sehaufgaben ungeeignet, da es sehr große Leuchtdichteunterschiede verursacht. Bei direkter Sonne auf der Fassade ist in jedem Büro Blendschutz erforderlich, aber auch eine gegenüberliegende, besonnte Fassade im Blickfeld ggf. mit Spiegelungen der Sonne im Glas verursacht ohne Blendschutz inakzeptable Lichtverhältnisse. So galt bis vor wenigen Jahren die Feststellung HOPKINSONS für zumindestens die gemäßigten nördlichen Klimazonen, dass das direkte Sonnenlicht in Theorie und Praxis der Innenraumbeleuchtung keine Rolle spielt. [50] Heutige Ansätze zur Beleuchtung von Büroräumen mit direktem Sonnenlicht erfordern ein System, dass auf die ständige Veränderung des Sonnenstandes passiv oder aktiv reagieren kann.

Einführung

Abbildung 8: Tageslichtverteilung bei klarem Himmel in einem Büroraum ohne Blendschutz, mit Rollo und Innenjalousie

Idealerweise wird deshalb das Sonnenlicht oberhalb der Augenhöhe stehender Personen gegen die Raumdecke gelenkt und von dort diffus im Raum verteilt. Der Fensterbereich in Augenhöhe bleibt der Ausblicksfunktion vorbehalten und muss bei direkter Sonneneinstrahlung verschattet werden. Die maßgebliche Tageslichtversorgung bei bedecktem Himmel darf dabei nicht eingeschränkt werden.

1.4 Einführung Atrien

Im Lexikon der Weltarchitektur wird das Atrium u.a. beschrieben als „ In der frühchristl. und mittelalterl. Baukunst ein der Kirche vorgelagerter, meist viereckiger, von einer Säulenhalle umschlossener Hof, auch Paradies genannt, mit einem Brunnen für rituelle Waschungen."[51] Typisch für historische wie zeitgenössische Atrien ist ein zunächst introvertierter Charakter, die Öffnung nach oben und häufig die Erschließungs- und Orientierungsfunktion für die angrenzenden Räume.

Die heutige Begründung der Bauform ist für verschiedene Nutzungsarten sehr unterschiedlich: Für Einkaufspassagen schafft das Atrium einen verbindenden Bereich, der zwischen dem Außenraum und den einzelnen Geschäften vermittelt. Für Verwaltungsgebäude sind Atrien oft die repräsentativen Eingangshallen und erfüllen die Erschließungsfunktion. Im städtischen Raum herrscht für expandierende Verwaltungen in der Regel Baulandmangel. Wenn die Möglichkeit oder der Wunsch nicht besteht, in die Höhe zu bauen, bietet das Atrium Tageslichtnutzung trotz verdichteter Bauweise.[52] Bei einer Nutzung des Atriums als Pufferraum ergeben sich Energiesparpotenziale bei natürlicher Klimatisierung des Gebäudes.

Abbildung 9 : Paradies der Abtei Monte-cassino, Latium Italien, 16 Jh.

Einführung

1.4.1 Baugeschichte

Die Baugeschichte des Atriums soll hier nur in dem Rahmen dargestellt werden, wie sie zum Verständnis der Nutzeranforderungen und der Funktion der Gebäude beiträgt.

1.4.1.1 Antike bis 19. Jahrhundert

Das Atrium hat eine Baugeschichte, die sich bei Wohngebäuden weit zurückverfolgen lässt. War der Raum zuerst die Mitte des Hauses, wo für die Feuerstelle nur eine Rauchabzugsöffnung im Dach vorhanden war, entwickelte sich daraus nach Verlagerung des Herdes in einen eigenen Raum ein Atrium mit einer größeren Öffnung. „Als klimagerechte Bauform ist das Atrium schon aus den Siedlungen des mesopotamischen Raumes bekannt, wo es einerseits als Wärmefalle im Winter, andererseits als Kamin einer natürlichen Lüftung in den heißen Sommerzeiten genutzt worden ist. Historisch ist das Atrium die Kontaktstelle zwischen Innen und Außen, die Lichtquelle für die Innenräume, solange das witterungsgeschützte Fenster durch die sehr begrenzte Glasherstellung nicht gegeben war."[53]

Im 5. Jahrhundert v. Chr. wurde das Atriumhaus zur weit verbreiteten Bauform der griechischen und römischen Kultur und kann bis in das 3. Jahrhundert n. Chr. nachgewiesen werden. Die christliche Baukultur übernahm die Bauform für Eingangsbereiche der Basiliken und später für Kreuzgänge von Klosteranlagen.

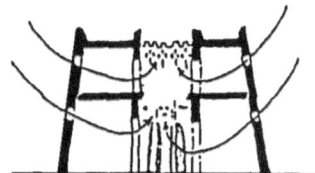

Abbildung 10 : Schnitt durch ein mesopotamisches Wohnhaus

1.4.1.2 Das 19. Jahrhundert

Mit der Möglichkeit, neben großflächigen Gläsern auch weit spannende Dächer mit eisernen Konstruktionen zu realisieren, entstanden zeitgleich mit den spektakulären Gewächshäusern auch die ersten glasgedeckten Atrien. „Unter dem Kristalldach eröffnete sich eine andere Welt. (...) Das Glashaus wurde zum 'Garten Eden' einer neuen Gesellschaft und einer neuen Wohnlichkeit ohne die Unbilden der steinernen Stadt. (...) Von J.B. Godin und den Architekten des beginnenden Glas- und Stahlingenieurbaus aufgegriffen, entstand in der Folge die glasgedeckte Passage, aber auch bauhistorisch weniger beachtet, das überdachte Atrium in Hotels, Banken und Wohnanlagen."[54] Noch vor dem Kristallpalast zur Weltausstellung 1851 in London ist der Reformclub von Sir Charles Barry das erste bekannte Atriumgebäude, bei dem ein Innenhof großflächig mit einem Glasdach überdeckt wurde. Die Bauform wurde zunächst für Passagen (Galeria Vittorio Emanuelle, Mailand 1867) Kaufhäuser (Magasin au

Einführung

bon marché, Paris 1876) und Hotels (Brown Palace Hotel, London 1878) erfolgreich übernommen.

1.4.1.3 Das 20. Jahrhundert

Anfang des 20. Jahrhundert wurden noch zahlreiche Atriumgebäude für verschiedene Nutzungen erstellt. Erste Atriumbürogebäude wurden dabei schon 1904 (Larkin Building) verwirklicht, wurden aber bald darauf von den spektakuläreren Hochhäusern abgelöst. „Die Atrium-Bauform für Bürogebäude wurde nach dem ersten Weltkrieg weitgehend verdrängt, als ihre Antiform, der Wolkenkratzer, aufkam. Vor der Entzauberung der Wolkenkratzer in den 1960ern konnte die Atrium-Bauform nicht zurückkehren und sich weiterentwikkeln. (..) Die Wiederkehr der Atrium-Idee geht auf das Jahr 1967 zurück, als John Portman's Regency Hyatt Hotel in Atlanta, Georgia fertiggestellt wurde. (...) Es war sehr populär, aber auch baugeschichtlich bedeutsam. Der AR (Architectural Record) nannte es 'eine Idee, deren Zeit gekommen war'. Wie alle neuen Ideen kombinierte auch diese eine Reihe der vorhergehenden."[55] Neben Einkaufspassagen sind Bürogebäude die Nutzung, für die das Atrium als Bauform zunehmend auch in Nord- und Mitteleuropa wieder Anwendung fand. „Europäische Konzepte hinken im allgemeinen der Entwicklung etwas nach, da hier, klimatisch bedingt, der Bürobau trotz Großraumkonzept und Kunstlicht geringere Kühllasten erfordert und vielfach auch in traditioneller Zeilenbauform unklimatisiert geplant wird."[56] Dennoch fand die Atriumbauform besonders in den 1980er Jahren eine große Verbreitung für Bürobauten. Mit der Zunahme des Dienstleistungsanteils bei der Beschäftigung stieg der Bedarf an Verwaltungsgebäuden bis etwa 1990 so stark, dass ein gewaltiger Bauboom einsetzte, der inzwischen zu einem Überangebot und damit verbundenem Leerstand geführt hat. Heutige Verwaltungsneubauten sind daher häufig für den Eigenbedarf des Bauherrn bestimmt, oder können sich als Vermietflächen nur behaupten, wenn sie besondere zusätzliche Qualitäten gegenüber dem bereits hohen Standard bieten. Ein Atrium kann eine solche besondere Qualität bieten, die auch zu einer Identifikation mit dem Gebäude führt.

1.4.2 Bauform

Die möglichen Bauformen des Atriums sind so vielfältig wie die Orte, Nutzungen, Bauherren und Planer, die sie repräsentieren, dennoch kann man Typologien aufstellen, die die Zuordnung und den Vergleich verschiedener Gebäude ermöglichen. Für diese Arbeit soll gelten: Das Atrium unterscheidet sich vom Innenhof durch einen vollflächigen, transparenten Abschluss zum Außenraum. In der Regel hat das Atrium eine Tageslichtöffnung nach oben, die als ein Dach mehr oder weniger transparent oder transluzent ausgeführt ist. Die Grundform des Atriums ist allseitig vom Gebäude umschlossen. Vielfach sind jedoch auch Teile der Umfassung zur Außenwelt geöffnet, so dass ein horizontaler

Einführung

Außenbezug gegeben ist. Für diese Arbeit soll gelten: Das Atrium unterscheidet sich vom Glasvorbau durch einen überwiegenden Anteil der geschlossenen umfassenden Wände. Neben verschiedenen Grundrisstypen sind auch Unterscheidungen beim Schnitt des Atriums möglich. Besonders auf Grund der raumklimatischen Kriterien sowie des Brandschutzes ist von Interesse, ob der obere Raumabschluß des Atriums die angrenzenden Gebäudeteile überragt, auf gleicher Ebene liegt, oder Gebäudeteile das Atrium überragen. Für die Tageslichtbedingungen ist die Lage des Daches dagegen in den zum Atrium gelegenen Räumen von untergeordneter Bedeutung.

1.4.2.1 O - Atrium

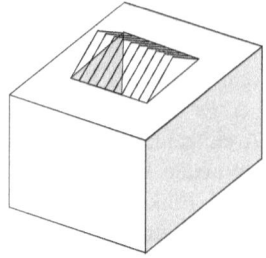

Im Rahmen dieser Arbeit soll ein allseitig geschlossenes Atrium ohne horizontale Ausblicksmöglichkeit O-Atrium genannt werden. Die Grundrissform kann dabei sehr verschieden sein, wesentlich ist, dass das Tageslicht allein von oben in das Atrium fällt. Das allseitig geschlossene Atrium ist trotz großer Tageslichtöffnung ein introvertierter Raum. Eine Sonderform ist das O-Atrium, das selbst Teil des Innenraumes ist, d.h. keine geschlossene Fassade zu den angrenzenden Nutzungen hat. Hierbei besteht zwischen dem Atrium und angrenzenden Raumzonen eine fließende Grenze. Offene Atrien werden in manchen Gebäuden zur Einrichtung von Kombizonen genutzt.

Abbildung 11: schematische Darstellung des

1.4.2.2 U - Atrium

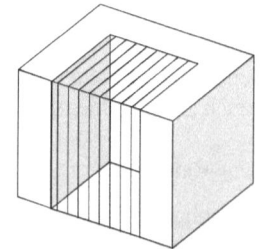

Ein Atrium mit wenigstens einer Außenfassade hat neben der nach wie vor bestimmenden Öffnung nach oben einen Außenbezug und ist damit nicht mehr rein introvertiert. Je nach Größe und Durchsichtigkeit der Außenfassade erhält das Atrium eine eindeutige Orientierung, wobei für die Lichtverhältnisse im Atrium im Wesentlichen die Himmelsrichtung und Verbauung maßgebend sind, für den Raumeindruck jedoch die Qualität des Ausblicks.

Abbildung 12: schematische Darstellung des U-Atriums

Einführung

1.4.2.3 L - Atrium

Ein Atrium, das nur auf zwei aneinander grenzenden Seiten vom Gebäude gefasst wird, hat eine deutliche Außenorientierung. Das Atrium wirkt hier je nach dem Öffnungswinkel der begrenzenden Gebäudeflügel wie eine zweite, vorgesetzte Fassade. Besonders bei Atrien mit im Verhältnis zur Höhe kleiner Grundfläche kommt der größte Teil des Tageslichtes von der Seite. Das L-Atrium ist daher ein in aller Regel extrovertierter Raum. Die Tageslichtverhältnisse in den Räumen am Atrium sind in den verschiedenen Geschossen homogener, als bei den anderen Bauformen.

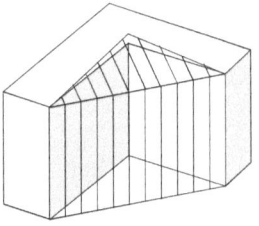

Abbildung 13: schematische Darstellung des L-Atriums

1.4.2.4 I-I - Atrium

Werden zwei sich gegenüberstehende Gebäuderiegel mit einem Glasdach verbunden, entsteht ein langgestreckter Atriumraum. Häufig werden Neu- und Altbauten oder unterschiedlich hohe oder verschieden gestaltete Gebäudeflügel in dieser Form ausgeführt. Trotz mehr oder weniger verglaster Stirnseiten ist das I-I-Atrium in aller Regel ein introvertierter Raum. Der Raumeindruck entspricht oft eher dem einer Straße als einer Halle. Die Übergänge zwischen O-Atrium und I-I-Atrium sind dabei jedoch fließend. Für den Raumeindruck und auch die Tageslichtverteilung sind die Stirnseiten bestimmend.

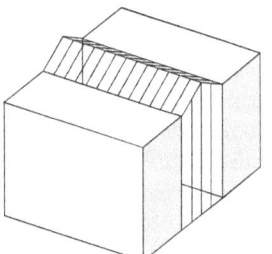

Abbildung 14: schematische Darstellung des I-I-Atriums

1.4.2.5 Gruppenatrium

Eine Sonderform der Atriumgebäude sind die großen Glashallen, bei denen unter einem gemeinsamen Dach verschiedene Gebäudeteile eingestellt sind. Der Raumeindruck wird dabei wesentlich von der Art und Dimensionierung der eingestellten Gebäude bestimmt, für die die Halle den umfassenden Rahmen bildet. Das Atrium selbst wird dann als geschützter Außenraum empfunden, der wegen seiner großer Offenheit nicht den introvertierten Charakter der vorgenannten Atriumtypen aufweist und deshalb im Rahmen dieser Arbeit nicht explizit betrachtet wird.

Einführung

1.4.2.6 Mischformen

In vielen Gebäuden finden sich die oben beschriebenen Varianten nicht in Reinform, oder in einem Gebäude sind mehrere Atrien verschiedener Formen vorhanden. Die obige Gruppierung erlaubt jedoch in den meisten Fällen eine Einordnung.

1.4.3 Raumwirkung

Ein Atrium selbst ist in der Regel, trotz des großen Öffnungsanteils im Dach, introvertiert. Nur wenn eine Durchsichtigkeit zum Horizont hinzukommt, erhält das Atrium einen Außenbezug. „Kriterien für die Anordnung von Öffnungen in den raumumschließenden Flächen sind Brennpunkt und Ausrichtung des Raumes. Liegt bei manchen Räumen der Brennpunkt innen, z.b. beim offenen Kamin, sind andere nach außen orientiert und richten sich auf einen besonderen Ausblick oder einen angrenzenden Raum. Fenster und Oberlichter fördern den Ausblick und ermöglichen den optischen Kontakt zur Umgebung, Maß und Art wird durch ihre Größe und Anordnung bestimmt."[57] Je größer der Öffnungsanteil der das Atrium umfassenden Wände und je transparenter diese Fassaden ausgeführt werden, desto eher wird das Atrium als Teil des Außenraumes empfunden. Die Größe des Atriums spielt jedoch hier vermutlich auch eine Rolle. Die Grenze zwischen einem als Außen- oder eher als Innenraum empfundenen Atrium ist dabei fließend.

Räume zu einem Atrium sind immer durch zwei Fassaden von der Außenwelt getrennt. Von einigen Autoren als die wichtigste Aufgabe des Fensters beschrieben, ermöglicht es, soweit klar verglast, den Kontakt zu Außenwelt. Die Qualität des Ausblicks in ein Atrium ist daher von besonderer Bedeutung für den Raumeindruck, denn damit entscheidet sich, ob das Atrium den Ausblick in den Außenraum ersetzen kann.

1.4.4 Energiebedarf

Abhängig vom Volumen des Atriums mit mehr oder weniger dem Innenklima angepassten Bedingungen gibt es grundsätzlich ganz verschiedene Konzepte, das Atrium für das Gebäude energetisch nutzen. „Durch die solaren Energiegewinne liegt auch in kalten Monaten die Temperatur im Atrium über der der Außenluft. Der Wärmeverlust der zum Atrium ausgerichteten Räume verringert sich dadurch. Die Atrien sollten jedoch nur temporär genutzt werden, da eine Beheizung im Winter die Wärmegewinne wieder zunichte machen würde. Im Sommer müssen zum Schutz gegen Überhitzung Sonnenschutz- und Lüftungsmaßnahmen vorgesehen werden."[58] Zunächst ist dabei die Funktion des Atriums als Zwischenraum zu klären. Hierbei sind die Parameter Licht, Luft und Schall sowohl für das Atrium selbst, als auch für die angrenzenden Räume

Einführung

zu konzeptionieren, wobei das Atrium jede Zwischenstufe zwischen innen und außen ermöglicht.

„Die Einbindung eines Atriums in ein Gebäude führt nicht automatisch zu Energieeinsparungen. Der Energieverbrauch eines Gebäudes mit Atrium kann sogar höher sein als der eines ähnlichen Gebäudetyps ohne Atrium. Die Gründe hierfür sind: Mehrbedarf an künstlicher Beleuchtung, an mechanischer Belüftung und vielleicht auch an Kühlung. Selbst das Atrium kann Energie verbrauchen, wenn es künstlich belichtet und klimatisiert wird. (...) Es ist nützlich, die Entwicklung des Atriums oder Sonnenraums ausgehend vom offenen Hofraum aus zu betrachten, welcher das Gebäude mit Licht und Frischluft, und bei Südorientierung auch mit nützlichen, passiven Solargewinnen versorgt. (...) Wenn nun der Hofraum überglast und ein Atrium gebildet wird, muss sichergestellt sein, dass die ursprünglichen Funktionen nicht aufs Spiel gesetzt werden."[59] Zu beurteilen ist daher der Gesamtenergiebedarf des Gebäudes, bestehend aus Heizenergiebedarf, Beleuchtung und dem Kühlenergiebedarf, der in vielen Bürogebäuden den größten Anteil des Energieverbrauchs ausmacht.

1.4.4.1 Bauform

Die Bauform wirkt sich nicht nur auf den oft einseitig betrachteten Heizenergiebedarf, sondern auch auf den oft größeren Kühlenergie- und Beleuchtungsstrombedarf aus. Eine überwiegende Schließung des Atriums verringert zwar die wärmeabgebende Hüllfläche, jedoch wird der Energiebedarf für die künstliche Beleuchtung steigen. In einer umfangreichen Simulation verschiedener Atrientypen ermittelt LEE[60] ein Einsparpotential im Primärenergiebedarf von ca. 6% bis 9% gegenüber gleich gestalteten Gebäuden ohne Atrium.

Einführung

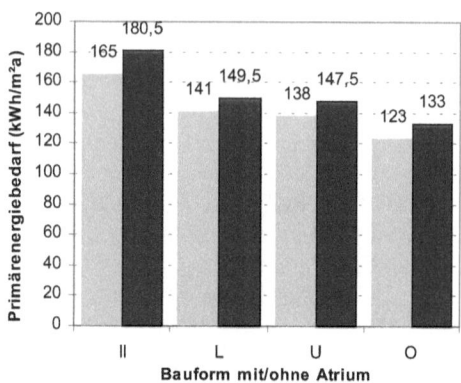

Abbildung 15: Energiebedarf verschiedener Bauformen

Die Grafik zeigt, dass zwar der Gesamtenergiebedarf der Atriumgebäude abnimmt, je geschlossener das Atrium zur Umgebung ist, gegenüber einem offenen Gebäude gleicher Baukörperstellung jedoch jeweils ein sehr ähnliches Einsparpotential bietet.

1.4.4.2 Lüftung

Bei dem großen Raumvolumen und Strahlungsaustausch mit außen ist das Atrium potentiell ein Treibhaus. Selbst bei ständigem Luftaustausch mit der Außenluft liegen die mittleren Lufttemperaturen im Atrium mit nur geringer zeitlicher Verzögerung einige Grad über der Außenlufttemperatur. Eine vollständige Klimatisierung ist extrem aufwendig und führt zu großem Mehrbedarf an Energie. Ein Sonnenschutz kann die Aufheizung des Atriumraumes bei Sonne nur in Grenzen reduzieren, da ja das Tageslicht als sichtbarer Strahlungsanteil nicht ganz ausgeschlossen werden soll. Die verbleibende sinnvolle Lösung für die Klimatisierung eines Atrium bleibt eine groß dimensionierte, steuerbare Lüftung. „Durch die aufsteigende warme Luft bildet sich Unterdruck, wodurch verbrauchte Luft aus den angrenzenden Räumen abgesaugt wird. Auf Bodenniveau strömt frische Luft ein, die verbrauchte Luft entweicht über Lüftungsklappen im Dach."[61]

Einführung

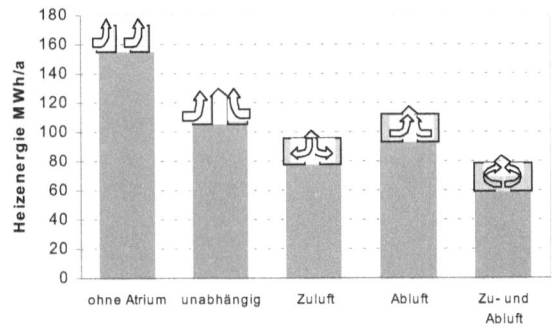

Abbildung 16: Jahresheizerngieverbrauch verschiedener Lüftungsvarianten

Das Lüftungskonzept des Atriumraumes kann mit der gesamten Gebäudelüftung gekoppelt werden. Hiermit kann sowohl der Heizenergiebedarf im Winter reduziert werden, wenn das Atrium als Vorwärmung der Außenluft genutzt wird, als auch der Kühlenergiebedarf im Sommer, wenn im Atrium der Kamineffekt zur Entlüftung der angrenzenden Räume genutzt wird.

1.4.4.3 Sonnenschutz

Die großflächig verglasten Raumvolumen werfen die Frage nach der idealen Lage des Sonnenschutzes auf. Aus energetischer Sicht ist ein Sonnenschutz im Atriumdach und der Atriumaußenfassade günstig. SAXON empfiehlt: „Sonnenschutz zur Vermeidung von Überhitzung belegter Räume wird am besten an den Fenstern innerhalb des Atriums angeordnet, weil eine Verschattung des Atriumdaches den Anteil des diffusen Himmelslichtes erheblich reduziert."[62] Unter der Maßgabe, die Behaglichkeit in den angrenzenden Räumen zu gewährleisten, unterscheidet sich der Kühlenergiebedarf verschiedener Sonnenschutzvarianten sehr deutlich und ist, sofern eine Kühlung erfolgt, eine der Haupteinflussfaktoren auf den Gesamtenergieverbrauch von Atriumgebäuden. Hier ist also die Forderung nach guten Tageslichtverhältnissen gegen hohe thermische Behaglichkeit bzw. geringen Kühlenergiebedarf abzuwägen.

Einführung

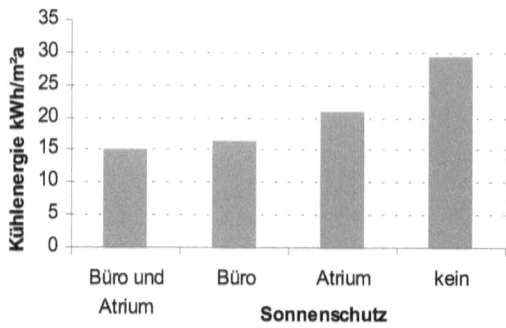

Abbildung 17: Einfluss des Sonnenschutzes auf den Kühlenergiebedarf in einem Atriumgebäude

Der Vergleich zeigt für alle Atriumbauformen übereinstimmend, dass die aufwändige Lösung, einen Sonnenschutz für die Atriumaußenfassade und -innenfassade einzusetzen, erwartungsgemäß den geringsten Kühlenergiebedarf aufweist. Erstaunlicherweise ist die nächstbeste Lösung nicht, die Sonne von vornherein aus dem Atrium heraus zu halten, sondern einen Sonnenschutz wie an den Außenfassaden auch im Atrium zu installieren. Dies hat zudem den wichtigen Vorteil, dass nur tatsächlich besonnte Innenfassaden verschattet werden und nicht direkt besonnte Räume vom reflektierten Sonnenlicht profitieren.

1.4.5 Identifikation

In den Beschreibungen der Atriumgebäuden durch Bauherren und Architekten wird das Atrium immer wieder als ein Raum für die Mitarbeiter und Besucher beschrieben, der über den Eindruck des Raumes symbolische Bedeutung hat. Tatsächlich scheint das Raumgefühl in Atrien besonders dazu geeignet zu sein, eine Identifikation mit dem Gebäude und ein Gemeinschaftsgefühl zu schaffen. „Der Mensch braucht inmitten des Universums einen Raum des Friedens, der Geborgenheit, als Teil der größeren, feindlichen, unbestimmten Außenwelt, einen Raum, der trotzdem teilhat an Tag und Nacht, an Sonne und Mond, an Hitze, Kälte und Regen. Dieser Raum, der dem Tages- und Jahresablauf, also den das Dasein bestimmenden Regeln unterworfen ist, (...) ist einer der ältesten Raumformen und symbolisiert noch Empfindungen aus dem Höhlendasein des Menschen."[63] Für den Prototyp des Bürogebäudes mit einem Atrium, dem Larkin Gebäude in Buffalo von Frank Lloyd Wright, beschreiben SCHNEIDER, GENTZ diese Raumwirkung als den wesentlichen Grund für die gewählte Bauform. „Das Versandhausunternehmen benötigte abseits der großen Zentren ein Gebäude mit mehreren hundert Arbeitsplätzen. Wright sah sich mit

Einführung

einer noch nicht bekannten Bauaufgabe konfrontiert. Der Unterschied lag darin, daß es sich nicht um ein Objekt zur Vermietung mit ausschließlichem Zwang zu großer Flächenwirtschaftlichkeit handelte, sondern um ein Bauwerk, das der Nutzer selbst baute und in dessen Entwurf er seine speziellen Bedürfnisse einbrachte. Das Ergebnis war ein sehr charakteristisches Gebäude. Die Arbeitsplätze sind in Großräumen angeordnet, die sich nach innen zu einem vier Stockwerke hohen Atrium orientieren. Der gemeinsame Raum verkörpert die Firma. Mitarbeiter und Firma sollten als Einheit verstanden werden. An den Wänden befanden sich Parolen, die den Angestellten die Unternehmenswerte vermitteln sollten."[64]

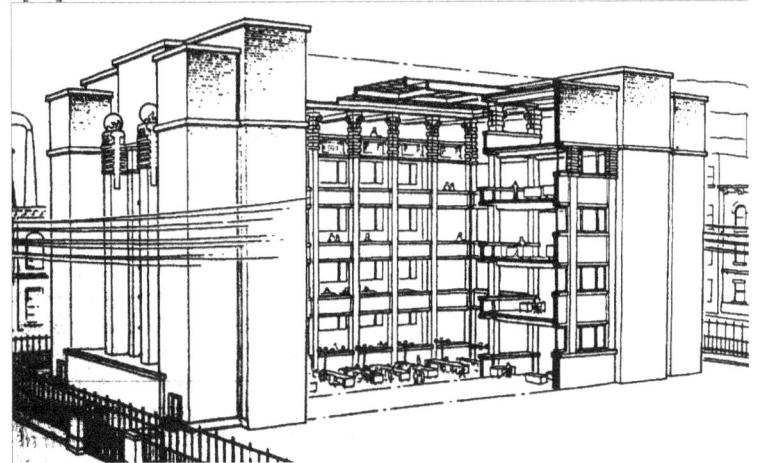

Abbildung 18: Innenraumperspektive Larkin Gebäude

Die Offenheit und interne Transparenz ist vielfach auch heute Unternehmensziel, steht jedoch im Widerspruch zum Bedürfnis nach Privatheit am Arbeitsplatz. Die Spannung zwischen visuellem Kontakt und gegenseitiger Kontrolle ist bis heute ein umstrittenes Thema bei der Raumbelegung an Atrien.

1.4.6 Wirtschaftlichkeit

Umbauter Raum kostet Geld. Ein Atrium verursacht selbst mit einfachster Überdachung und passiven Systemen für die Klimatisierung erhebliche Investitions- und Betriebskosten. Dem gegenüber steht ein mit Einschränkung ganzjährig nutzbarer Raum, gute Erschließungsmöglichkeiten, ein Zwischenraum, der vor Wind und Regen, Kälte und Hitze, und Lärm ggf. schützen kann und die Möglichkeit, Tageslicht in Gebäudebereiche zu bringen, die keinen Außenbezug haben. Je nach Konzeption des Atriums stehen den Mehrkosten Einsparungen in Bereich der Fassaden zum Atrium und der gebäudetechnischen Anlagen

Einführung

gegenüber, die beim Atrium gegenüber einem Innenhof sogar zu Minderkosten führen können.
Für die Wirtschaftlichkeit des Atriums wird aber nicht allein die Größe der Erstellungs- und Betriebskosten entscheidend sein. Es stellt sich die Frage, ob durch das Atrium eine bessere Arbeitsplatzqualität erreichbar ist, als durch einen nicht überdachten Hof. Leider sind Projekte mit vergleichbaren Arbeitsplätzen zu je einem Innenhof und einem gleich proportionierten Atrium so selten, dass sich daraus keine repräsentativen Erkenntnisse gewinnen lassen. Hinzu kommt die Frage, welchen Nutzungsmöglichkeit der gewonnene Raum für das Gebäude hat. Die Nutzungsqualität und Großzügigkeit eines Atriumraumes selbst ist kaum wirtschaftlich zu bewerten. Eine vergleichbare Halle als Solitär wird hinsichtlich der Kosten und Akzeptanz sicherlich immer schlechter abschneiden, weil die Anbindung an die anderen Nutzungen fehlt.

2 Aufgabenstellung

Bürogebäude mit Atrien haben einen erheblichen Anteil an den Verwaltungsneubauten der 1990-er Jahre eingenommen. Die ökologischen Vorteile dieser Bauform sind bei richtiger klimatechnischer Auslegung kaum bestritten. Atrien rein nach energetischen Gesichtspunkten zu konzipieren ist jedoch unzureichend. „Die Wahl des Atriums als Bauform bedeutet noch nicht, dass das Projekt schon halb fertiggestellt ist. Es gibt ebensoviele schlecht geplante Atriumgebäude wie gute."[65] Durch ein gewachsenes ökologischens Bewusstsein, durch negative Erfahrungen mit tageslichtlosen Räumen sowie durch geänderte Sehaufgaben durch die Verwendung von Computern für nahezu alle Verwaltungsaufgaben ergeben sich neue Anforderungen an die Tageslichtbedingungen. „Tageslicht war einst der Anstoß zur Entwicklung des Atriums. (...) Vor allem im Bürobau, wo heute gesunde Arbeitsbedingungen u.a. durch Tageslichtqualität nachgefragt sind, während gleichzeitig Blendung und Überhitzung der Räume durch Sonne vermieden werden soll, bietet das Atriumkonzept die ideale Konfliktlösung."[66] Die von GLÄSSEL beschriebene ideale Lösung kann angesichts der mittlerweile auch hierzulande zahlreich ausgeführten Bauten kritisch geprüft werden. Es gilt zu untersuchen, unter welchen Bedingungen das aus architektonischen Gründen interessante Atrium angenehme Aufenthaltsbedingungen nicht nur im Atrium selbst, sondern auch in den daran angrenzenden Räumen bietet.

2.1 Definition und Einschränkung der Aufgabe

Für das Wohlbefinden in einem Raum sind vielfältige Faktoren maßgeblich. Da in der Diskussion um mehr oder weniger natürliche Klimatisierung aktueller Bürogebäude die thermische und lüftungstechnische Behaglichkeit bereits sehr detailliert untersucht wird, konzentriert sich diese Arbeit auf die Untersuchung der Tageslichtverhältnisse. Eine der grundlegenden Funktionen des Atriums, Tageslicht in das Innere eines Gebäudes zu bringen, erfordert eine sorgfältige Dimensionierung der Baumassen und Organisation der Funktionen im Gebäude. Die bisherigen Modelle zur Beschreibung der Arbeitsplatzqualität nennen für die Tageslichtverhältnisse nur Empfehlungen zum Tageslichtquotienten (DIN 5034) und die Forderung nach einem Ausblick ins Freie (ArbStättV §7). Weder die von der DIN empfohlenen Tageslichtquotienten sind in vielen Büros an Atrien einzuhalten, noch ist eindeutig zu klären, ob der Ausblick ins Atrium den Ausblick ins Freie gemäß Arbeitsstättenverordnung ersetzen kann. Dabei ist der Tageslichtbedarf des Atriums selbst mit dem großen Öffnungsanteil nach außen reichlich abgedeckt. Kritisch dagegen sind Räume mit Tageslichtbedarf, die an das Atrium grenzen. „Die Ausführung eines Atriums als Aufwertung eines Innenhofes kann das Tageslicht auf den angrenzenden Fenster um mehr als 50% reduzieren. Das Hauptproblem ist, das die Beleuchtungsstärken auf

Aufgabenstellung

Atriumfassaden erheblich geringer sind, als auf Außenfassaden. (Oft ein Drittel bis ein Viertel)"[67] Diese Minderung des Tageslichteinfalls in das Atrium führt zu einer, mit Außenbüros verglichenen und an aktuellen Sollwerten für angemessene Arbeitsplatzbeleuchtung gemessenen, stark reduzierten Raumbeleuchtung. Die Abnahme des Tageslichtes muss jedoch nicht unbedingt zu einer schlechteren Akzeptanz führen, da die bevorzugten Beleuchtungsstärken auch vom Adaptationsniveau abhängig sind. [68] Ne'eman & Selkowitz schneiden das Thema in einer Betrachtung zur Wirkung verschiedener Tageslichtbeleuchtungsarten an: „Man vermutet, dass das durch ein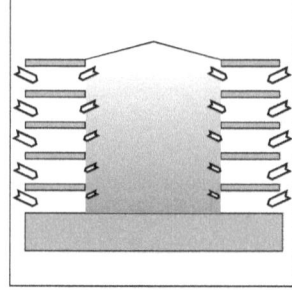

Abbildung 19: Tageslicht im Atrium

Atrium eintretende Tageslicht, das zum Teil zu den Arbeitsplätzen reflektiert wird, einen gewaltigen subjektiven / psychologischen Wert hat, insbesondere in sehr großen Gebäuden (nicht Hochhäuser). Die Verteilung des Lichts fördert den Orientierungssinn und hilft ein Gefühl des Eingesperrt-Seins zu lindern. Diese Aspekte müssen jedoch systematisch untersucht werden, um Planungsrichtlinien für Architekten und Planer zu erlangen."[69] Damit sind die wesentliche Aufgaben beschrieben, die hier bearbeitet werden:

- Erstens ist zu versuchen, den subjektiven / psychologischen Effekt zu erfassen, den das Tageslicht im Atrium für die Nutzer angrenzender Räume spielt.
- Zweitens sind die Kriterien zu ermitteln, die für die Akzeptanz von Arbeitsplätzen am Atrium ausschlaggebend sind, um die Bedeutung des Tageslichtes darin einordnen zu können.
- Die Nutzeranforderungen an die Arbeitsplatzbedingungen müssen in Planungshilfen übersetzt und den Planern in direkt verständlicher Form verfügbar gemacht werden.

Bereits vorhandene Forschungsergebnisse sowohl zu den Tageslichtbedingungen in Atrien als auch zur Akzeptanz von Arbeitsplatzbedingungen müssen dabei berücksichtigt werden.

2.2 Lösungsansatz

Einzelne Forschungen befassen sich zwar mit den tageslichttechnischen Auslegungen der Atrien, Untersuchungen zur Nutzerakzeptanz von Tageslichtbedingungen sind jedoch generell rar und fehlen für das Atrium ganz. Einzelaspekte der Tageslichtqualität werden mit Tageslichtquotienten und Blendindizes berechen- und beschreibbar, umfassende Definitionen der Tageslichtqualität scheitern bisher aber noch an der Komplexität der Thematik. Eine reine Messung technischer Einflussgrößen reicht wegen fehlender anerkannter

Aufgabenstellung

Methoden zur Ermittlung der Tageslichtqualität daher nicht aus. Die noch relativ einfache Berechnung des Tageslichtquotienten ist auf die Betrachtung des bedeckten Himmels beschränkt und kann allein deswegen lediglich einen ersten Anhaltspunkt für die Tageslichtqualität geben. Für umfangreichere Messungen von Leuchtdichtebildern bei verschiedenen Himmelszuständen existieren bisher keine zu den Nutzerurteilen referenzierten Auswertungsmöglichkeiten. Es liegt also kein Instrument vor, mit dessen Hilfe sich numerisch die tageslichtbezogene Arbeitsplatzqualität errechnen lässt. Die Frage nach der Gebrauchstauglichkeit der Atriumgebäude für Büronutzung muss daher direkt vom Nutzer beantwortet werden.

2.2.1 Methodenauswahl

Die Frage nach der Nutzerakzeptanz erfordert den Vergleich der baulichen Gegebenheiten mit der ausdrücklichen oder indirekten Beurteilung der Tageslichtbedingungen durch die Nutzer. Um die Nutzerakzeptanz der Tageslichtbedingungen in einer bestimmten Bauform zu ermitteln, bedarf es daher einer vergleichenden Methode. In der Lichttechnik ist für die Beurteilung von Beleuchtungsverhältnissen die Kombination aus lichttechnischen Messungen oder Simulationen mit sozialwissenschaftlichen Methoden üblich, so dass hier auf Erfahrungen aus vorangegangene Untersuchungen zu anderen Aspekten der Beleuchtungsbewertung zurück gegriffen werden kann.

Für die Aussage, inwieweit Nutzer die gegenüber Außenbüros geänderten Tageslichtbedingungen in Atriumbüros akzeptieren, sind sowohl die Tageslichtbedingungen selbst als auch die Nutzerzufriedenheit zu ermitteln. Während die Tageslichtbedingungen aus den baulichen Gegebenheiten gemessen oder errechnet werden können, kann die Zufriedenheit nur durch eine Nutzerbefragung festgestellt werden. Die verschiedenen gebauten Ausführungen der Bauform „Atrium" stellen die unabhängige Variable. Aus den zu ermittelnden Nutzerbewertungen ergeben sich die abhängigen Variablen. Da jedes Gebäude sehr spezifische Eigenschaften hat und besonders bei Gebäuden mit nur einer Nutzergruppe innerbetriebliche Gegebenheiten starken Einfluss auf die Nutzer haben, soll hier eine möglichst große Zahl verschiedener Gebäude erfasst werden. Nur über eine Gruppierung der einzelnen Objekte nach verschiedenen Kriterien können Einflüsse wie etwa die geografische Lage, Ausblicksmöglichkeit und Nutzungsmischungen jeweils auf der Basis mehrerer Gebäude bewertet werden.

2.2.2 Akzeptanz

Zunächst ist zu definieren, wie Akzeptanz im Rahmen der Aufgabenstellung verstanden werden soll. Generell wird Akzeptanz beschrieben, als die Bereitschaft eine Gegebenheit hinzunehmen. Zu ermitteln ist die Akzeptanz entweder

Aufgabenstellung

durch Beobachtung oder durch Befragung der Betroffenen. Eine Beobachtung etwa der Arbeitsleistung ist im laufenden Arbeitsbetrieb extrem aufwändig und aus Datenschutzgründen kaum möglich. Für die Akzeptanz von Büroräumen an Atrien bietet sich daher ein Vergleich zwischen der Zufriedenheit von Nutzern an, die Büros zum Atrium belegen und denen mit zur Umgebung orientierten Büros in jeweils den gleichen Gebäuden. Bei entsprechend großer Anzahl der befragten Personen können dann mögliche Unterschiede in der Zufriedenheit ermittelt werden. Hierbei ist zwar eine Konzentration auf die Beurteilung der Tageslichtverhältnisse im Sinne der Themenabgrenzung notwendig, aber andere Arbeitsumfeldbedingungen müssen mindestens in der Befragung abgedeckt werden, um mögliche Wechselwirkungen erfassen und beurteilen zu können.

2.2.3 Kriterienbeschreibung

Aus den individuellen Urteilen einzelner Nutzer sind die Kriterien herauszuarbeiten, die repräsentativ für die Beurteilung der durch das Gebäude bedingten Arbeitsplatzbedingungen sind. Hierbei kann auf Erfahrungen ähnlicher Untersuchungen in Bürogebäuden zurückgegriffen werden. (IEA, Task 21, Daylight in Buildings, Licht und Gesundheit) Im Vergleich mit anderen Arbeitsumfeldbedingungen können die Tageslichtverhältnisse hinsichtlich der Gewichtung für die Akzeptanz eingeordnet werden. Die baulichen Parameter speziell der Atriumgebäude, die Einfluss auf die Tageslichtverhältnisse haben, müssen so einfach wie möglich beschrieben werden. Indem diese unabhängigen Variablen mit den Bewertungen in Beziehung gesetzt werden, können Kriterien ermittelt werden, die sich projektunabhängig auf die Nutzerakzeptanz auswirken.

2.2.4 Planungsgrundsätze

Wenn die Nutzerbefragung eindeutige Schlüsse auf die Akzeptanz bestimmter baulicher Parameter von Bürogebäuden mit Atrien erlaubt, kann es eine wertvolle Planungshilfe für Architekten sein, diese Parameter bereits in der Konzeption eines Gebäudes anwenden zu können. Die wesentlichen Entscheidungen insbesondere über die Tageslichtbedingungen in einem Gebäude fallen in so frühen Phasen der Planung, dass dem Architekten meist noch keine Fachplaner zur Seite stehen. Da in der Vorentwurfsphase in aller Regel keine Kapazitäten für die Erarbeitung komplexer Kennzahlen und aufwendige Berechnungen frei sind, soll sich die Beschreibung auf bekannte oder unmittelbar verständliche bauliche Parameter beschränken. Eine Erarbeitung einer umfassenden allgemeinen Beschreibung des Tageslichtkomforts erfordert eine im Rahmen dieser Arbeit nicht zu leistende Tiefe der Befragungen und Auswertungen.

3 Bestandsaufnahme

Zu Tageslichtbedingungen in Atriumgebäuden sind seit der neuen Aktualität dieser Bauform viele Untersuchungen gemacht worden, die sich vorwiegend mit den quantitativen Aspekten des Tageslichtes befassen. Ergebnisse dieser Untersuchungen führen zu hilfreichen Aufschlüsselungen darüber, welche Parameter das Tageslicht in Atriumgebäuden beeinflussen.
Gezielte Nutzerbefragungen zu Tageslichtbedingungen sind im Rahmen verschiedener Forschungsarbeiten durchgeführt worden. Die verschiedenen Normen zum Tageslicht in Europa beruhen zum überwiegenden Teil auf Feldstudien in genutzten Gebäuden. Hierbei wurden je nach Aufgabenstellung die Tageslichtanforderungen an Wohnräume, oder in Büroräumen die Tageslichtverhältnisse als Nebenbedingung zur Bewertung des Kunstlichtes betrachtet. Eine Übertragung auf die besonderen Tageslichtverhältnisse in Atriumbüros ist nicht möglich, dennoch kann anhand der Ergebnisse dieser Untersuchung überprüft werden, ob die Tageslichtanforderungen sich in Atrien von denen anderer Nutzungen unterscheiden.

3.1 Untersuchungen zum Tageslicht in Atriumgebäuden

Quantitative Untersuchungen zu Tageslichtbedingungen in Atrien sind unter verschiedenen Gesichtspunkten in den letzten Jahrzehnten vielfach durchgeführt worden. Das Tageslicht in den an das Atrium angrenzende Räume kommt demnach in den oberen Atriumgeschossen vorwiegend direkt vom Himmel, in einer Mittelzone nur in direkter Fensternähe vom Himmel, in der Raumtiefe jedoch von der gegenüberliegenden Fassade und in den unteren Geschossen überwiegend von der Bodenreflexion. „Weil Lichtmenge und -qualität des Tageslichts in angrenzenden Räumen von dem Licht abhängt, das in das Atrium fällt und darin verteilt wird, sind die Veränderungen seiner physikalischen Eigenschaften zu beachten. Die elementaren Veränderungen sind:
- eine Minderung der Tageslichtmenge
- eine Veränderung der Lichtrichtung
- eine Verlauf des Mischungsverhältnisses zwischen diffusem und direktem Licht im Atrium."[70] Bei hellen Atriumböden sind daher je nach Gesamthöhe des Atriums meist in den mittleren Geschossen des Atriums die niedrigsten Tageslichtquotienten in den angrenzenden Räumen zu erwarten. Für die Beschreibung der sehr verschiedenartigen Atriumgeometrien werden im folgenden Abschnitt unterschiedliche Faktoren eingeführt.

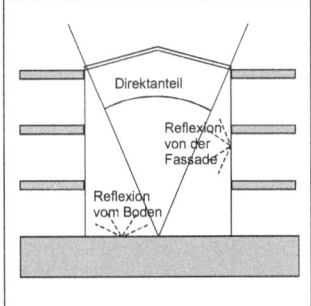

Abbildung 20: Tageslichtverteilung im Atrium

Bestandsaufnahme

3.1.1 Geometrie des Atriums

Sowohl die Grundrißform als auch der Schnitt und die Reflexion des Lichtes an den Atriumwänden beeinflusst die Tageslichtverteilung im Atrium. Dabei nimmt der Anteil des reflektierten Lichtes im Vergleich zum Direktanteil zu, je enger das Atrium geschnitten ist. Zur Bestimmung der Tageslichtverhältnisse in Atrien sind daher Kennzahlen zur Beschreibung der Atriumgeometrie und deren Relation zum Tageslichtquotienten im Atrium erarbeitet worden. (Saxon, Willbold Lohr, Cole) In Anlehnung an Kunstlichtberechnungen im Raum kann die Atriumgeometrie durch den „room index" als Verhältnis der Grundfläche zur umschließenden Wandfläche beschrieben werden.
Room Index $(K) = L * W/((L+W)H)$
Eine weitere dem Room Index sehr ähnliche Beschreibung der Atriumgeometrie ist der Well Index: Well Index $(WI) = (H(L+W))/2L*W$ $WI = 1/2K$
Die „Aspect Ratio" beschreibt die Geometrie des Atriums als Verhältnis der Grundfläche zur Höhe. Je kleiner die Aspect Ratio, desto enger das Atrium. Aspect Ratio $(AR) = L \times W/H^2$.

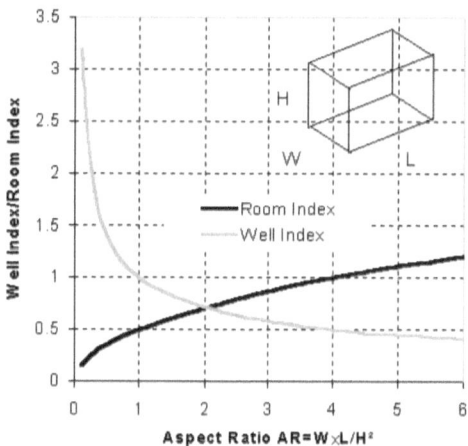

Abbildung 21: Relation der Geometrieparameter

Bei sehr ungleichmäßig proportionierten Seitenverhältnissen führen die verschiedenen Ansätze zu von der obigen Grafik geringfügig abweichenden Kurven, daher ist eine direkte Umrechnung der Geometrie-Indizes nicht möglich.
Die Indizes wurden entwickelt, um mit einfachen Mitteln eine Tageslichtplanung für Atrien zu ermöglichen. Die heute einfach verfügbaren und anwendbaren Computerprogramme erlauben mit vergleichbarem Aufwand, erheblich detailliertere Tageslichtberechnungen durchzuführen. (siehe 5.4.1) Alle mit den Indizes durchgeführten Untersuchungen beziehen sich auf den bedeckten

Bestandsaufnahme

Himmel (in der Regel mit der Leuchtdichteverteilung des CIE overcast sky). Nach durch Messungen von Atriummodellen bestätigten Darstellungen von SAXON ist der Direktanteil des Tageslichtquotienten in der Atriummitte proportional zum room index und erlaubt damit eine einfache Voraussage der im Atrium verfügbaren Tageslichtmenge. Berücksichtigt wird hier nur der direkte Himmelslichtanteil (Sky Component) und noch nicht die Reflexion im Atrium sowie die Reduktion des Lichteinfalls durch Glas und Konstruktionsanteil des Atriumdaches.

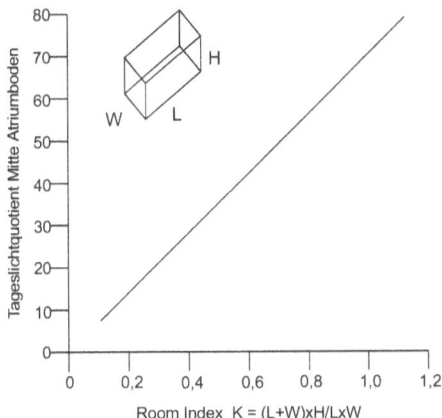

Abbildung 22: Direktanteil des Tageslichtes und Room Index (RI)

Unter den idealisierten Modellbedingungen wird bis zu einem RI ~ 0,3 noch der für eine Tageslichtbeleuchtung angrenzender Räume ausreichende Tageslichtquotient von ~20% im Atrium erreicht. (RI ~ 0,3 entspricht einem Höhen- zu Querschnittverhältnis des Atriums von etwa 1 zu 1,7. Da hier die Tageslichtminderung durch das Dach noch unberücksichtigt ist, folgt, dass Atrien, die höher als ihre lichte Weite sind, für die Tageslichtbeleuchtung der unten am Atrium gelegenen Räume bereits zu eng sind). Für die Tageslichtbedingungen in den angrenzenden Büroräumen ist allerdings dieser Wert nur bedingt aussagekräftig. Nach unten hin nimmt der Anteil der 'Sky Component' auf den Fassaden schnell ab und der Einfluss des reflektierten Tageslichtes zu. In der

Bestandsaufnahme

folgenden Grafik ist der Tageslichtqoutient in einem ideal weißen Atrium mit der Höhe H in drei verschiedenen Höhen dargestellt.

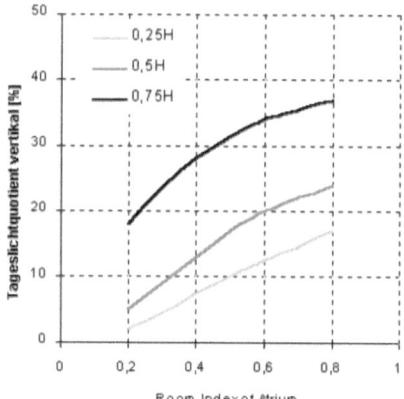

Abbildung 23: vertikaler Tageslichtquotient auf verschiedenen Höhen im Atrium (Boden und Wände weiß)

Eine genauere Voraussage der Tageslichtanteile in an das Atrium grenzenden Räumen erfordert die Berücksichtigung der tatsächlichen Reflexionsgrade der Fassaden und des Bodens.
Detailliertere Modellmessungen im künstlichen Himmel von WILLBOLD-LOHR zur Auswirkung der Atriumgeometrie auf die Tageslichtverteilung haben den von SAXON festgestellten Zusammenhang bestätigt. Zusätzlich ist der Einfluss der Reflexionsgrade des raumumschließenden Flächen dargestellt worden. Der Einfluss des Daches kann als Verminderungsfaktor eingesetzt werden. Der Einfluss der Fassadenreflexion muss jedoch anhand der Extreme der schwarzen und der weißen Fassade interpoliert werden.

Bestandsaufnahme

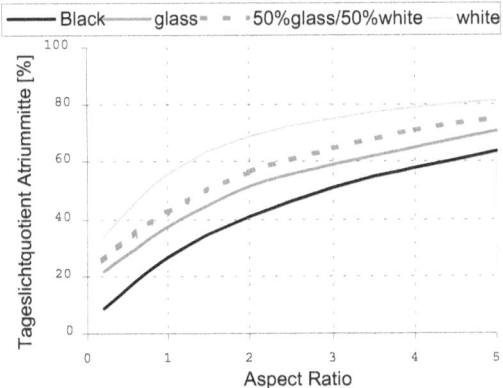

Abbildung 24: horizontaler Tageslichtquotient am Atriumboden bei verschiedener Wandausbildung

Die Grafik zeigt, dass der Einfluss der Wände um so größer ist, je enger das Atrium geschnitten ist. Trotz des geringen Reflexionsgrades der Glasfassade (8%) bedingt die gerichtete Reflexion eine fast so gute Tageslichtverteilung wie die teilweise weiße Fassade.

Da nur allseitig geschlossene Atrien untersucht wurden, ist seitlich in das Atrium einfallendes Tageslichtes leider in keiner der Untersuchungen berücksichtigt. Dies ist insofern eine deutliche Einschränkung der Anwendbarkeit dieser Ergebnisse, da eine große Zahl der Atrien in ausgeführten Objekten wenigstens eine Aussenfassade aufweisen. Zudem beschränken sich alle Untersuchungen auf den bedeckten Himmel, da bei klarem Himmel mit Sonne die zusätzlichen Parameter des geografischen Standortes, der Gebäudeausrichtung, einer möglichen Verschattung im Dach und die extrem ungleichmäßige Lichtverteilung durch den hohen Anteil gerichteten Lichtes kaum noch systematisch darstellbar sind.

3.1.2 Räume am Atrium

Die Tageslichtverteilung in Atriumbüros wird neben dem nach unten schnell abnehmenden Direktanteil durch Reflexion an den Wänden und dem Boden des Atriums bestimmt. Eine einfache Darstellung der Tageslichtverhältnisse in an das Atrium grenzende Räume ist wegen der Vielzahl der Parameter nicht mehr möglich. Untersuchungen der Tageslichtverhältnisse

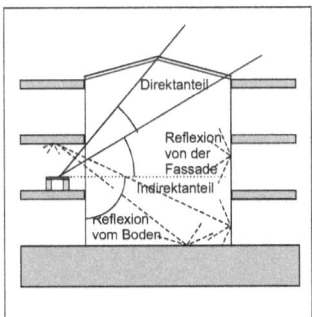

Abbildung 25: Tageslicht im Atriumbüro

Bestandsaufnahme

greifen daher auf Modellmessungen und Computersimulationen zurück. Umfangreiche Modellmessungen auch in den an das Atrium grenzenden Räumen sind von WILLBOLD-LOHR durchgeführt worden. Bei den Modellen ist die Dachkonstruktion und -verglasung unberücksichtigt und der extrem günstige Fall weißer Atriumfassaden betrachtet worden, um den Anteil des Indirektanteils an der Raumbeleuchtung darstellen zu können. Es zeigt sich deutlich, dass der direkte Himmelslichtanteil in Räumen am Atriumboden selbst bei sehr weit geschnittenen Atrien an der Tageslichtbeleuchtung der Räume einen geringen Anteil haben.

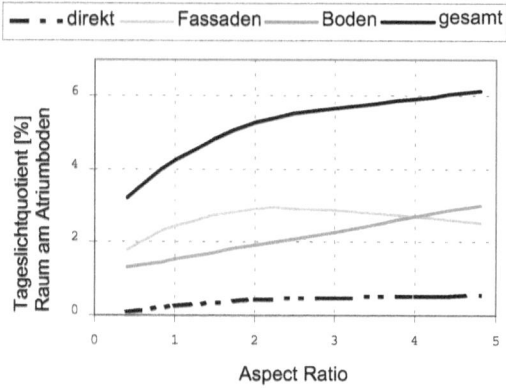

Abbildung 26: Tageslichtquotient in einem Raum (3m auf Arbeitsebene) an einem weißen Atrium

Nur bei sehr weiten Atrien überwiegt der Anteil der Bodenreflexion den der Fassaden. Obwohl der Idealfall des weißen Atriums in der Realität nicht vorkommt, sind die Reflexionsgrade sowohl des Bodens als auch der Wände besonders für Räume im unteren Bereich von Atrien wichtige Elemente für die Tageslichtverteilung.

Übereinstimmend zeigen die Untersuchungen an rundum geschlossenen Atriummodellen: „Atrium mit größerer Höhe, als ihrer Öffnungsweite bedingen im Allgemeinen schlechte Tageslichtbedingungen in allen unteren Geschossen"[71] Eine komplexere Beschreibung der Tageslichtverteilung in Büroräumen an Atrien bietet der „Light Index".

Die Tageslichtverhältnisse in einem typischen Büroraum sind von HOPKIRK in einem Jahresverlauf durch eine Simulation berechnet worden, um so den Energiebedarf für elektrische Beleuchtung zu ermitteln. Die Ergebnisse erlauben einen ungefähren Rückschluss auf die erreichbare Tageslichtautonomie der Räume. Bei zwei exemplarischen Atriumgeometrien wurden dazu die veränderlichen Parameter Dachkonstruktionsanteil A_a und -verglasung T_a, mittlerer Atriumreflexionsgrad r_{eff}, Öffnungsanteil $A_{o,gl}$ und Verglasung der

Bestandsaufnahme

Atriumfassade $T_{o,gl}$ zum Light Index zusammengefasst. Light Index (LI) = $T_a * A_a * r_{eff} * T_{o,gl} * A_{o,gl}$ Der Light Index beschreibt keine geometrischen Parameter und ist daher nur im Zusammenhang mit einer parallel durchgeführten Tageslichtberechnung oder -messung zu ermitteln. Der von HOPKIRK durchgeführte Vergleich eines dreigeschossigen mit einem siebengeschossigen Atrium zeigt, dass auf halber Höhe im Atrium die erreichbare Tageslichtautonomie bereits unter günstigen Bedingungen (LI > 14) auf die Hälfte des Wertes eines oben gelegenen Raumes sinkt.

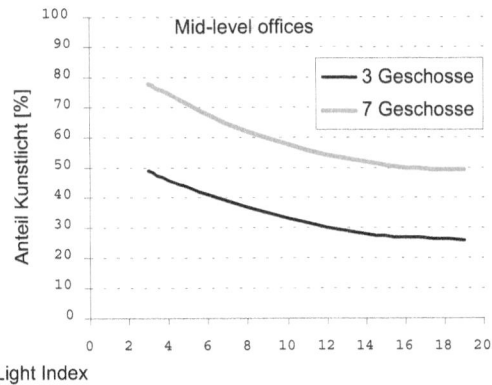

Abbildung 27: Kunstlichtbedarf an ein Atrium grenzender Räume

Das 'mid-level-office' des 3-geschossigen Atrium zeigt die in der Praxis kaum erreichbaren sehr geringen Kunstlichtanteile von an Atrien grenzenden Büroräumen, da diese Werte nur in sehr offenen Atrien in den oberen beiden Geschossen gelten. Da die Untersuchung von tageslichtabhängiger Beleuchtungsregelung ausgeht, zeigen die hier dargestellten Kurven in der Umkehr nur bedingt eine Tageslichtautonomie, bei der das Tageslicht ganz oder wenigstens teilweise zur Raumbeleuchtung (hier lediglich 300lx) ausreicht. Der Mittelwert bei dem 7-geschossigen Atrium (Well Index = 1,2) liegt hier in projektüblichen Bereichen des Light Index bei 60%; d.h. nur 40% des Lichtbedarfes im Jahr sind durch Tageslicht zu decken!
Die Untersuchung bestätigt ein weiteres Problem der Tageslichtbeleuchtung von Büroräumen durch ein Atrium: „Die Tageslichtquotienten bei bedecktem Himmel als Funktion der Raumtiefe der angrenzenden Büros weisen eine rapide Verminderung der Tageslichtversorgung auf, wenn in den 'mid-level' Räumen die Tiefe des Atriums zunimmt. (geringerer Light- Index)."[72]
Anhand von vereinfachten Atriummodellen (ohne Dach) hat COLE die Abnahme der Tageslichtquotienten über die Höhe des Atriums in den angrenzenden Räumen untersucht. Die Tageslichtverteilungskurven zeigen die rasche Abnahme des Tageslichtanteils besonders in Raumtiefen über 3m. Das bedeutet,

Bestandsaufnahme

dass tiefer im Atrium angeordnete Büroräume eine große Ungleichmäßigkeit aufweisen und die Anordnung von Arbeitsplätzen nur unmittelbar an der Fassade ermöglichen. Um diesem Problem zu begegnen, schlägt COLE in Übereinstimmung mit SAXON vor, den Fensterflächenanteil geschossweise anzupassen.

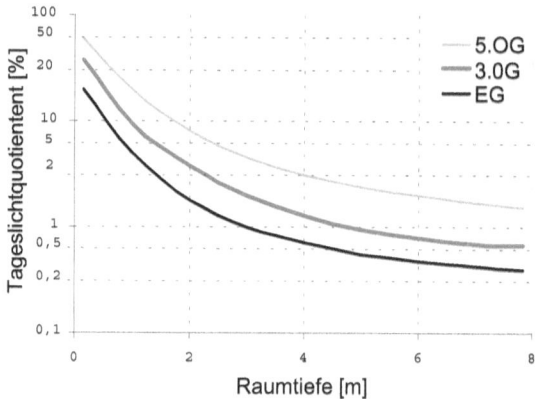

Abbildung 28: Tageslichtverteilung in an ein kubisches Atrium ohne Dach grenzenden Räumen

Die Modellmessungen unter realem bedeckten Himmel ergeben jedoch selbst in dem tageslichtoptimierten Modell ein Tageslichtverminderung in angrenzenden Räumen von 50% bei einem Raum im Schnittverhältnis Höhe/Öffnungsweite 1/1 gegenüber einem direkt am Atriumdach gelegenen Raum. Die Ergebnisse entsprechen dem vertikalen Tageslichtqoutienten auf der Atriumfassade. (Abbildung 28) Da in der Untersuchung die Minderung des Lichtes durch Verglasung, Rahmen und Verschmutzung nicht berücksichtigt sind, können aus den Diagrammen lediglich Verhältnisse, nicht jedoch Tageslichtquotienten in realen Atrien errechnet werden.

3.2 Untersuchung zu Planungskriterien für Atrien

Obwohl die Stichprobe in zwanzig kanadischen Architekturbüros sicherlich keinen repräsentativen Querschnitt darstellt, ist das Ergebnis einer Befragung von GALASIU und ATIF doch mindestens bemerkenswert. Die Planer von Atriumgebäuden wurden hierin zu ihren Kriterien für die Auswahl der Verglasung von Atriumdächern befragt. Die Autoren stellen auf Grund Ihrer Untersuchung die Vermutung auf, dass die Verglasung von Atrien und damit auch die damit zusammenhängenden Tageslichtbedingungen überwiegend nach ästhetischen Gesichtspunkten ausgewählt werden. Das thermische Verhalten und die Tageslichtverhältnisse spielen, wenn überhaupt, eine untergeordnete Rolle. Die

Bestandsaufnahme

Autoren stellen unter anderem fest: „die meisten Planer benennen Tageslicht nicht als wichtigen Parameter im Entwurfsprozess. (...) Um Atriumgebäude energieeffizient zu machen, wurde der Bedarf der Planer eines besseren Verständnisses der Tageslichtintegration mit dem Kunstlicht und der Gebäudetechnik erwähnt."[73] Es zeigt sich wiederum, wie wichtig die Entwicklung unmittelbar anwendbarer Planungshilfen für die Konzeption von Atriumgebäuden ist.

3.3 Untersuchungen zur Akzeptanz von Tageslichtbedingungen

Die Akzeptanz von Arbeitsumfeldfaktoren ist nicht nur hinsichtlich der Tageslichtbedingungen eine psychologisch bestimmte Größe und lässt sich nur indirekt ermitteln. Verschiedene Studien konzentrieren sich dabei mit unterschiedlicher Gewichtung auf die wesentlichen Faktoren der Arbeitsplatzbedingungen, wie Temperaturen, Lüftung, etc. Ein insgesamt zufriedenstellendes Arbeitsumfeld führt zu dem sehr komplexen Phänomen der Behaglichkeit. Im Arbeitsprozess kann Behaglichkeit als ein Zustand beschrieben werden, in dem keine körperlichen Störungen empfundenen werden. Es ist sicher nicht möglich, eine für alle Nutzer immer behagliche Arbeitsumwelt zu schaffen; die Arbeit unter beständigen Störeinflüssen ist jedoch eine erhebliche Belastung, die zu Unzufriedenheit und gesundheitlichen Schäden führt.

3.3.1 Einfluss der Lichtes im Vergleich mit anderen Parametern

Thermische Behaglichkeit kann durch Temperaturen der Luft und der Raumoberflächen in Abhängigkeit von der Außentemperatur, der Luftbewegung und der Art der Arbeit beschrieben werden. Für die akustische Behaglichkeit werden begrenzte Geräuschpegel und Schalldämpfungen gefordert. Wenn einer der Parameter erheblich gestört ist, ist insgesamt keine Behaglichkeit mehr gegeben. Vergleichsweise viele Untersuchungen wurden zur Ergonomie von Bildschirmarbeitsplätzen gemacht, in deren Zusammenhang besonders die Kunstlichtverhältnisse im Büro sehr intensiv betrachtet wurden. Das Tageslicht nimmt dabei in der Regel nur einen untergeordneten Stellenwert ein. Studien zu der richtigen Bürobeleuchtung zeigen, dass neben der reinen Lichtmenge wichtige andere Anforderungen an eine angenehme Arbeitsplatzbeleuchtung bestehen. Die früher sehr einseitige Betrachtung nur hinsichtlich auf die Sehleistung und Bearbeitungsgeschwindigkeit stereotyper Aufgaben muss um wichtige Aspekte erweitert werden. „Eine psychologisch-biologische Aktivierung ist möglicherweise die wichtigste Lichtwirkung im Büro. (...) Wie umweltpsychologische Untersuchungen zeigten, erfolgt die Aktivierung oder Erregung des Menschen (Arousal) durch Vergrößern des Reizvolumens. (...) Eine Beleuchtungsbeurteilung nur aufgrund von Beleuchtungsstärken ist daher absolut unzureichend."

Bestandsaufnahme

[74] Lichttechnische Anforderungen sind daher immer in Relation zu den Nutzerurteilen zu setzen und zu verifizieren.

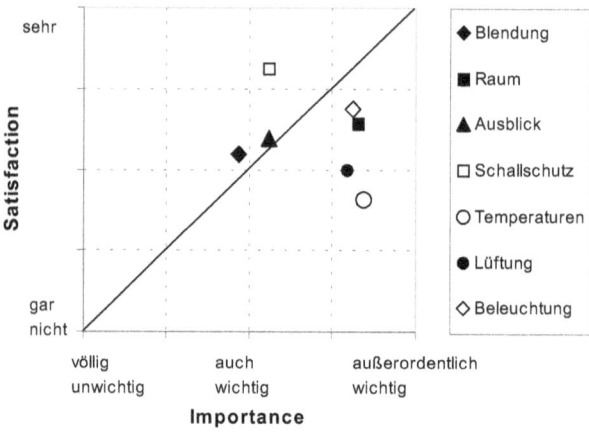

Abbildung 29: Äußerungen über Arbeitsplatzbedingungen bei der Büroarbeit

Die Grafik zeigt die Einordnung verschiedener Arbeitsumfeldbedingungen, die NE'EMAN et al durch Befragung von 162 Nutzern eines Bürogebäudes ermittelt haben. Neben dem Raumangebot, der Lüftung und den in diesem Gebäude offensichtlich unbefriedigenden Temperaturverhältnissen werden die Beleuchtungsverhältnisse hier als wichtig bis sehr wichtig eingestuft. Die vielfach als wichtigstes Komfortkriterium gewertete Blendung erscheint jedoch den Nutzern als weniger wichtig.

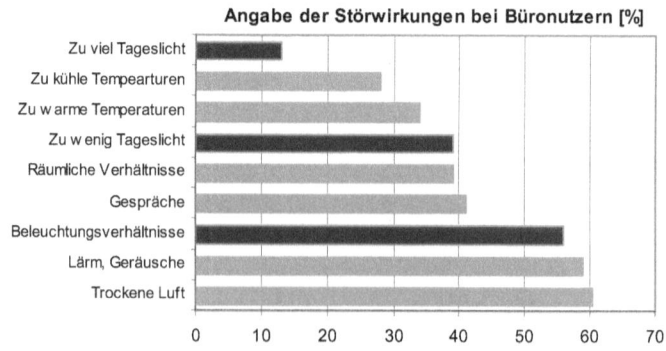

Abbildung 30: Äußerungen über Störeinflüsse bei der Büroarbeit

Zu behaglichen Arbeitsplatzbedingungen gehören auch die räumlichen Verhältnisse und die individuell sehr unterschiedliche Identifikation mit dem

Bestandsaufnahme

Arbeitsplatz. Eine von CAKIR durchgeführte Befragung von Büronutzern zeigt die Häufigkeit der verschiedenen Störwirkungen. Da sich die 'Beleuchtungsverhältnisse' sowohl auf die Tages- als auch auf die Kunstlichtsituation beziehen lassen, ist nicht eindeutig zu erkennen, welchen Anteil etwa ungleichmäßiges Tageslicht mit starken Schattenwürfen an der Störempfindung hat.

3.3.2 Einfluss des Tageslichts

Ausgehend von der Hypothese, dass gute Lichtverhältnisse in Arbeitsräumen zum Wohlbefinden der darin Beschäftigten beitragen, stellt CAKIR in einer breiten Befragung von Büronutzern fest: „Der günstige Einfluß des Tageslichtes konnte nicht nur für übliche Büroarbeitsplätze nachgewiesen werden, sondern auch für Bildschirmarbeitsplätze, bei denen im allgemeinen eher ein negativer Einfluß vermutet wird. In der Konsequenz bedeutet die Verifizierung dieser Hypothese, daß an allen Arbeitsplätzen, an denen aus bestimmten Gründen auf Tageslicht ganz oder teilweise verzichtet werden muß, der Gesundheit abträgliche Umweltbedingungen angenommen werden müssen. Diese Aussage gilt z.B. für viele Bildbearbeitungs und CAD-Arbeitsplätze, bei denen ein beschwerdefreies Arbeiten unter Tageslichtbedingungen faktisch heute noch nicht möglich ist. Eine weitere Konsequenz wäre das Überdenken von Büroraumkonzepten. (...) Hinsichtlich der festgestellten negativen Wirkung der künstlichen Beleuchtung kann man mit einiger Sicherheit sagen, daß sie mindestens teilweise auf eine ungünstige Raumgestaltung mit wenig Tageslicht zurückzuführen ist.(...) Über ein Zuviel an Tageslicht wird lediglich in vierseitig befensterten Räumen, und nur in diesen, geklagt. Festzustellen ist vielmehr, daß mit zunehmendem Abstand vom Fenster der Mangel an Tageslicht belastend und beanspruchend erlebt wird und das verfügbare künstliche Licht nicht geeignet ist, diesem Mangel zu begegnen, selbst dann nicht, wenn es für ein ausreichendes Erkennen der Arbeitsobjekte ausreicht.

Dieses Ergebnis ist besonders bemerkenswert, da eine erhebliche Zahl von Arbeitsräumen keinen Schutz gegen zu starken Lichteinfall aufweist und die Mitarbeiter somit dem Sonnenlicht ungeschützt ausgesetzt sind. Es wären daher entsprechende Klagen zu erwarten gewesen. Obwohl an dieser Stelle erwähnt werden muß, daß die Gestaltung deutscher Büros im allgemeinen keinen niedrigen Standard aufweist und bereits eine Reihe von Regelwerken zum Schutze des Menschen existieren, sollte dieses Ergebnis zum Anlaß genommen werden, die Beleuchtungsverhältnisse zu verbessern. Der durch die Arbeitsstättenverordnung gewährleistete Schutz, daß jeder Arbeitsplatz eine Sichtverbindung nach außen haben muß, reicht offenbar nicht aus."[75] Die Ergebnisse dieser Studie sind auch in Hinsicht auf Atriumbüros sehr bedeutungsvoll. Besonders interessant ist die Feststellung, dass nicht nur Ermüdung und Sehbeschwerden mit

Bestandsaufnahme

Entfernung zum Fenster zunehmen, sondern auch Klagen über zu kühle Temperaturen und trockene Luft sowie über die räumliche Situation allgemein.

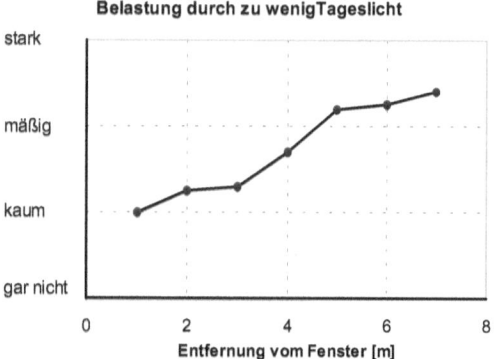

Abbildung 31: Belastungsprofil bei der Büroarbeit

Zwar wird eine Auswirkung der Tageslichtverhältnisse auf das Wohlbefinden nicht direkt belegt, aber die eindeutige Präferenz zu möglichst viel Tageslicht selbst für Bildschirmarbeitsplätze weist darauf hin, dass ein Gebäude mit vielen fensternahen Arbeitsplätzen den Bedürfnissen der Nutzer entgegenkommt. Inwiefern die Nähe zum Fenster am Atrium einem Aussenfenster entspricht, kann in dieser Arbeit untersucht werden. Dass Belastungen durch zu viel Tageslicht nahezu unabhängig von der Entfernung zum Fenster nur bei mehrseitiger Fensteranordnung bemängelt werden, führt CAKIR darauf zurück, dass zu viel Tageslicht weniger zu hohe Beleuchtungsstärke, sondern Blendung durch ungünstige Fensteranordnung bedeute. Die Untersuchung, die den Einfluss verschiedener Kunstlichtarten zum Inhalt hatte, kommt zu dem Schluss: „Das Tageslicht in Fensternähe stellt in Büroräumen keinen Umweltfaktor dar, gegen den man sich bestmöglichst schützen muß. Anstelle dessen genügen schlichte selbstbedienbare Lichtschutzmaßnahmen, um gute Akzeptanz und Beeinträchtigungsfreiheit zu erreichen. Architekten und Büroplaner sollten eher an eine Maximierung der Tageslichtnutzung denken als an deren Einschränkung."[76] Eine Maximierung der Tageslichtnutzung ist nicht gleichbedeutend mit möglichst viel Tageslicht. „Wesentlich ist, daß die beobachtende Person nicht den mentalen Bezug zwischen dem natürlichen Ursprung des Lichts und dessen Physik verliert: Ein kleiner Ausblick ins Freie ist mehr wert, als viel gräuliches, über Lichtrohre und Spiegel in den Raum gebrachtes Tageslicht."[77]

3.3.2.1 Tageslichtquotient

Eine Studie, in der Hausfrauen über Tageslichtbedingungen in Wohnungen befragt wurden, hat die in DIN 5034 ab der Fassung von 1983 geforderten Tageslichtquotienten mit begründet. Entgegen den ursprünglichen Erwartungen

Bestandsaufnahme

von FREYMUTH erwies sich der Tageslichtquotient horizontal auf Arbeitsebene in halber Raumtiefe als die mit der gerade noch akzeptablen Tageslichtbeleuchtung bestkorrelierende tageslichttechnische Größe.

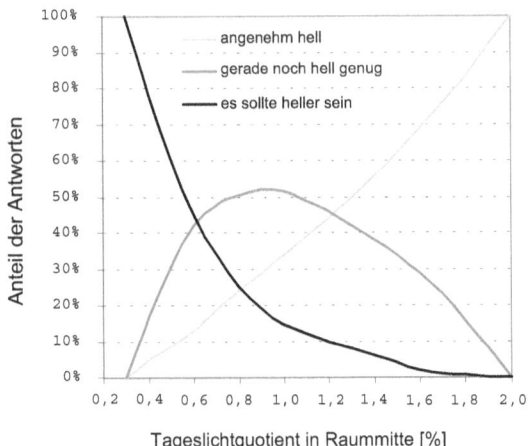

Abbildung 32: Bewertung der Tageslichtquotienten in halber Raumtiefe

Die Grafik zeigt, dass bei einem Tageslichtquotienten von 0,9% ein Maximum der Befragten den Raum für gerade noch hell genug halten. Dabei empfinden lediglich 25% den Raum als angenehm hell. Erst bei einem Tageslichtquotienten von 1,6% urteilt niemand mehr, es sollte heller sein. Daraus lässt sich ableiten, dass der in die DIN 5034 übernommene Wert nur als Mindestanforderung, keinesfalls jedoch als Empfehlung gelten kann. Zu beachten ist dabei, dass es sich um die Beurteilung von Wohnräumen handelt, die in der DIN als Mindestanforderung auf Büroräume bis 50m² Raumgröße übertragen wurden. Angesichts der heute in Büros üblichen Arbeit an Computern mit ihren grundverschiedenen Anforderungen an die Lichtverhältnisse, könnte diese Forderung angezweifelt werden. Wie die Untersuchung von CAKIR jedoch deutlich zeigt, ergeben sich an Bildschirmarbeitsplätzen wider Erwarten bei den Büronutzern keine Unterschiede zu Arbeitsplätzen ohne Bildschirm.

3.3.2.2 Leuchtdichteverteilung

Der Tageslichtquotient ist zur Beschreibung einer Tageslichtverteilung im Raum nur sehr eingeschränkt aussagekräftig. Der Helligkeitseindruck und damit das Raumempfinden wird durch die Leuchtdichten bestimmt. Im allgemeinen Sprachgebrauch wird mit „Helligkeit" die Intensität der Sinnesempfindung einer Fläche oder eines Raumes verwendet. Diese Empfindung ist zu einem Teil abhängig von der messbaren Leuchtdichte und zum anderen von den

Bestandsaufnahme

Betrachtungsbedingungen wie etwa dem Adaptaionszustand des Auges. „Wenn das Auge auf eine Leuchtdichte von 100 cd/m² adaptiert ist, sollte die wahrgenommene Leuchtdichte diesen 100 cd/m² entsprechen. Wenn jedoch das Auge des Betrachters auf eine Leuchtdichte von 1 cd/m² adaptiert ist, wird die Fläche mit gemessenen 100 cd/m² eine wahrgenommene Leuchtdichte von 400 cd/m² aufweisen."[78] Leuchtdichteverteilungen werden angesichts dieser Anpassungsfähigkeit in der Regel in Leuchtdichteverhältnissen im Blickfeld beschrieben. Werden bestimmte Leuchtdichteverhältnisse überschritten, so muss das Auge häufig umadaptieren, was in Testbedingungen zu Ermüdung und Leistungsminderung der visuellen Arbeitsleistung führt. „Die Sehleistung wird unterstützt durch eine Beleuchtungssituation, die ausgewogene Leuchtdichteverhältnisse im Innenraum aufweist. Es ist wünschenswert, die Sehaufgabe zum hellsten Objekt im normalen Blickfeld zu machen. Idealerweise sollten die folgenden Werte im Blickfeld angestrebt werden:

- zwischen Sehaufgabe und unmittelbarer Umgebung 3:1
- zwischen Sehaufgabe und entfernteren dunklen Oberflächen 10:1
- zwischen Lichtquellen und Umgebung 20:1
- maximaler Kontrast (außer für dekorative Zwecke) 40:1
- besonders hervorgehobene Objekte 50:1

Die Grenzwerte für die Kontraste bedeuten nicht, dass eine gleichförmige und unveränderliche Beleuchtungssituation bevorzugt oder gewünscht wird." [79] Da diese Empfehlungen auf einer statischen Blickrichtung basieren und allein für die optimale visuelle Wahrnehmungsleistung hin optimiert sind, fehlt hierbei die Berücksichtigung der positiven Effekte etwa direkten Sonnenlichtes in einem Raum, auch wenn dadurch weit höhere Leuchtdichteverhältnisse entstehen. In einer Versuchsreihe mit 40 Probanden untersuchten BOUBERKI, HULLIV, BOYER den Einfluss von Sonnenlicht in Arbeitsräumen auf die Stimmung und Zufriedenheit der Nutzer.[80] Bis zu 30% besonnter Bodenfläche des Raumes wurde darin signifikant als entspannend empfunden. Erst wenn ca. die Hälfte der Bodenfläche Sonnenlicht erhielt, führten offensichtlich die höheren Kontraste zu unbehaglichen Raumbedingungen. Für bestimmte Aufgaben, bei denen hohe Anforderungen an die Wahrnehmungsleistung gestellt werden, sollten daher Blickwinkel mit begrenzten Kontrastverhältnissen zur Verfügung stehen, während insgesamt höhere Kontraste durch Sonnenlicht im Raum oder auch den direkten Blick in den Himmel durchaus der Zufriedenheit förderlich sind.

Vergleichende Untersuchungen von VÖLKER, GALL zu Absolutwerten der Leuchtdichteverteilungen im Raum ergaben, dass die Bewertung der Leuchtdichten in hohem Maß von der Art der Beleuchtungssituation abhängt. „Die Ergebnisse zeigen, dass bei der Tageslichtsituation ohne Kunstlicht keine erhöhte Blendung bemängelt wurde, auch wenn die (durch das Fenster sichtbare) Himmelsleuchtdichte bei 2700 cd/m² lag (Mittlere Leuchtdichte des

Bestandsaufnahme

Fensters 2000 cd/m², mittlere Leuchtdichte des gesamten Blickfeldes 460 cd/m²). Der Anteil des durch das Fenster sichtbaren Himmelsausschnittes war ca. 50% der Fensterfläche. Störende Blendung wurde wahrgenommen in einer Beleuchtungssituation mit nicht verschattetem Fenster und voller Kunstlichtbeleuchtung. (Beleuchtungsstärke auf Arbeitsebene 900 lx) Die in der Beleuchtungssituation mit (durch einen Lamellenbehang durch den Nutzer) eingestellter mittlere Leuchtdichte des Fensters lag bei 900-1000 cd/m² und die mittlere Leuchtdichte des Blickfeldes bei 200 cd/m². (...) Die bevorzugte und angemessene Beleuchtungssituation sollte nicht nur als einzelner Beleuchtungsstärkewert horizontal auf Arbeitsebene beschrieben werden. Zufriedenstellende Beleuchtung ist eine komplexe Kombination aller Leuchtdichten im Blickfeld des Betrachters. Wenn die Leuchtdichte in einem Großteil außerhalb des akzeptablen Bereichs ist, wird der visuelle Komfort gemindert." [81] Als Obergrenze der akzeptablen Leuchtdichten wird in der Studie ein Wert von ca. 4000 cd/m² ermittelt.

3.3.2.3 Blendung

Da die Blendungsfreiheit allgemein als eines der wesentlichen Gütemerkmale einer Raumbeleuchtung angesehen wird, sind vielfältige Forschungen betrieben worden, um Modelle zur Klassifizierung von Blendwirkungen zu entwickeln. Während bei der künstlichen Beleuchtung gültige Grenzwerte existieren, gibt es für die Blendwirkung des Tageslichtes noch keine anerkannte Klassifizierung. Für die Blendbewertung von Tageslichtbedingungen wurden zunächst Bewertungsmaßstäbe aus der Kunstlichttechnik angewendet und adaptiert, die sich allerdings wegen Ihrer Komplexität und schlechter Reproduzierbarkeit der zu Grunde liegenden Untersuchungen nicht durchsetzen konnten. Generell werden Blendindizes aus der Größe und Lage der möglichen Blendquelle 'Fenster' sowie deren Leuchtdichte im Vergleich zur mittleren Leuchtdichte im gesamten Blickfeld errechnet. Der Index wird in Beziehung gesetzt zur wahrgenommenen Blendwirkung der Betrachter. Für letztere hat sich die GSV (Glare Sensation Vote) als Maßstab etabliert.
- störende Blendung gerade wahrnehmbar (GSV = 0)
- störende Blendung gerade akzeptabel (GSV = 1)
- störende Blendung gerade unkomfortabel (GSV = 2)
- störende Blendung gerade unerträglich (GSV = 3)

In einer Studie unter Laborbedingungen fanden CAUVEL, DOGNIAUX, COLLINS und LONGMORE [82] eine Relation der GSV zum rechnerisch bestimmten Daylight Glare Index DGI, die jedoch in Feldversuchen nicht reproduziert werden konnten.[83] Ebenso wurde die Relation der GSV zu der vom Beobachterstandpunkt aus gemessenen mittleren Himmelsleuchtdichte und zur vertikalen Beleuchtungsstärke ermittelt. Hier liefert die Studie von VELDS [84] signifikante Zusammenhänge. In einem Testraum wurden unter verschiedenen

Bestandsaufnahme

Testbedingungen die GSV für die jeweilige vom Betrachterstandort gesehene mittlere Himmelsleuchtdichte ermittelt. Die Nutzer wurden aufgefordert für ca. 2 Sekunden von der jeweiligen Sehaufgabe ihren Blick von verschieden Positionen im Raum aus dem Fenster zu richten und den Helligkeitseindruck und die mögliche Blendwirkung zu bewerten.

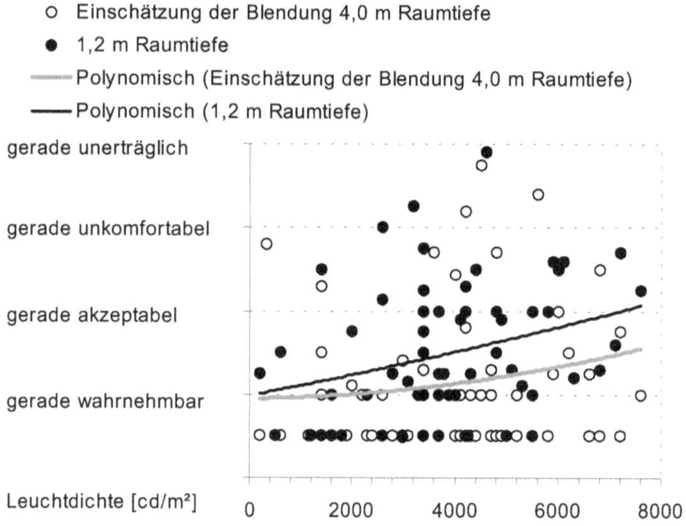

- ○ Einschätzung der Blendung 4,0 m Raumtiefe
- ● 1,2 m Raumtiefe
- —— Polynomisch (Einschätzung der Blendung 4,0 m Raumtiefe)
- —— Polynomisch (1,2 m Raumtiefe)

Abbildung 33: Blendeinschätzungen bei verschiedenen Himmelsleuchtdichten

Insbesondere in Fensternähe zeigt sich ein Zusammenhang zwischen der Himmelsleuchtdichte und der Blendbewertung, wobei tiefer im Raum sich erst extrem hohe Himmelsleuchtdichten störend auswirken. Die quadratische Regression für die Einzelaussagen zeigt, dass die mittleren Bewertungen gerade im Bereich der Wahrnehmbarkeit einer Blendwirkung liegen. Da die Reflexionsgrade und damit die Umgebungsleuchtdichten in Relation zur Himmelsleuchtdichte wesentlich das Blendempfinden beeinflussen, lassen sich diese Ergebnisse nicht ohne Weiteres auf andere räumliche Situationen übertragen. Die Grafik zeigt auch die individuelle Bandbreite der Nutzerurteile bezüglich der Blendwirkung des Tageslichts. „Die Einflüsse auf die Wahrnehmung von Blendung sind vielfältig: quantitative Lichtbedingungen (Beleuchtungsstärke und Leuchtdichten), die Information die über das Tageslicht gegeben wird (über die Wetterverhältnisse und die Tageszeit), der Ausblick durch ein Fenster, die Umgebung, die Seherfahrung des Betrachters und dessen Neigungen."[85]
In einer Nutzerbefragung mit 205 Probanden bestätigen WIENOLD und SCHOSSIG die prinzipielle Schwierigkeit, einen Blendindex für

Bestandsaufnahme

Tageslichtverhältnisse zu errechnen.

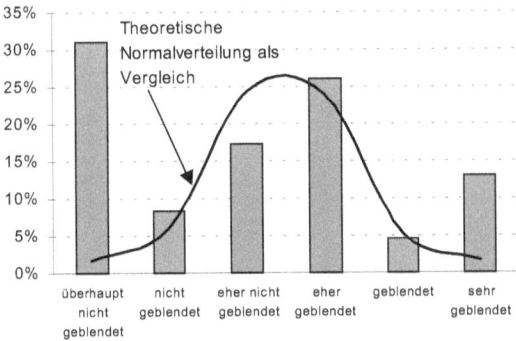

Abbildung 34: Relative Häufigkeit Blendung bei klarem Himmel mit Blendschutzjalousie

„Eine weitere Erkenntnis aus den Untersuchungen im realen Büro ist, daß das Antwortspektrum unter gleichen Lichtbedingungen extrem groß ist. (...) Unseres Erachtens ist weder eine Mittelwertbildung zulässig noch ergibt ein darauf aufbauender Blendindex einen Sinn."[86] Die komplexen Modelle für die Blendbewertung von Tageslichtbedingungen (Daylight Glare Index DGI, J-index und Stationary Virtual Reality SVR) werden im Rahmen dieser Arbeit daher nicht explizit untersucht.

Inwieweit die subjektiv empfundene Blendung durch Tageslicht zur Akzeptanz von Arbeitsplatzbedingungen beiträgt, soll jedoch auch berücksichtigt werden.

3.3.2.4 Ausblick

Der Wert des Ausblicks für die Qualität der Arbeitsplätze ist nur schwer zu bestimmen. Die Arbeitsplatzqualität des Ausblicks umfasst sowohl Fenstergeometrie als auch die durch das Fenster sichtbare Außenwelt. Die Form ist als Mindestforderung bereits in den ASR in ihren Abmessungen und Beschaffenheit festgelegt. Darüber hinaus wird in verschiedenen Laborversuchen mit Probanden der Fensterflächenanteil bezogen auf die Fläche der Fensterwand übereinstimmend zwischen 40% und 60% bei Bürotätigkeiten für einen angenehmen Raumeindruck ermittelt.

In direkten Befragungen wird der Wert des Ausblicks in der Regel von den Nutzern spontan unterbewertet, da die wichtigsten Funktionen des Tageslichtes nicht bewusst wahrgenommen werden. In vielen Fällen wird der Ausblick sogar für entbehrlich gehalten. „Die Arbeitenden nutzen den Ausblick nicht zu einem großen Teil ihrer Zeit. Psychologisch gesehen, sind sie zufrieden, solange die Möglichkeit besteht, mit minimalem Aufwand einen Ausblick zu haben."[87] In einer Zusammenfassung verschiedener Studien zur Qualität des Ausblicks

Bestandsaufnahme

folgert ROBBINS „Also bewerten Personen, die Tageslicht und einen Ausblick haben, diese als eher unwichtig, während solche, die ihrer Ansicht nach einen unangemessenen Ausblick und unzureichenden Bezug zum Tageslicht haben, diese Faktoren sehr hoch in der Liste der Arbeitsumfeldbedingungen gewichten."[88] Diese Schlussfolgerung deckt sich mit einem von SIEVERTS veröffentlichen Befragungsergebnis.

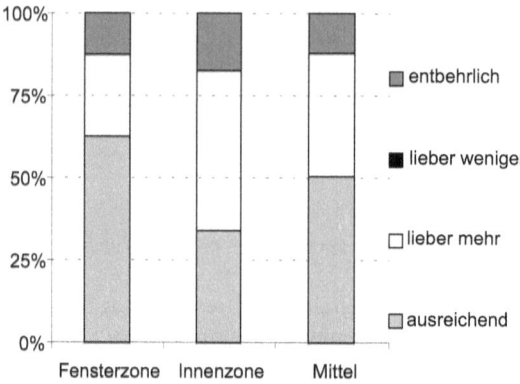

Abbildung 35: Bewertung des Ausblicks an Büroarbeitsplätzen in Großraumbüros

Bemerkenswert bei der Beurteilung des Ausblicks ist eine wiederholt nachgewiesene Diskrepanz zwischen der direkten und indirekten Bewertung des Ausblicks seitens der Nutzer. Bei direkter Beurteilung der Wichtigkeit des Ausblicks ordnen die Nutzer diesen als eher unwichtiges Kriterium ein. Der Bezug nach außen beeinflusst jedoch die gesamte Raumwahrnehmung und hat damit Einfluss auf Erscheinungen, die zunächst nicht mit dem Ausblick in Verbindung gebracht werden. Die indirekten Auswirkungen in Zusammenhang mit dem Ausblick müssen daher zur Bewertung mit herangezogen werden. „Dies zeigt sich besonders anschaulich am Phänomen der Blendung. Ein Opalglasfenster ruft bei genügend starker Außenbeleuchtung Blendung hervor; eine Tatsache, die physiologisch aus dem großen Kontrast zwischen der Leuchtdichte des Fensters und der deutlich niedrigeren Leuchtdichte der umgebenden Wände erklärt werden kann. Bei einem Fenster, das einen interessanten Ausblick auf die Umgebung ermöglicht, ist der Kontrast zwar noch größer, die zu erwartende Blendung bleibt jedoch aus."[89] Die Qualität des Ausblicks ist über die Fenstergröße hinaus schwer zu definieren, da sie ausschließlich von subjektiven Kriterien bestimmt wird. Dennoch finden sich in diversen Betrachtungen wiederkehrende Aspekte eines angenehmen Ausblicks. In einer japanischen Untersuchung wird herausgestellt, dass ein sichtbarer Himmelsausschnitt gegenüber einem Ausblick auf eine Fassade bevorzugt wird, wobei der angenehmste Ausblick einiges Grün, ein Stück sichtbaren Horizont sowie einen

Bestandsaufnahme

sichtbaren Himmelsausschnitt beinhaltet.[90] NE'EMAN und SELKOWITZ zeigen, dass die subjektive Bewertung von Fenstergröße und -anordnung vorwiegend von der „meaningful information" des Ausblicks bestimmt wird. Für die Fragestellung des angemessenen Ausblicks für Büroräume ist die Erkenntnis hervorzuheben, dass langfristig ein Ausblick bevorzugt wird, der visuellen Kontakt zu sich verändernden Ereignissen in der Umwelt enthält. Ein Ausblick in eine Landschaft wird zwar spontan als der angenehmste, langfristig jedoch als monoton empfunden. "Zur gewünschten Art des Ausblicks befragt, werden die meisten Personen eine natürliche Landschaft wählen. Wurden Personen jedoch einer Bandbreite verschiedener Ausblicke ausgesetzt, bevorzugten sie eine komplexe Organisation im Ausblick, die ein ausgewogenes Verhältnis von künstlichen und natürlichen Dingen mit Elementen der Bewegung, Veränderung und Überraschung einschlossen."[91] Offensichtlich wird neben der Nachvollziehbarkeit des Wetters und der Tageslichtverhältnisse auch der Bezug zur belebten Umwelt gewünscht. NE'EMAN und SELKOWITZ folgern daher für Atrien: „Der Ausblick durch ein Atrium (...) beinhaltet bestenfalls die vorherrschenden Wetterbedingungen und einen Himmelsausschnitt, (...) es fehlt jedoch der subjektive, psychologische Nutzen einer inhaltlich sinnvollen, intelligenten Ausblicks."[92] Für die Untersuchung von Tageslichtverhältnissen in Atrien ist daher der Ausblick ein wichtiges Kriterium.

3.3.2.5 Tageslichtkomfort

Tageslichtkomfort ist eine schwer zu beschreibende Größe. Sie ist abhängig von individuellen und kulturellen Prägungen und Gewohnheiten. Er kann daher nur bedingt in messbaren Zahlen wiedergegeben werden. Zur Vorsicht mahnt bereits HOPKINSON: „Wann immer wir Beleuchtung ausschließlich unter physikalischen, quantitativen Kriterien betrachten, müssen wir uns zwingend besinnen, wohin unsere Berechnungsergebnisse uns führen. Sollten sie uns zu Lösungen führen, bei denen gesunder Menschenverstand und Erfahrung uns sagen, dass sie auf Widerwillen stoßen werden, gibt es keine andere Wahl, als diese deswegen eindeutig als Irrweg zurückzuweisen." [93] Um also rechnerisch richtige Tageslichtbeleuchtung, die alle gesetzlichen Anforderungen und Empfehlungen erfüllt, aber dennoch als unangenehm empfunden wird, zu vermeiden, müssen auch die nicht direkt messbaren Tageslichtbedingungen bekannt sein. In der Geschichte der wissenschaftlichen Auseinandersetzung um die richtigen Lichtverhältnisse für Büros sind verschiedene Versuche unternommen worden, die Lichtqualität zu beschreiben und sogar zu quantifizieren. Bisher hat sich keines der vorgeschlagenen Modelle zur Definition des Tageslichtkomforts durchsetzen können und ernstzunehmende Fachleute halten es gar für unmöglich, den Lichtkomfort einheitlich zu bewerten. „Es ist wohl wahr, dass die Wahrscheinlichkeit der Entwicklung eines einfachen Parameters, der alle photometrischen Eigenschaften, die ein Planer über Beleuchtung wissen

Bestandsaufnahme

muss, zu einem Zahlenwert kombiniert, äußerst gering ist."[94] Ein Modell des Tageslichtkomforts wurde im DIANE Projekt im Rahmen des Schweizer Programms Energie 2000 in Form der „Tageslichtsignatur" entwickelt [95].

Tabelle 4: Bewertungskriterien nach Tageslichtsignatur

Note	3	2	1
Beschattung g-Wert	0.3	0.2	0.1
Beschattung beweglich	nein	teilweise	voll
Besch. Lichtdurchlaß	gering	mittel	hoch
Blendung	schwerwiegende Probleme	übrige Fälle	besonders gut gelöst
Tageslichtquotient in 4m Raumtiefe	D<1%	1%<D<3%	D>3%
Aussicht (bed. Himmel)	versperrt	beschränkt	frei
klarer Himmel, Fassade besonnt	versperrt	beschränkt	frei
klarer Himmel, Fassade nicht besonnt	versperrt	beschränkt	frei
Lichtabhängige Steuerung	keine Steuerung	automatische Lichtabschaltung	koordinierte Steuerung für Beschattung und Beleuchtung

Durch die Mischung messbarer und subjektiver Kriterien und die nicht vorhandene Wertung der verschiedenen Parameter untereinander kann auch die Tageslichtsignatur lediglich einen Hinweis auf den Tageslichtkomfort darstellen. Die Tageslichtsignatur kann immerhin helfen, die wesentlichen Aspekte des Tageslichtkomforts zu beachten.

Auf der Grundlage der Tageslichtsignatur wurde von SICK ein Notensystem für die Tageslichtqualität entwickelt, das Vergleiche anhand von Gesamtnoten ermöglicht. „Es wird eine Methode zur Bestimmung der Tageslichtqualität vorgeschlagen, die differenzierte Aussagen zur visuellen Behaglichkeit erlaubt. Dabei können der Raum als Ganzes, der Arbeitsplatz im Raum und auch die Kombination aus Raum, Arbeitsplatz und Tageslichtsystem bewertet werden. Neun Einzelkriterien werden über ein Notensystem bewertet. Es sind dies der Tageslichtquotient, die Gleichmäßigkeit des Tageslichtquotienten über die Raumtiefe, ein Kriterium 'Tageslicht mit Sonne', das die Situation bei aktiviertem Sonnenschutz beurteilt, der Außenbezug, die Lesbarkeit vom Bildschirm an Bildschirmarbeitsplätzen, Kontraste im Bereich des Gesichtsfeldes, die Tageslichtautonomie, die Regelbarkeit und die Einfachheit des Tageslichtsystems. Die einzelnen Bewertungsskalen werden entsprechend einschlägiger Richtlinien und Normen festgesetzt und zum Teil auf der Basis von Praxiserfahrungen angepaßt und erweitert"[96] Die Erstellung einer kompletten Benotung eines Raumes oder eines Arbeitsplatzes erfordert hierbei sehr aufwendige Messungen oder Berechnungen, so dass diese Methode nur in Ausnahmefällen eine Ausstellung eines Tageslichtzeugnisses erlaubt.

Bestandsaufnahme

3.4 Untersuchungen zur Auswirkung von Arbeitsumfeldbedingungen

3.4.1 Produktivität

Für verarbeitende Tätigkeiten kann die Arbeitsleistung anhand der Arbeitsgeschwindigkeit und der Qualität der Ergebnisse mit einigem Aufwand referenzierbar ermittelt werden. Da in diesem Bereich sehr häufig in überwiegend mit Kunstlicht beleuchteten Räumen gearbeitet wird, ist das Beleuchtungsniveau ein vielfach untersuchter Produktivitätsfaktor. In einer kombinierten Kurz- und Langzeitversuchen vergleichen GALL und VÖLKER dabei verschiedene lichttechnische Kennwerte hinsichtlich ihrer Korrelation zu den psychophysischen Größen. Der dabei ermittelte Einfluss der Beleuchtungsstärke ist in der folgenden Tabelle dargestellt.

Tabelle 5: Leistungsveränderungen bei einer Steigerung des Beleuchtungsniveaus von 100 lx auf 600 lx

Arbeitsplatz	Leistungssteigerung in %		Fehlerrückgang in %	
	Kurzzeitversuch	Langzeitversuch	Kurzzeitversuch	Langzeitversuch
Bohrarbeitsplatz	8	28	24	51
Elektroarbeitsplatz	12	13	50	30
Sortierarbeitsplatz	5	-	12	-
Laborarbeitsplatz	1	-	23	-
Meßplatz	8	-	2	-
Lager	5	-	11	-
Montage	8	-	k.A.	-
Stanzarbeitsplatz	12	2	24	34

„Erst im Langzeitversuch macht sich das höhere Beleuchtungsniveau bei zwei von drei Arbeitsplätzen mit einem signifikanten Leistungszuwachs bemerkbar." [97] Beim Feldversuch war es nur möglich den Einfluss der Beleuchtungsstärke zu ermitteln. In Laboruntersuchungen ist es möglich, auch komplexere lichttechnische Kennwerte mit psychophysischen Größen in Relation zu setzen. „Bei der Störtoleranzmessung wird dem Sehobjekt eine Leuchtdichte, die man Störleuchtdichte nennt, überlagert. Man erhöht die Störleuchtdichte soweit, bis das Sehobjekt gerade noch erkannt wird. Die ermittelte Toleranz ist ein Maß für die Schwierigkeit der Sehaufgabe. (...) Als einziges Verfahren besitzt die Störtoleranzmethode mittlere bis hohe Korrelation zu psychophysischen Größen, wie z.B. zum Helligkeitseindruck, als auch zum reinen Gefallen der Lichtsituation." [98] Die Ermittlung derart komplexer Kennwerte in Feldversuchen ist in der Regel nicht möglich. Zudem ist eine Übertragbarkeit der Ergebnisse auf Büroarbeit fraglich.
Aufgrund der Vielfältigkeit der Büroarbeit ist der im Wort Dienstleistung bereits enthaltene Leistungsbegriff hier ungleich schwerer zu fassen. Das Ziel ist in jedem Fall, mit möglichst geringen Kosten die gestellten Aufgaben zu

Bestandsaufnahme

erfüllen. Die Problematik der Produktivitätsmessung von Kopfarbeit ist jedoch das Fehlen eines zählbaren Produktes. „Bei aller Verschiedenartigkeit der Ansätze kann man (...) sagen, dass Produktivität in erster Linie das Leistungsvermögen des Menschen beurteilt und daher vereinfacht als verrichtete Arbeit (einer bestimmten Qualität) je Zeiteinheit beschreibt. Manche Aktivitäten gestatten einfache Messungen, wie etwa die Ermittlung der Anzahl fehlerfreier Formulare, die eine Bürokraft pro Zeiteinheit ausfüllt. Andere Aktivitäten lassen sich schwieriger quantifizieren, beispielsweise die Anzahl und Qualität der von einem Ingenieur oder Kundenberater erzeugten Ideen."[99] Unumstritten ist, dass letztlich die Produktivität der Arbeit über den wirtschaftlichen Erfolg eines Unternehmens entscheidet. Die Ermittlung von Produktivität von Verwaltungstätigkeiten ist wegen der kaum zu definierenden Qualitätskriterien und aus Datenschutzgründen nur selten möglich. Die wenigen gekoppelten Untersuchungen zwischen Akzeptanz und Produktivität belegen jedoch deutlich den erwarteten Zusammenhang.

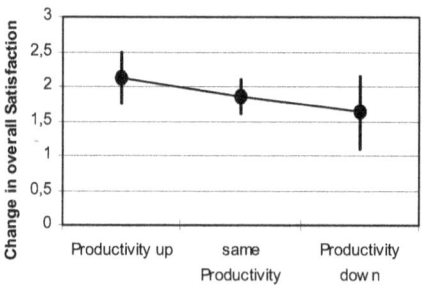

Abbildung 36: Zusammenhang zwischen Zufriedenheit und Produktivität

„Es gibt eine statistisch signifikante, positive Verbindung zwischen der Veränderung der Produktivität und der Veränderung der 'Zufriedenheit mit dem Arbeitsplatz insgesamt' bei den Einzelarbeitsplätzen."[100]
Damit kann der direkte Zusammenhang zwischen Nutzerzufriedenheit und Produktivität der Büroarbeit als belegt gelten. „Es konnte gezeigt werden, dass das Tageslicht ebenso die Produktivität steigert. Der kombinierte Wirtschaftlichkeitsvergleich mit Tageslicht beleuchteter Gebäude wird dazu beitragen, Markschranken für die Nutzung des Tageslichts in kommerziellen und öffentlichen Gebäuden zu öffnen. In drei Bezirken (Capistrano in California, Fort Collins in Colorado and Seattle, Washington) wurde Ergebnisse von Schultests ausgewertet. In Capistrano bearbeiteten Schüler in tageslichtbeleuchteten Klassenräumen Mathematiktests 20% und Lesetests 26% schneller, als in Klassenräumen ohne Tageslicht. Vergleichbar, bearbeiteten Schüler in Räumen mit dem größten Fensterflächenanteil Mathematiktest 15% und Lesetests 23% schneller. In Seattle and Fort Collins hatten Schüler in Klassenräumen mit dem

Bestandsaufnahme

höchsten Tageslichtanteil 7% bis 18% bessere Noten, als solche mit der geringsten Tageslichtversorgung." [101] In Schulen ist eine 'Meßbarkeit' der Produktivität bei grundsätzlich vergleichbaren visuellen Anforderungen möglich, wodurch eine eingeschränkte Übertragbarkeit der Ergebnisse auf Bürogebäude nicht unzulässig erscheint.

3.4.2 Akzeptanz

Akzeptanz bezeichnet die Bereitschaft, ein gegebenes Nutzungspotential wahrzunehmen. Naturgemäß ist die Akzeptanz des baulichen Umfeldes eine sehr subjektive Größe und setzt sich immer zusammen aus physiologischen Faktoren, die durch den Raum beeinflusst werden, und psychologischen Faktoren, die durch das soziale Umfeld, den individuellen Charakter und die momentane Stimmung des Einzelnen beeinflusst werden. Dabei gibt es Wechselwirkungen in beiden Richtungen. In einem unerträglichen Raum wird man eher gereizt auf unangenehme Mitmenschen reagieren, dagegen trägt ein angenehmer Arbeitsplatz zur Ausgeglichenheit bei. Ein und derselbe Raum wird von verschiedenen Menschen individuell je nach Stimmung erfahrungsgemäß sehr unterschiedlich bewertet. Die Akzeptanz der baulichen Faktoren lässt sich daher nur durch die statistische Auswertung einer ausreichend großen Anzahl von Einzelaussagen ermitteln. Zudem ist die Akzeptanz eine nur indirekt zu ermittelnde Größe. Man kann dabei den Umweg über die, wie auch immer zu messende Produktivität, oder den Umweg über die geäußerte Zufriedenheit versuchen. Das angestrebte Ergebnis sind Qualitätsmerkmale, die mit wissenschaftlichen Methoden reproduzierbar sind. Eine Untersuchung von BOUBEKRI, HULLIV und BOYER begründet, „dass die Stimmung den Verlauf von Problemlösungen beeinflusst und daher als Kostenfaktor bei der Planung und Betrieb von Arbeitsumgebungen, wie etwa Bürogebäuden, beachtet werden sollten." [102] Da sich Akzeptanz nicht messtechnisch erfassen lässt, sind Methoden der sozialwissenschaftlichen Forschung anzuwenden. „Die Licht- und Beleuchtungstechnik gehört zu den ersten technischen Fachgebieten, die die Akzeptanzforschung als Mittel für die Fortentwicklung verwendet haben."[103] Bedingt durch starke individuelle Einflüsse, sind Beurteilungen von Lichtverhältnissen bei geringer Personenzahl und nur kurzfristigen Veränderungen sehr schwierig. Die Akzeptanzforschung erfordert daher eine sorgfältige Planung der Versuchsbedingungen (construct validy).

3.4.3 Gebrauchstauglichkeit

Der Begriff Gebrauchstauglichkeit stammt ursprünglich aus dem Bereich der Software-Entwicklung. Die Gebrauchstauglichkeit ist definiert in ISO 9241-11 als „das Ausmaß, in dem ein Produkt durch bestimmte Benutzer in einem bestimmten Nutzungskontext genutzt werden kann, um bestimmte Ziele

Bestandsaufnahme

effektiv, effizient und mit Zufriedenheit zu erreichen." Diese Definition lässt sich allgemein auf alle Produkte anwenden, deren Nutzen erst in der Anwendung durch einen Nutzer entsteht. Die Gebrauchstauglichkeit für ein Büro wird insofern bestimmt durch die Person des Nutzers, die baulich bedingten Arbeitsverhältnisse und seine Tätigkeit in diesem Raum. „Nach dem Konzept der Gebrauchstauglichkeit kommt es nicht unbedingt darauf an, ob eine Beleuchtung für eine Disco oder für ein Krankenhaus bestimmt ist, sondern lediglich darauf an, ob ihre Benutzer "bestimmte Ziele" nach den drei Kriterien erreichen: Effektivität, Effizienz und Zufriedenstellung.
• Effektivität bedeutet hierbei die Genauigkeit und Vollständigkeit, mit der Benutzer ein bestimmtes Ziel erreichen. Bei der Beleuchtung heißt das z.B., dass ein Benutzer alle seine Unterlagen fehlerfrei lesen kann.
• Die Effizienz ist der im Verhältnis zur Genauigkeit und Vollständigkeit eingesetzte Aufwand, mit dem Benutzer ein bestimmtes Ziel erreichen. In Bezug auf die Beleuchtung ließe sich die Effizienz z.B. daran messen, wie schnell der Benutzer seine Unterlagen fehlerfrei lesen kann, oder daran, ob und ggf. wie stark er sich dazu anstrengen muss. Beides, Effektivität und Effizienz, ist nicht hinreichend, um die Gebrauchstauglichkeit zu bestimmen.
• Hierzu gehört die Zufriedenstellung, d.h., die Freiheit von Beeinträchtigungen und eine positive Einstellung gegenüber der Nutzung des Produktes. So kann es z.B. vorkommen, dass ein Benutzer zwar seine Unterlagen fehlerfrei und schnell genug lesen kann, ohne dass er mit einer Beleuchtung zufrieden wäre, weil diese ihn während der Arbeit blendet. Die Gebrauchstauglichkeit eines Objektes beschreibt somit seine Eignung bezüglich der für seine Nutzung gestellten Anforderungen."[104] Die Effektivität und Effizienz bei Büroarbeit ist durch blendfreie Beleuchtung einer definierten Beleuchtungsstärke mit Kunstlicht erreichbar, nicht jedoch eine Zufriedenstellung. Tageslichtlose Räume fördern nachweislich nicht eine positive Einstellung zum Raum. In Büros sollte daher im Sinne der Gebrauchstauglichkeit des Raumes der größte Teil der Arbeitszeit mit Tageslicht gearbeitet werden können. „Der Arbeitsplatz, der Raum, das Bürogebäude, die Umgebung und die Umweltbedingungen werden so zu entscheidenden Mitteln für die Büroarbeit, indem sie sowohl den organisatorischen als auch den sozialen Anforderungen gerecht werden müssen. (...) Ein Zustand des Wohlbefindens entsteht dementsprechend dann, wenn die Büroumwelt menschliche Grundbedürfnisse erfüllt."[105]

3.4.4 Wirtschaftlichkeit

Tageslicht selbst ist kostenlos. Die Maßnahmen, dieses Tageslicht im Gebäude nutzbar zu machen, sind dagegen sehr teuer. Neben den begrenzten Raumtiefen und deren konzeptionellen Folgen sind die Kosten für Fenster, Sonnen- und Blendschutz sowie ggf. Lichtlenkung in einem Gebäude wesentlich höher als für die Beleuchtung mit Kunstlicht. „Obwohl die Tageslichtnutzung zur

Bestandsaufnahme

Reduktion der Einschaltzeit der künstlichen Beleuchtung beiträgt, wird in den meisten Fällen der Nachweis der Wirtschaftlichkeit über Energieeinsparungen nicht möglich sein. Aber schon eine geringfügige Erhöhung der Produktivität dank besserer Arbeitsplatzqualität würde wesentliche Mehrinvestitionen erlauben. Beispiel: 5 Minuten mehr produktive Arbeit am Tag in einem Büro (1%) würden sogar mehr als 30% Zusatzinvestitionen (bezogen auf die gesamte Bausumme) rechtfertigen! Der Grund: die Lohnkosten sind viel höher, als die Kapitalkosten und auch viel höher als die Energiekosten."[106] Die Wirtschaftlichkeitsbetrachtung muss daher diesen wichtigen Aspekt unbedingt beachten, auch wenn es wesentlich schwieriger ist, diesen Einfluss quantitativ zu erfassen.

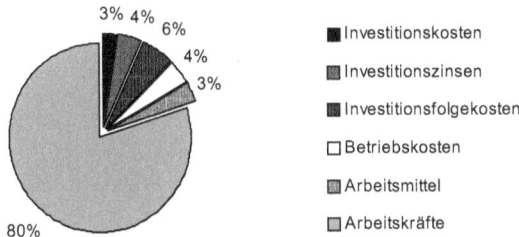

Abbildung 37: Zusammenstellung der Gesamtkosten für Büroarbeit

„Unzufriedene Mitarbeiter erkranken häufiger und arbeiten unkonzentrierter. Schuld an der schlechten Motivation sind vor allem Büroräume mit großer Geräuschkulisse, schlechtem Licht und unzureichender Klimatisierung. Durch Ausfallzeiten und erhöhte Fluktuation entstehen den Arbeitgebern im Jahr pro Mitarbeiter Kosten in Höhe von rund 25 000 Mark. Gute Arbeitsbedingungen und zufriedene Mitarbeiter sorgen sicher für produktiveres Arbeiten im Büro. (...) Natürlich ist es utopisch anzunehmen, optimal gestaltete Arbeitsplätze könnten die Kosten aufgrund von Krankheit, Fehlzeiten, Fluktuation und Leistungsminderung vollkommen ausschalten. Eine Reduzierung um 30 Prozent ist jedoch realistisch."[107]
Da also der positive Einfluss des Tageslichtes auf den Krankenstand und die Produktivität gut referenziert ist, ist eine gute Tageslichtbeleuchtung von Büroräumen von hohem wirtschaftlichen Nutzen. Der Umgang mit diesem Argument erfordert jedoch einige Sorgfalt, da ähnlich wie beim Kunstlicht auch beim Tageslicht nicht die Menge sondern die noch nicht endgültig definierten Komfortkriterien die Akzeptanz und damit die Produktivität beeinflussen.

Arbeitshypothesen

4 Arbeitshypothesen

Aus den zuvor dargestellten Ergebnissen werden in diesem Kapitel die Arbeitshypothesen aufgestellt und begründet, mit deren Hilfe die Problematik der Tageslichtbedingungen in Atriumbüros untersucht werden.

4.1 Hypothese 1

Die erste Hypothese bezieht sich auf die Tageslichtqualität im Atrium selbst, die sich durchaus von der in den Büroräumen unterscheiden darf. Das Atrium prägt als zentraler Raum den Eindruck des gesamten Gebäudes.

Das Atrium hat eine eigene Tageslichtqualität, die bei richtiger Gebäudekonzeption durch den Nutzer geschätzt wird.

Da das Atrium Teil des Gebäudes ist, müssen Wechselwirkungen mit den daran gelegenen Arbeitsräumen beachtet werden. Vermutlich hat die Beurteilung des Atriums aber auch Einfluss auf die Akzeptanz der angegliederten Nutzungen. Nutzer, deren Arbeitsraum zum Atrium orientiert ist, werden das Atrium auch aus der Perspektive ihres Arbeitsplatzes bewerten.

4.1.1 Begründung der Hypothese

Eine Begründung für die Atriumbauweise ist die besonderen Raumqualität des Atriums. Viele Atrien dienen als Eingangshalle, oder werden als Cafeteria und für besondere Veranstaltungen genutzt. Die besondere Qualität des Atrium bezüglich seiner Tageslichtbedingungen ist dabei der für Innenräume außergewöhnlich hohe Tageslichtanteil und der in der Regel damit verbundene helle, offene Raumeindruck. Sind attraktive Elemente wie Begrünung und Wasserspiele im Atrium vorhanden, können Gebäude mit Atrium höhere Aufenthaltsqualitäten aufweisen, als konventionelle Verwaltungsgebäude.

4.1.2 Überprüfung der Hypothese

Zur Überprüfung der Hypothese wird die Akzeptanz des Atriumraumes selbst in die Untersuchung mit einbezogen. Um die Wechselwirkung zwischen der Bewertung des Atriums selbst und der daran angrenzenden Räume festzustellen, müssen sowohl Nutzer das Atrium bewerten, deren Büro sich dorthin orientiert, als auch andere Nutzer in den gleichen Gebäuden. Die Verschiedenheiten der untersuchten Atrien in Bezug auf deren Bauform, Geometrie, Nutzung und Tageslichtverhältnisse lassen sich in Relation zur Akzeptanz durch deren Nutzer setzen. Bei zutreffender Hypothese müsste sich für die meisten Atriumkonzepte eine hohe Nutzerakzeptanz abzeichnen.

Arbeitshypothesen

4.2 Hypothese 2

Nachdem die vorige Hypothese sich mehr auf den Atriumraum konzentriert, wird hier das daran angrenzende Büro und speziell dessen Tageslichtverhältnisse betrachtet.

Büroräume am Atrium erreichen bei guter Gebäudekonzeption gleiche Akzeptanz wie jene mit Orientierung in die Umgebung oder an einen Innenhof.

4.2.1 Begründung der Hypothese

Durch die Pufferwirkung zum Außenklima erlaubt die Lage eines Büros zum Atrium sowohl einen größeren Öffnungsanteil der Fassade als auch eine erweiterte Fensterlüftung, die bei Außenfassaden durch extremere Temperaturen, Wind und Niederschläge eingeschränkt wird. Obwohl die Tageslichtmenge im Atrium reduziert ist, können doch qualitative Aspekte auch zu angenehmeren Tageslichtverhältnissen führen. „Insgesamt sind die Tageslichtbedingungen im Atrium unproblematischer als das Licht an Außenfassadenfenstern. Lichtintensität und Kontrast sind im Atrium gedämpft, da das Licht im Atrium vielfach reflektiert und diffus verteilt wird. (...) Ohne Nachteile hinsichtlich Blendung, Energieverlust oder Überheizung des Büros können die Bürofenster größer ausgeführt werden und zum Öffnen sein. Dies ist für das Wohlbefinden der Nutzer bedeutend."[108] Die Tageslichtquantität stellt hierbei vermutlich zwar einen kontraproduktiven Parameter, die in der Bestandsaufnahme beschriebenen Untersuchungen zeigen jedoch, dass die Bewertung des Tageslichtes überwiegend von den qualitativen Tageslichtbedingungen bestimmt wird.

4.2.2 Überprüfung der Hypothese

Wenn für Büroräume zu Atrien die Vorteile der größeren Fensterflächenanteile in der Fassade und die Möglichkeit einer fast ganzjährigen freien Fensterlüftung überwiegen, wäre eine Präferenz der Nutzer für die zum Atrium orientierten Räume zu erwarten. Die Frage nach der Wunschlage des Arbeitsplatzes wird direkt in der Befragung gestellt. Wie zuvor beschrieben (3.3.2.4 Ausblick), gibt die direkte Aussage der Nutzers allerdings noch keinen Aufschluss über den tatsächlichen Wert einer Präferenz. Die Beurteilung auch aller anderen Arbeitsumfeldbedingungen wird daher hinsichtlich dieser Hypothese verglichen zwischen Büronutzern am Atrium und solchen, die Ausblick ins Freie oder soweit vorhanden in einen Innenhof haben. Hiermit wird überprüft, ob durch die veränderten Arbeitsplatzqualitäten die geringere Quantität des Tageslichtes der Atriumbüros ausgeglichen werden kann. Es wird ebenfalls berücksichtigt, ob die Alternative zum Ausblick in ein Atrium ein ggf. verkehrsreiches städtisches Umfeld, ein Gewerbegebiet oder eine offene Landschaft ist. Insofern gehört die

Arbeitshypothesen

städtebauliche Voraussetzung mit zu der Fragestellung der positiven Indikation für ein Atrium.

Arbeitshypothesen

4.3 Hypothese 3

Der gesamten Untersuchung liegt die Vermutung zu Grunde, dass es einen signifikanten Zusammenhang zwischen den Tageslichtverhältnissen der an ein Atrium angrenzenden Räume und der Akzeptanz des Arbeitsumfeldes gibt. Die dritte Arbeitshypothese lautet daher:

Die Tageslichtbedingungen sind ein maßgebliches Kriterium für die Akzeptanz von Büroarbeitsplätzen in Atriumgebäuden.

4.3.1 Begründung der Hypothese

Diese Hypothese scheint angesichts der Bedeutung des Tageslichts für den Menschen selbstverständlich und ist daher eine Übertragung von Erkenntnissen vorangegangener Untersuchungen zu Arbeitsplatzfaktoren auf die Bauform des Atriums. Wenn bereits bauformunspezifisch ein größerer Anteil der Büronutzer (fast 40%) eher über zu wenig als über zu viel Tageslicht klagen, kann die durch das Atrium geminderte Lichtmenge eine Verschärfung dieser Problematik verursachen.

4.3.2 Überprüfung

Da die Tageslichtverhältnisse sich in einem Atriumbüro stark von denen eines Büros mit direktem Außenbezug unterscheiden, ist zu überprüfen, welchen Stellenwert die Tageslichtbedingungen im Atriumbüro einnehmen. Wenn sich grundsätzliche Unterschiede in der Bewertung der Tageslichtverhältnisse ergeben, muss der Zusammenhang mit der Akzeptanz dieses Faktors und der generellen Zufriedenheit mit den Arbeitsplatzverhältnissen geprüft werden. Denkbar ist hier etwa, dass schlechte Luftverhältnisse zu einer Ablehnung des Atriums führen und deshalb auch die Tageslichtverhältnisse bemängelt werden. Ein umgekehrter Einfluss von atriumtypischen Qualitäten auf die Akzeptanz der Tageslichtverhältnisse ist ebenso denkbar. So könnte die durch das Atriumdach gepufferte klimatische Situation dazu führen, dass die Möglichkeit, länger bei offenen Fenstern zu arbeiten, zur Toleranz gegenüber den geänderten Tageslichtverhältnissen führt. Die Wertung der Tageslichtbedingungen muss daher zu den wichtigsten anderen Behaglichkeitsbedingungen in Relation gestellt werden. Zur Überprüfung der Hypothese werden Nutzer in Büros an Atrien sowie in Büros mit freiem Außenbezug sowohl zur Zufriedenheit mit den Tageslichtbedingungen wie mit sonstigen Arbeitsumfeldbedingungen befragt.

Arbeitshypothesen

4.4 Hypothese 4

Die vierte Hypothese leitet sich direkt aus der Anforderung eines Ausblicks ins Freie der Arbeitsstättenverordnung ab. Viele Atrien sind nur nach oben geöffnet und ein Ausblick ins Freie im eigentlichen Sinne ist damit von vielen Arbeitsplätzen am Atrium nicht gegeben.

Ein Ausblick horizontal durch das Atrium ins Freie ist ein wesentliches Qualitätsmerkmal für die Akzeptanz von Arbeitsplätzen zum Atrium.

4.4.1 Begründung der Hypothese

Die Hypothese ist ebenfalls eine Übertragung anerkannter Anforderungen auf die Bauform des Atriumbürohauses. Eine nachweislich wichtige Tageslichtbedingung ist die Qualität des Ausblicks. Je nach Atriumtyp und Lage der Räume wird ein Ausblick ins „Freie" ganz oder teilweise ausgeschlossen. Speziell bei Atrien, die allseitig von Gebäudeteilen umschlossen sind, ist ein Ausblick ins Freie im engen Sinne des Wortes nicht gegeben, entsteht doch durch die allseitige Umschließung tendenziell eher ein Innenraum. Ein Kontakt zur Außenwelt nur nach oben wird von der Arbeitsstättenverordnung nicht als ausreichender Ausblick ins Freie gewertet. Atrien, bei denen ein Teil der umschließenden Wände zur Umgebung geöffnet sind, kommen den Anforderungen daher entgegen.

4.4.2 Überprüfung der Hypothese

Je nach Atriumtyp ist ein mehr oder weniger großer Anteil der Atriumwände zur Umgebung geöffnet. Für die einzelnen Räume zum Atrium, Innenhof oder die Umgebung wird ermittelt, wie stark der Blick über die Horizontale und die Vertikale verbaut ist, d.h. wieviel freier Ausblick für einen bestimmten Raum im Gebäude offen bleibt. Anhand des Vergleichs mit der Nutzerbewertung des Ausblicks vom eigenen Arbeitsplatz ist es möglich, festzustellen, ob tatsächlich ein Mindestmaß an Ausblick ins Freie notwendig ist, oder ob das Atrium selbst die geforderte Qualität bieten und den Außenraum ersetzen kann. Hier können Unterschiede der Nutzerakzeptanz bei den verschiedenen Bauformen überprüft werden. Sollte sich die Hypothese verifizieren lassen, erlaubt die Untersuchung des noch akzeptablen mindestens offen zu haltenden Blickfeldes eventuell eine genauere Beschreibung des Ausblicks als Qualitätsmerkmal auch für Büroräume außerhalb der Atrien. Sollte sich zwischen Räumen zum Atrium und solchen mit direktem Außenbezug hierbei Unterschiede in der Bewertung zeigen, gilt es zu untersuchen, was den Ausblick in das Atrium und den Ausblick ins Freie tatsächlich unterscheidet.

Arbeitshypothesen

4.5 Hypothese 5

Wie schon die vorherige befasst sich die fünfte Hypothese mit einem vermutlich maßgeblichen Akzeptanzkriterium für Atrien und die angrenzenden Büroräume.

Die städtebauliche Umgebung des Atriums hat Einfluss auf die Akzeptanz dahin orientierter Büroräume.

4.5.1 Begründung der Hypothese

Vielfach spricht für das Atrium, dass nur mit dieser Bauform eine hohe städtebauliche Verdichtung ohne unmaßstäbliche und meist unwirtschaftliche Ausdehnung in die Höhe möglich ist. Insbesondere in hoher städtischer Dichte ist das Atrium daher eine Alternative zu solitären Bürotürmen. In Bürogebäuden mit Atrien entstehen jedoch Zonen mit grundsätzlich verschiedenen Raumqualitäten. Die Akzeptanz der Nutzer wird in hohem Maße durch den Vergleich mit zur Verfügung stehenden Alternativen beeinflusst. Ist die Alternative zu einem Arbeitsplatz am Atrium ein heller, zu einer attraktiven Umgebung orientierter Raum wird das Nutzerurteil über die Atriumbüros sicher anders ausfallen, als wenn sonst nur Räume mit Fenstern zu engen oder lauten Verkehrsadern zur Auswahl stehen.

4.5.2 Überprüfung der Hypothese

Die Vielzahl der untersuchten Projekte erlaubt eine Überprüfung der Relation zwischen der Umgebung des Gebäudes und der Nutzerakzeptanz sowohl der nach außen, wie der zum Atrium gelegenen Räume. Die Ergebnisse dieses Vergleiches können Hinweise darauf geben, unter welchen Randbedingungen das Atriumgebäude die hinsichtlich der Nutzerakzeptanz angemessenste Bauform ist und in welcher Umgebung dagegen die zur Umgebung orientierten Räume Qualitäten aufweisen, die zum Atrium nicht erreicht werden. Eine Blockrandbebauung mit einem sehr offenen Atrium kann im Extremfall sogar in den Außenbüros insbesondere der unteren Geschosse bedingt durch die umgebende Bebauung eine geringere Tageslichtversorgung bieten, als entsprechende Räume zum Atrium. Neben der Einordnung der städtebaulichen Umgebung in verschiedene Kategorien wird daher für das Tageslicht der Anteil der Verbauung auch für die Aussenbüros sowie der vertikale Tageslichtquotient auf das Fenster des jeweiligen Büroraumes ermittelt und mit der Nutzerakzeptanz der jeweiligen Raumnutzer verglichen.

Arbeitshypothesen

4.6 Zusammenfassung der Hypothesen

Die vielen ausgeführten Projekte zeigen die hohe Attraktivität von Bürogebäuden mit Atrien bei Planern und Bauherren. Die Hypothesen übertragen diese Beobachtung auf die Nutzer des Gebäudes und formulieren die zu überprüfende Annahme, dass sowohl das Atrium selbst als auch die angrenzenden Büroräume unter bestimmten Bedingungen bei den Nutzern hohe Akzeptanz genießen.

Es ist möglich, Atrien so zu gestalten, dass die dahin orientierten Büroräume Arbeitsplatzqualitäten bieten, die eine Nutzerakzeptanz erreichen, wie in Räumen mit Ausblick ins Freie.

Diese grundlegende Annahme wird ebenfalls durch die Untersuchung zu überprüfen sein. Entweder wurde eine schlechtere Bewertung der Nutzer bisher nicht festgestellt, weil diese Tageslichtminderung von den Nutzern nicht als Nachteil empfunden wird, bzw. durch andere Nutzungsqualitäten kompensiert wird, oder weil bisher keine bauformspezifischen Akzeptanzstudien durchgeführt wurden. Die Unterschiede in den Nutzerurteilen der verschiedenen Projekte soll zeigen, welche Kriterien gut akzeptierte Gebäude erfüllen müssen bzw. welche Kriterien zu einer schlechten Akzeptanz führen.

Methode

5 Methode

Die Aufgabenstellung bedingt die Notwendigkeit eine sozialwissenschaftliche Methode für die Untersuchung auszuwählen. Hierbei sind grundsätzlich andere Ansätze zu entwickeln, als bei rein naturwissenschaftlichen Forschungsarbeiten. „Um den Ursache-Wirkung-Zusammenhang zwischen Beleuchtungsverhältnissen und Verhalten zu bestimmen, bedürfen die Rahmenbedingungen einer wissentschaftlichen Untersuchung sorgfältiger Planung, so dass:
- plausible alternative Deutungen ausgeschlossen werden können (internal validity);
- die zu untersuchenden Randbedingungen sowohl beieinflusst als auch gemessen werden (construct validity für abhängigen und unabhängige Variablen);
- die statistischen Tests die Hypothesen als Frage erfassen (statistical conclusion validity); und,
- die beobachteten Effekte ausreichend allgemeingültig sind, auch auf andere als die Versuchsbedingungen übertragbar zu sein (external validity)." [109]

Die sicherste Methode zur Ermittlung der Auswirkung von Arbeitsplatzbedingungen ist die Langzeitbeobachtung der Arbeitsleistung, wie sie bisher nur in wenigen Studien an einzelnen Gebäuden betrieben wurde. [110] Dieses Verfahren ist sowohl für die Forschenden wie auch für die beteiligten Gebäudebetreiber und -nutzer sehr aufwendig. Aus Datenschutzgründen ist eine Zustimmung der Nutzer notwendig, die hierzulande für so eng personenbezogene Untersuchungen sicher nur schwer erreichbar ist.

Im Rahmen dieser Arbeit wird daher die Zufriedenheit von Nutzern ermittelt und der in vorhergehenden Untersuchungen festgestellte Zusammenhang der Arbeitsleistung mit der in Befragungen geäußerter Zufriedenheit vorausgesetzt.

5.1 Feldstudie

Wegen einer Vielzahl sich verändernder Faktoren, beinhaltet die Befragung von Nutzern an ihrem realen Arbeitsplatz die Schwierigkeit, jeweils einzelne Parameter zu isolieren und die Zufriedenheit mit Tageslichtbedingungen von etwa derjenigen mit Temperaturen und Luftverhältnissen im Raum getrennt zu ermitteln. Um jedoch eine ganze Bauform auf ihre Nutzerakzeptanz hin zu untersuchen, ist ein Laboraufbau schlicht unmöglich.

Nach einer Diskussion verschiedener Forschungsmethoden kommt FREYMUTH für eine dieser Arbeit sehr ähnliche Studie zu dem Schluss: „Aussagen über die Beleuchtung am (...) Arbeitsplatz, die zur Ergänzung der Antworten über die Raumhelligkeit wesentlich erschienen, konnten nur in wirklichen, von den Befragten ständig benutzten Räumen gewonnen werden; hierbei ging es nicht um die Bestimmung einer Mindestbeleuchtungsstärke für

Methode

eine genau umrissene Sehtätigkeit, die nur im Laborversuch im Maßstab 1:1 hätte getroffen werden können, sondern um die allgemeine, kaum eindeutig zu formulierende Frage, ob die Beleuchtungsverhältnisse am Platz (...) tagsüber im Laufe des Jahres insgesamt als ausreichend angesehen werden."[111]
Der offenkundige Nachteil einer Feldstudie ist, dass sie die Kooperationsbereitschaft sehr vieler Einzelpersonen erfordert. Die Akquisition geeigneter Projekte, die die gewünschten Untersuchungsparameter abdecken, nimmt einen wesentlichen Teil der Vorarbeit ein. Da die Projekte sich immer in vielen Parametern unterscheiden, muss der Einfluss vieler Randbedingungen mit erfragt werden, die nicht unmittelbarer Bestandteil der Aufgabenstellung sind. Eine ausreichende Anzahl von Probanden für eine multifaktorielle Analyse zu finden, würde eine mehrfache Befragung möglichst aller Personen in vielen Gebäuden erfordern. Da die Kooperationsbereitschaft für derart zeitintensive Befragungen kaum erwartet werden kann, muss sich die Auswertung im Wesentlichen auf die einfache Auszählung der Ergebnisse stützen. Eine im Rahmen der hier gewählten Methode verlässliche Aussage zu Kausalzusammenhängen ist damit nur bei sehr signifikanten Ergebnissen möglich. Trotz all der beschriebenen Nachteile erscheint die Befragung der Nutzer in realisierten Gebäuden die einzige Möglichkeit, Aussagen zur Akzeptanz von Tageslichtbedingungen in Bürogebäuden mit Atrien zu erhalten. Die Feldstudie ist daher für diese Arbeit als adäquate Methode gewählt worden.
Die Erfahrungen von vorhergehenden Nutzerbefragungen zeigen, dass mit guter Vorbereitung eine hohe Rücklaufquote der versandten oder persönlich verteilten Fragebögen und damit eine breite Datenbasis erlangt werden kann. Die Durchführung der Befragung in der gewohnten Umgebung reduziert den Einfluss etwa ungewohnter Laborbedingungen auf die Beurteilung der erfragten Parameter. Ein möglicher Einfluss durch einen Interviewer ist ausgeschlossen, weil die Fragebögen nach vorheriger Abstimmung zur selbstständigen Bearbeitung verteilt werden. Mögliche Probleme mit der Schriftform sind in Bürogebäuden berufsgruppenbedingt ebenfalls nicht zu erwarten.

5.1.1 Stichprobengröße

Da die Hypothesen unspezifisch für alle Atriumtypen mit Büroarbeitsplätzen aufgestellt werden, müssen die ausgewählten Projekte möglichst viele Atriumformen und -größen umfassen. Durch die Auswahl von mindestens 20 Projekten kann die Stichprobengröße in den einzelnen Projekten relativ klein gehalten werden, da über die spätere Gruppierung die Aussagen aus den einzelnen Gebäuden wieder zusammengefasst werden können. Naturgemäß nimmt die erreichbare statistische Signifikanz mit zunehmender Stichprobengröße zu. Die Stichprobengröße ist daher nach oben durch die Bereitschaft der Gebäudebetreiber und -nutzer zur Beteiligung an der Befragung begrenzt. Befragungen zu Lichtverhältnissen in Büroräumen ergaben nach CAKIR bereits ab einer

Methode

Stichprobengröße von 150 ausreichend signifikante Ergebnisse, wurden aber bis auf 800 Einzelbefragungen ausgedehnt. Die dieser Arbeit ähnliche Befragung von FREYMUTH umfasst eine Stichprobengröße von 330 Einzelbefragungen. Diese Arbeit ist daher auf eine Stichprobengröße von ca. 300 zu befragenden Personen ausgelegt.

5.1.2 Fragebogenerstellung

Die direkt die Hypothesen betreffenden Fragen sind in der Regel in einem Fragebogen nicht unmittelbar zu stellen, da es sich bei der Akzeptanz eines Umfeldes immer um ein Geflecht bewusster und unbewusster Motivationen handelt. „Am Beginn einer Erhebung steht nicht die Formulierung des Fragebogens. Am Beginn steht die Aufzeichnung der Untersuchungsaufgaben, der Untersuchungsziele, der Programmfragen."[112] Die Programmfrage hier ist diejenige nach der Akzeptanz von Atriumbüroräumen.
Die zuvor formulierten Arbeitshypothesen sind in Testfragen zu übersetzen, die es erlauben, die Gewichtung der Tageslichtqualität im Vergleich mit anderen Arbeitsumfeldbedingungen zu ermitteln.
Der Fragebogen ist in Anlehnung an deutsche, europaweite und nordamerikanische Untersuchungen zum Tageslichtkomfort entwickelt worden. „Es gibt sehr wenige Nutzerbefragungen, die sich auf die Beleuchtungssituation eines Gebäudes konzentrieren. Die meisten Studien umfassen ein weiteres Spektrum von Kriterien. Nur wenige Nutzerbefragungen wurden ernsthaft als Methode bewertet und es gibt bisher keine Wiederholung der selben Methode / des selben Fragebogens, aus der methodische Erfahrung gewonnen werden könnte. Der jetzt (für IEA, Task 21) vorgeschlagene Fragebogen ist ausgelegt, die Nutzerbewertung der Arbeitsumgebung über einen bestimmten Zeitraum zu erfassen. Damit kann ein Qualitätsprofil gewonnen werden, mit dem der Gebrauchswert des Gebäudes ermittelt und Variantenverglichen werden können, die zu unterschiedlicher Nutzerbewertungen führen." [113] Der für diese Untersuchung verwendete Fragebogen basiert überwiegend auf den Vorschlägen für diese IEA Task 21 Case Studies, ergänzt durch einige Fragen aus der Studie von FREYMUTH und eigene, speziell Atriumgebäude betreffende Fragen.
Außer für die Eingangsfragen wurde fast ausschließlich die geschlossene Frageform genutzt, da diese sowohl das Ausfüllen als auch die Auswertung erleichtert. Lediglich die direkte Frage nach der bevorzugten Raumsituation wurde als halboffene Frage formuliert, da sich an den Begründungen sehr aussagekräftige Konsistenzprüfungen durchführen lassen. Die offene Frageform zu Beginn des Fragebogens hat neben der wichtigen Funktion des Eisbrechers die Aufgabe, noch durch spätere Antwortvorgaben unverfälschte Meinungen zum Gebäude zu erhalten. (siehe Anhang: Musterfragebogen)

Methode

5.2 Konzeption der Studie

Auf Basis der Hypothese, dass die Tageslichtsituation die Akzeptanz der Büroräume zum Atrium beeinflusst, werden die baulichen Gegebenheiten mit Einfluss auf die Tageslichtsituation als unabhängige Variablen definiert und die Akzeptanz der Nutzer als die abhängige Variable ermittelt (construct validity). Die Relation dieser Größen zueinander erlaubt dann Rückschlüsse über die Akzeptanz der Arbeitsplatzbedingungen in den ausgewählten Atriumgebäuden. Für die Feststellung der Akzeptanz im Vergleich mit anderen Tageslichtbedingungen werden möglichst im gleichen Projekt Arbeitsplätze zur Umgebung und soweit vorhanden zum nicht überdachten Innenhof untersucht. Die Fragestellungen im nach Vorversuchen letztlich verwendeten Fragebogen umfassen vier Gruppen:

5.2.1 Tageslichtsituation (unabhängige Variable)

Für die Bestimmung der Tageslichtsituation sind in jedem Fall bauliche Parameter des Projektes und des jeweiligen Arbeitsplatzes zu ermitteln. Darüber hinaus kann eine quantitative Ermittlung der tageslichttechnischen Werte durch Messung oder durch Tageslicht - Simulation für den bedeckten Himmel erreicht werden.
Für Tageslichtmessungen sind vergleichbare Tageslichtbedingungen für jede Messung absolute Voraussetzung. „In der Praxis der Messungen unter realem, bedecktem Himmel ist es oft schwierig, die Gelegenheiten zu treffen, bei denen die relative Leuchtdichteverteilung des CIE overcast sky erreicht wird." [114] Tageslichtmessungen in einer großen Zahl von Gebäuden schließen sich daher für diese Untersuchung allein durch den erforderlichen zeitlichen und technischen Aufwand und den damit verbundenen Störungen der Nutzer aus.
Zur Bestimmung der unabhängigen Variable Tageslicht wird eine Tageslichtsimulation durchgeführt. Die Tageslichtsimulation von Lichtverhältnissen in Büros zu Atrien sind nur bei sehr genauer Aufnahme aller Materialkennwerte und Gebäudegeometrie verlässlich genug, um für eine vergleichende Analyse mit der Nutzerakzeptanz zu erlauben. Um die ausgewerteten Ergebnisse der Untersuchung in verständliche und anwendbare Entwurfshilfen übertragen zu können, werden schwerpunktmäßig verschiedene, möglichst einfach zu ermittelnde bauliche Parameter des Atriums und des Raumes erfasst. Ermittelt werden:

- die geographische Lage

Die geographische Lage ist für ein tageslichtorientiertes Gebäude ein frühzeitig sorgfältig zu berücksichtigendes Kriterium. Mit dem Breitengrad verändern sich die Sonnenbahnen und bei traditionellen Bauweisen führen oft die unterschiedlichen Höhenwinkel der Sonne in Nord- und Südeuropa zu verschiedenen

Methode

Ausführungen der Tageslichtöffnungen. Da sich das Untersuchungsgebiet schon über mehrere Breitengrade erstreckt, sind diese Einflüsse nicht auszuschließen. Für jedes Projekt wurde daher Längen- und Breitengrad ermittelt.
- die städtebauliche Umgebung

Da das Büro mit Orientierung zu einem Atrium mit einem Büro mit Blick ins Freie verglichen werden soll, muss betrachtet werden, welche Qualität das Umfeld des Gebäudes aufweist. In einem der untersuchten Gebäude mit Blick auf die Rheinschleife wird die Wahl anders ausfallen, als in eng bebauter, von Verkehr belasteter, innerstädtischer Umgebung.
- der Atriumtyp

Die Tageslichtbedingungen in einem Atrium werden neben der Ausführung des Daches im wesentlichen von seinem Typus bestimmt. Der räumliche Eindruck des Atriums wird wesentlich davon beeinflusst, ob eine Öffnung zur Seite und damit aus den Räumen am Atrium wenigstens ein eingeschränkter Ausblick in die Umgebung vorhanden ist. (Beschreibung der Atriumtypen 1.4.2)
- die Raumbegrenzungen

Die das Atrium umfassenden Gebäudeteile bestimmen, wie viel Tageslicht in das Atrium gelangt und wie es sich darin verteilt. Bereits bei Atrien mit einer sehr offenen Geometrie (aspect ratio AR>1) ist der Tageslichtanteil am Boden wesentlich von den Reflexionsgraden der das Atrium umfassenden Raumoberflächen bestimmt. Für jedes Atrium wurden die Umfassungsflächen nach außen (Dach und Aussenwände) und nach innen (Boden und Innenwände) sowie dessen Aspect Ratio errechnet.
- die Verbauung

Bei allen Atrien wurde Grundfläche und Gesamtvolumen erfasst. Bei einer Öffnung des Atriums nach oben ohne nach außen geöffnete Fassadenabschnitte ist die maßgebliche Beleuchtung bei bedecktem Himmel vom Schnitt beschränkt. Diese Tageslichtmenge wird durch die Innenfassade in die angrenzenden Räume verteilt. Je näher der Raum der Tageslichtöffnung des Atriums, desto höher der Tageslichtanteil auf der Fassade zum Atrium und damit im Raum. Für diese Arbeit wurde aus vertikaler und horizontaler Verbauung ein geometrischer Verbauungsfaktor berechnet.

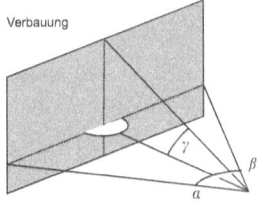

Abbildung 38: Bestimmung der Verbauung

$V = \sin \gamma * ((\sin \alpha + \sin \beta)/2)$

Die Verbauung gibt damit an, wie viel Gebäude und wie viel Himmel oberhalb des Horizonts sichtbar ist.

Methode

- der Sonnenschutz

Wesentlich für die Tageslichtverhältnisse im Atrium und in den angrenzenden Räumen ist neben der Konstruktion und Verglasung des Daches und der Außenfassaden die Frage, ob und wie ein Sonnenschutz realisiert wird. Obwohl im Untersuchungsgebiet der bedeckte Himmel vorherrscht, bestimmt in den Sommermonaten auch über längere Zeiträume der klare Himmel mit hohen Sonnenständen die Tageslichtsituation und die Temperaturen im Atrium und den angrenzenden Räumen. Verschiedene Sonnenschutzkonzepte sind daher hinsichtlich der Akzeptanz zu prüfen.

- die Bepflanzung

Besonders größere, häufig immergrüne Pflanzen führen zu einer Minderung des Tageslichtes auf den Fassaden der unteren Geschosse eines Atriums. Andererseits trägt eine Begrünung wesentlich zur Attraktivität des Atrium selbst bei.

- Tageslichtquotient im Atrium

Mit den ermittelten Angaben zu Verglasung und Konstruktionsanteil des Atriumdaches, der Außenfassaden und der umgebenden Bebauung wurde mit einer einfachen Tageslichtsimulation der mittlere Tageslichtquotient auf dem Atriumboden errechnet. Brücken, Treppen und Aufzüge wurden dabei berücksichtigt. Die Reflexionsgrade der Fassaden wurden anhand von Materialtabellen geschätzt. Die Werte erheben daher nicht den Anspruch auf genaue Wiedergabe der Lichtverhältnisse in den einzelnen Projekten, erlauben aber eine gute Vergleichbarkeit.

- Tageslichtquotient auf der Fassade

Für die Bewertung des Arbeitsplatzes wurde als unabhängige Variable ebenfalls der vertikale Tageslichtquotient auf dem, dem jeweiligen Arbeitsplatz nächstgelegenen, Fenster grob errechnet. $D_F = E_F/E_a$ [%] Hier zeigen sich am deutlichsten die Unterschiede zwischen Büros mit Ausblick in die Umgebung und denen mit Ausblick ins Freie.

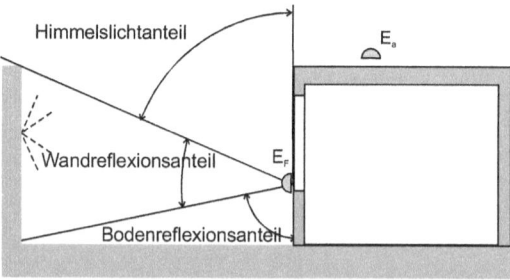

Abbildung 39: Tageslichtquotient auf der Fassade

Die Verbauung durch gegenüberliegende Gebäude bei letzteren wurde bei der Berechnung des Tageslichtquotienten genauso berücksichtigt, wie im Atrium

Methode

oder Innenhof. Unter der oben beschriebenen Einschränkung erlaubt dieser Wert einen direkten Vergleich mit der im Raum empfundenen Helligkeit.
- Leuchtdichteverhältnis

Da die beim Blick aus dem Fenster die sichtbaren Leuchtdichten sowohl für das Raumempfinden, wie auch für mögliche Blendwirkungen durch Tageslicht wesentlich beeinflussen, wird aus der Verbauung, dem Tageslichtquotient auf der vom betrachteten Fenster aus sichtbaren Fassade und ggf. der durch Konstruktion und Verglasung des Atriums verminderten Tageslichttransmission ein Verhältnis der mittleren Leuchtdichte zur unverbauten Himmelsleuchtdichte errechnet. $L_k = ((A_a*T_a + A_{o,gl}*T_{o,gl})/2)*((1-V)+r_{eff}*V))$ Dachöffnungsanteil A_a und -verglasung T_a, mittlerer Atriumreflexionsgrad r_{eff}, Öffnungsanteil $A_{o,gl}$ und Verglasung der Atriumfassade $T_{o,gl}$. Dieser Wert gibt als Faktor an, wie „hell" der Blick aus dem Fenster im Vergleich zum unverbauten Blick werden kann.

5.2.2 Zufriedenheit mit den Tageslichtbedingungen (abhängige Variable)

Bewertungen zu den Tageslichtbedingungen sind in mehreren Stufen im Fragebogen abgefragt. Die Wiederholung einzelner Fragen in anderer Frageform oder anderem Zusammenhang dient der Validierung der Antworten.
Als für das Tageslicht wichtigste Variablen wurden erfragt:
- die Helligkeit

Fragen nach der Helligkeit sind wegen der Doppeldeutigkeit des Begriffes bezüglich der Beleuchtungsstärke und der Leuchtdichte zu differenzieren. Die Frage, ob eine räumliche Situation hell erscheint, zielt eher auf die Leuchtdichte, während die ausreichende Helligkeit für bestimmte Tätigkeiten die Beleuchtungsstärke abfragt.
- die Tageslichtverteilung

Da Arbeitsplätze in der Regel in einem Büroraum sehr ortsfest sind, werden die Tageslichtverhältnisse mit hoher Wahrscheinlichkeit zunächst nur auf den Platz bezogen bewertet. Gerade bei Atriumbüros ist jedoch eine große Ungleichmäßigkeit des Tageslichtquotienten durch den Lichteinfall von oben häufig. Um die Tageslichtverteilung vom Nutzer bewerten zu lassen, muss deshalb die Aufmerksamkeit auf den gesamten Raum gelenkt werden.
- der Ausblick

Beim Ausblick ist zwischen dem Maß und der Qualität zu unterscheiden. Zu berücksichtigen ist die Erfahrung, dass bei direkter Bewertung des Ausblicks die meisten Nutzer dazu neigen diesen als weniger wichtig einzustufen, jedoch bei mangelndem Ausblick ihren gesamten Raum schlechter zu bewerten. Neben der Frage nach der direkten Bewertung des Ausblicks sind daher assoziative Fragen und Begründungen zu Wahlmöglichkeiten besonders interessant.
- die Blendung

Methode

Der Begriff Blendung ist zwar relativ gebräuchlich, aber ein einheitliches, lichttechnisches Verständnis kann nicht vorausgesetzt werden. Es muss daher eindeutiger nach Störungen bei verschiedenen Lichtverhältnissen gefragt werden. Da in der Regel klarer Himmel mit direktem Sonnenlicht bezüglich der Blendung durch Tageslicht der kritischste Himmelszustand ist, sind hierzu mehrfach Fragen in unterschiedlicher Form sinnvoll. Hiermit können sowohl die Einzelaussagen validiert als auch genauer differenziert werden.

5.2.3 Andere Arbeitsplatzbedingungen

Tageslichtbedingungen können gerade in Relation zur Nutzerakzeptanz nicht isoliert betrachtet werden. Zum Arbeitsumfeld zählen auch die psychologischen und finanziellen Arbeitsbedingungen. Es ist naheliegend, dass ein unterbezahlter, unter Mobbing leidender Mitarbeiter, die Tageslichtverhältnisse an seinem Arbeitsplatz anders bewerten wird, als ein zufriedener und ausgeglichener Kollege unter gleichen Arbeitsumfeldbedingungen. Die Überprüfung der anderen Arbeitsplatzbedingungen soll weitestmöglich die Gefahr falscher Interpretation scheinbarer Kausalzusammenhänge zwischen Tageslichtverhältnissen und Nutzerzufriedenheit ausschließen. (internal validity)

- die Temperatur

Bei der Temperatur wird in der Regel eher die subjektive Empfindsamkeit deutlich. Im Heizfall ist wirkliche Untertemperierung der Räume in den meisten Gebäuden nahezu auszuschließen, da alle Gebäude erst nach Baujahr 1980 errichtet wurden. Die Atrien werden zum überwiegenden Teil jedoch nicht wie Innenräume temperiert. Unangenehm hohe Temperaturen können im Sommer sowohl im Atrium als auch in den Büroräumen nahe dem Atriumdach auftreten.

- die Belüftung

Besonders bei gemäßigten Außentemperaturen kann die Lüftung zum Atrium angenehmere Bedingungen bieten, als die Fensterlüftung nach außen. Bei einer freien Lüftung aus dem Atrium können dagegen insbesondere in Dachnähe deutlich höhere Lufttemperaturen auftreten, als bei freier Lüftung nach außen.

- Schallschutz

Zunehmend anspruchsvolle Tätigkeiten erfordern ein hohes Maß an Konzentration. Bei der gleichzeitig gegebenen Vielschichtigkeit der Büroarbeit lassen sich 'laute' und 'leise' Arbeiten in aller Regel nicht räumlich trennen. Gegenseitige Störungen durch verschiedene Tätigkeiten sind daher häufig. Schallübertragung aus oder über das Atrium kann bei der gleichzeitigen Reduzierung der Außengeräusche damit vermehrt zu einem Störfaktor werden.

- die Ausstattung

Lange haben sich ergonomische Betrachtungen sehr stark auf die Büroausstattung konzentriert. Obwohl hier inzwischen ein hoher Standard erreicht wurde,

Methode

bleiben individuell die Raumausstattung, Farbgestaltung und die Bürogeräte ein wesentlicher Parameter bei der Beurteilung der Arbeitsplatzbedingungen.

Bis auf wenige sehr individuell bedingte Akzeptanzkriterien (Geschwindigkeit der Aufzüge, Schwindelgefühle an verglasten Brüstungen, ...) sind mit den im Fragebogen erfassten Variablen alle in den Voruntersuchungen genannten Kriterien abgedeckt.

5.2.4 Randbedingungen

Die Überprüfung der Randbedingungen soll sicherstellen, dass die gewonnenen Daten nicht durch unvorhergesehene Konzentration auf bestimmte Personengruppen beschränkt bleiben, sondern eine Übertragbarkeit auf andere Gebäude und damit eine Verallgemeinerung erlauben. (external validity)
- die Angaben zur Person und zur Tätigkeit

Angaben zur Person dienen der statistischen Überprüfung, inwieweit die Stichproben repräsentativ für die Gesamtheit aller Büroangestellten ist. Die Indexfragen zur Gruppierung der Befragten sind gemäß aller Empfehlungen zur Fragebogengestaltung erst am Schluss angeordnet. Durch die Kenntnis der bereits ausgefüllten Fragen hat der Nutzer in aller Regel Vorbehalte abgebaut, Angaben zur Person zu machen.

Die Angaben zur Tätigkeit dient dazu, die Anforderungen des Nutzers an die Beleuchtungssituation zu klären.
- die Angaben zum Atrium

Die Fragen zur individuellen Nutzung und Bewertung des Atriums, zu dem der Arbeitsplatz orientiert ist, ermöglichen eine Prüfung des Einflusses der Atriumqualität auf das Empfinden der angrenzenden Räume eine Bewertung der Atrien selbst. Damit geben sie eingeschränkt auch Hinweise auf die Bewertung von Atrien mit anderen Nutzungen. „Die Auswertung wird erheblich gestärkt werden, wenn eine Referenzsituation von den Nutzern bewertet wird. Wird die Beleuchtungssituation z.B. in einer Cafeteria oder Bibliothek eines Bürogebäudes im Rahmen der Untersuchung nicht verändert, ist es von Vorteil, die Nutzer auch diesen Raum bewerten zu lassen." [115] Gemäß der Empfehlung von HYGGE/LÖFBERG wird das Atrium als Referenzraum benutzt, der von allen Nutzern eines Projektes bewertet werden soll.

5.3 Begründung der Projektauswahl

Bis auf wenige Ausnahmen handelt es sich bei den Gebäuden um in Architekturzeitschriften veröffentlichte Projekte. Eine erste Recherche ergab eine Vielzahl an Gebäuden mit Atrien. Hier waren Gebäude auszusortieren, bei denen das Atrium ausschließlich Erschließungsfunktion hat, oder zum Atrium keine ständigen Arbeitsplätze liegen. Die Projekte sollten zum Zeitpunkt der

Methode

Befragung mindestens ein Jahr in Benutzung sein. Eine Einordnung in die verschiedenen Typen ergab sich aus der Recherche. Wegen der Vergleichbarkeit der Tageslichtbedingungen und Einheitlichkeit der Befragung (Übersetzungsverluste des Fragebogens) wurde die Suche beschränkt auf den deutschen Sprachraum.

Ideal für die vergleichende Analyse wären Projekte gewesen, die zwei gleichartige Innenhöfe je einmal mit und ohne Dach aufweisen. Solche Gebäude konnten aufgrund abschlägig beschiedener Anfragen leider nicht in die Untersuchung eingebunden werden, so dass ein Vergleich in der Regel nur gegenüber Tageslichtbedingungen in zur Umgebung orientierten Räumen und in einigen Fällen in anders proportionierte Innenhöfe möglich ist.

5.3.1 Gruppierung der Projekte nach geogr. Lage

Angefragt wurden Projekte im gesamten deutschsprachigen Raum. Die Projekte, in denen die Befragung tatsächlich durchgeführt werden konnte, decken im wesentlichen die Ausdehnung des Zielgebietes. Die Streuung erlaubt eine Überprüfung, ob sich regionale Unterschiede in den Nutzerurteilen niederschlagen.

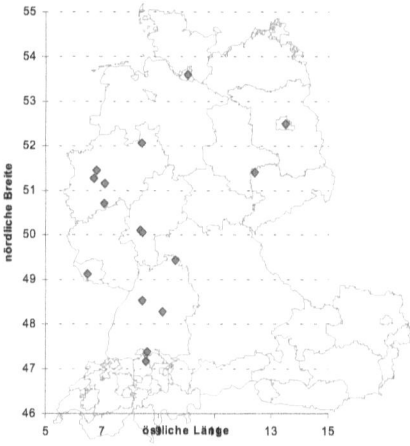

Abbildung 40: Untersuchungsgebiet

Besonders in den Ballungsgebieten sind z.T. mehrere Objekte an einem Ort untersucht worden.

5.3.2 Gruppierung der Projekte nach Atriumtyp

Die Typologie der Atrien erwies sich als überwiegend eindeutig anwendbar. Eine vollständige Liste aller im deutschsprachigen Raum ausgeführten

Methode

Bürogebäude mit Atrien war leider nicht verfügbar. Die ausgewählten Projekte sind aus einer eigenen Projektliste von ca. 90 in der Fachpresse veröffentlichten Gebäuden in der Typologie gut vergleichbar, so dass die Ergebnisse als repräsentativ angesehen werden können.

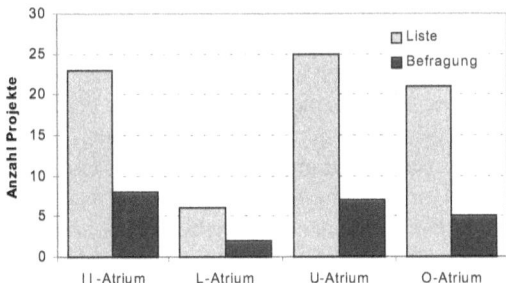

Abbildung 41: Verteilung der Projekte nach Atriumtypen (1.4.2)

Lediglich das O-Atrium ist leider in der Befragung leicht unterrepräsentiert, da bei diesem Atriumtyp überproportional viele Absagen vertreten waren. Besonders die teilweise sehr geschlossenen U-Atrien erlauben jedoch eine weitgehende Übertragung der Ergebnisse.

5.4 Durchführung

Die Befragung wurde in der Zeit von Juni 1998 bis August 2000 in insgesamt 22 Gebäuden im deutschsprachigen Raum durchgeführt. Die Geschäftsleitungen und die Personalvertreter wurden im Voraus um Erlaubnis für die Befragung der Mitarbeiter gebeten. Das Interesse am Thema der Befragung und die Kooperationsbereitschaft der Gebäudenutzer war durchweg hoch, dennoch konnte die Befragung in etwa der Hälfte der angefragten Gebäuden nicht durchgeführt werden, da innerbetriebliche Gründe dem entgegenstanden. Es ist nicht auszuschließen, dass Gebäude mit besonders problematischen Arbeitsbedingungen unterrepräsentiert sind. Im Rahmen dieser Untersuchung wurden 449 Fragebögen versandt und 414 nachvollziehbar an die Nutzer verteilt. Von den verteilten Fragebögen wurden 301 ausgefüllt zurückgesandt. Obwohl die Befragung freiwillig und kein Anreiz für die Beteiligten (Gewinnspiel o.ä.) gegeben war, haben sich damit 72,7% der angesprochenen Nutzer an der Befragung beteiligt.

5.4.1 Aufnahme der Tageslichtbedingungen

Aus von Nutzern oder Architekten zur Verfügung gestellten Planunterlagen zu den einzelnen Projekten wurde die Raumgeometrie des Atriums, die konstruktive und verglasungsbedingte Tageslichttransmission des Atriumdaches und der Fassaden, sowie die geometrische Verbauung des Ausblicks am, dem Arbeitsplatz nächstgelegen, Fensters ermittelt. In der Regel wurden weitere

Methode

projektspezifischen Daten (Begrünung, Wasser, Nutzung, Anordnung des Sonnenschutzes, etc.) aus Zeitschriftenveröffentlichungen, von Nutzer oder Architekten zur Verfügung gestellten Planunterlagen und durch Ortsbegehung ermittelt.

Aus den Angaben im Fragebogen wurde die Lage des Raumes zum Atrium und die geometrische Verbauung des Ausblicks ermittelt. Da in vielen Fällen die genaue Raumkonfiguration und die Lage des Arbeitsplatzes im Raum anhand der Angaben im Fragebogen nur ungefähr abzuleiten waren, wurde der Schwerpunkt der Auswertungen auf die gesicherten qualitativen Gegebenheiten gelegt. Für die Atrien wurde die Tageslichtverteilung bei bedecktem Himmel im Atrium errechnet und ein Mittelwert über die Grundfläche in 0,2m über dem Atriumboden gebildet. Für die Büros wurde der Tageslichtquotient vertikal auf dem Fenster der einzelnen Arbeitsplätze berechnet.

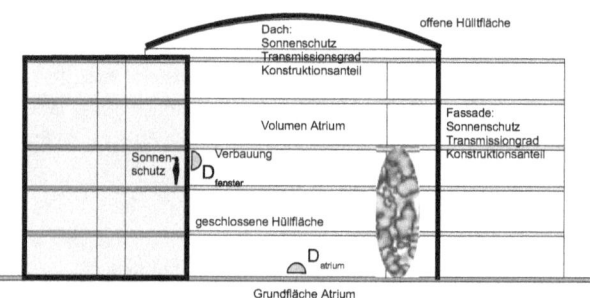

Abbildung 42: Übersicht der ermittelten Tageslichtbedingungen

Alle Tageslichtberechnungen wurden mit dem einfachen Lichtberechnungsprogramm RELUX 2.3 auf der Basis des bedeckten Himmels nach DIN 5034 durchgeführt. Tageslichtmessungen in den Atrien und an den Arbeitsplätzen wurden nicht durchgeführt.

5.4.2 Durchführung der Nutzerbefragung

Im ersten Projekt wurde die Befragung als Interview geführt und neben den inhaltlichen Aussagen auch eine Stellungnahme zur Verständlichkeit der Fragen und zum Umfang des Fragebogens erbeten. Da sich nur wenige, überwiegend formale Änderungen des Fragebogens für die Weiterführung in anderen Projekten ergaben, können die Ergebnisse aus dem Testprojekt in die Auswertungen übernommen werden. Für alle weiteren Projekte wurden die Fragebögen nach Zusage der Kooperationsbereitschaft so angepasst, dass für das Atrium und das Gebäude die im Unternehmen gebräuchlichen Begriffe verwendet wurden. Eine mit den Verantwortlichen abgestimmte Anzahl entsprechend angepasster Fragebögen wurde im Haus intern verteilt und nach gesetzter Frist der Rücklauf gesammelt zurückgesandt.

Methode

Die Akquisition und Vorbereitung der Projekte für die Befragung hat den größten zeitlichen Anteil der gesamten Arbeit beansprucht. Die Durchführung der Befragung war dann jedoch überwiegend unproblematisch. Die hohe Konsistenz der Antworten zeigt, dass der Fragebogen offensichtlich nur wenige grundsätzlich missverständliche Teile enthält. Hierbei hat sich bewährt, die Befragung in einem ersten Projekt in Interviewform durchzuführen.

Ein Teil der Befragten haben keine Angaben zur Lage ihres Arbeitsplatzes im Gebäude gemacht, was aus Gründen der Anonymität verständlich, aus Gründen der Auswertbarkeit der unabhängigen Variablen aber bedauerlich ist. Die Rate der insgesamt unbeantworteten Fragen ist dennoch so gering, dass die Konzeption, die Nutzer den Fragebogen in ihrem eigenen zeitlichen Ermessen bearbeiten zu lassen, die längeren Bearbeitungszeiträume in den einzelnen Projekten gelohnt hat.

5.4.3 Durchführung der statistischen Auswertung

Sowohl die Angaben aus den Fragebögen als auch die baulichen Parameter wurden numerisch codiert und in eine Tabelle übertragen. Die statistischen Auswertungen der Daten wurden am Statistischen Beratungs- und Analyse Zentrum (SBAZ) der Universität Dortmund mit dem Programm SAS/SPSS von studentischen Hilfskräften in Abstimmung mit dem Autor durchgeführt.

5.4.4 Fehlerabschätzung

Die möglichen Fehlerquellen in der Befragung liegen in
- schlechter Fragebogenkonzeption; die Programmfrage sind nicht in auswertbare Testfragen übersetzt. Die Nutzer sind ggf. nicht in der Lage, die Fragen sinnvoll zu beantworten.
- missverständliche Formulierungen; bei Verwendung von zwar in Fachkreisen ausreichend definierten Begriffen, die aber von den Probanden leicht missverstanden werden können.
- Übertragung der Daten; bei der Übernahme handausgefüllter Fragebögen rechnet man üblicherweise mit einer Fehlerquote von ca. 3%. Durch eine sofortige Plausibilitätskontrolle der Eingaben liegt dieser Fehler hier vermutlich etwas unterhalb dieses Wertes, während die ersten beiden Fehlerquellen durch den Probelauf in Interviewform weitgehend ausgeschlossen werden können.

Für die Aufnahme der baulichen Gegebenheiten liegen die möglichen Fehler bei:
- Berechnungsfehlern bei der Tageslichtsimulation; durch fehlerhafte Eingabe der aufgenommenen Proportionen, Reflexions- und Transmissionsgrade des Gebäudes. Diese Fehlerquelle kann durch eine einfaches dreidimensionales

Methode

Rendering mit entsprechender Palusibilitätskontrolle gering gehalten, jedoch nicht ganz ausgeschlossen werden.
* fehlerhafte Aufnahme der Transmissions- und Reflexionsgrade; da eine exakte Materialvermessung im Rahmen dieser Arbeit nicht möglich war und nur in wenigen Fällen die Kennwerte der Verglasung zur Verfügung standen, ist hier eine potentiell größere Abweichung in den Berechnungsergebnissen der Tageslichtquotienten möglich.
* Übertragung der Daten für die Auswertung; da hier die Anzahl der übertragenen Werte sehr gering ist, wurden diese Daten mehrfach überprüft, so dass hier Fehler nahezu ausgeschlossen werden können.

Für die Auswertung liegen mögliche Fehler bei:
* Gruppierung; um die Antworten der offenen Fragen numerisch zu erfassen, müssen die Einzelaussagen zu sinnvollen Gruppen zusammengefasst werden. Hierbei können in Zweifelsfällen Fehlinterpretationen einzelner Nutzeraussagen nicht ausgeschlossen werden. Um diese Fehlerquelle einzugrenzen, werden die Antworten auf die offenen Fragen hier zwar ausgewertet, jedoch nicht für die abhängige Wertung oder statistische Tests verwendet.
* Rückübersetzung der Testfrageergebnisse auf die Programmfragen; bei der Auswertung müssen die Einzelergebnisse entsprechend der dahinterstehenden Programmfrage verknüpft werden. Hierbei kann bei unzureichender Überprüfung ein scheinbar signifikanter Zusammenhang entstehen, der jedoch auf den Einfluss einer anderen Größe zurückzuführen ist. Für die wichtigen Fragestellungen wird daher besonderer Wert darauf gelegt, dass die Interpretation auf mindestens zwei redundante Testfragen zurückgreifen kann.

Durch die relativ große Zahl der befragten Nutzer und die Anlage von redundanten Fragen können insbesondere statistische Fehler aus der Befragung selbst sehr gering gehalten werden. Bei der Feststellung und Berechnung der Tageslichtverhältnisse sind durch teilweise wegen nicht exakt zu ermittelnden Reflexions- und Transmissionsgraden größere Abweichungen in den Tageslichtberechnungen möglich. Da die untersuchten Projekten nur in Relation zueinander und nicht absolut bewertet werden, gleichen sich Fehler hierin zum Teil gegeneinander aus. Unter Berücksichtigung dieser Fehlerquelle dürfen Aussagen zur absoluten Bewertung von den errechneten Tageslichtverhältnissen jedoch nur für sehr deutliche Ergebnisse gemacht werden. Möglichen Fehlinterpretationen von Befragungsergebnissen wird durch den Vergleich der Nutzerbewertungen mit den errechneten Tageslichtbedingungen und durch Redundanz bei den wichtigsten Fragestellungen vorgebeugt, wobei jedoch bei statistischen Analysen niemals ganz ausgeschlossen werden kann, dass mathematisch signifikante Ergebnisse dennoch in keinem Kausalzusammenhang stehen. Die Stichporbengröße und der Abgleich der Ergebnisse mit den anderen

Methode

Arbeitsumfeldbedingungen ermöglicht jedoch einen weitgehenden Ausschluss von Scheinzusammenhängen.

Auswertung

6 Auswertung

In der Auswertung werden bauliche Variablen und Ergebnisse der Tageslichtsimulation, demographische Daten und die Befragungsergebnisse zunächst getrennt ausgewertet, um den Geltungsbereich der Untersuchung zu ermitteln. Zur Verifizierung der Hypothesen wird dann die vergleichende Analyse zwischen abhängigen und unabhängigen Variablen durchgeführt. Darüber hinaus werden möglicherweise signifikante Zusammenhänge mit anderen baulichen Variablen außerhalb der Hypothesen ausgewertet und dargestellt. (Zur Erklärung der verwendeten statistischen Berechnungen und Darstellungen siehe Anhang „Statistische Methoden")

6.1 Statistische Auswertung

In der statistischen Auswertung kann die Qualität der Befragungsergebnisse geprüft werden und die Auswertung der unabhängigen Variablen zeigt den Geltungsbereich der Untersuchung. Im wesentlichen dient die statistische Auswertung dem Nachweis der Validität. (siehe „Methode")

6.1.1 einfache Auswertung der tageslichttechnischen Untersuchungen

Die Auswertung der unabhängigen Variablen zeigt die Spannweite der baulich bedingten Tageslichtbedingungen in den verschiedenen Projekten. Neben der stark unterschiedlichen Atrien wird für die Lichtverhältnisse der Nutzer berücksichtigt, dass diese sich auch innerhalb eines Gebäudes je nach Lage der Büros sehr stark unterscheiden. Dennoch ist ein direkter Vergleich mit den in der Bestandsaufnahme ermittelten Tageslichtuntersuchungen für Atrien und die angrenzenden Büros möglich.

6.1.1.1 Atrium

Die Tageslichtverteilung in den sehr unterschiedlich gearteten Atrien kann anhand der baulichen Eingruppierung in Atriumtypen, des Atriumvolumens und dem Öffnungsanteil der Atrien nach außen differenziert werden.

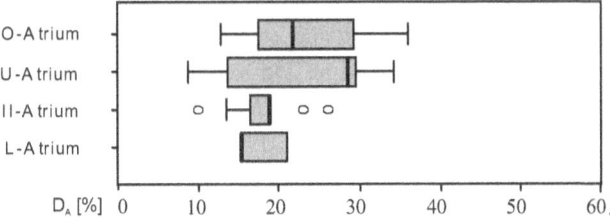

Abbildung 43: Verteilung der mittleren Tageslichtquotienten im Atrium nach Bauform

Auswertung

Die Verteilung der Tageslichtquotienten in den verschiedenen Projekte läßt keinen eindeutigen Zusammenhang zwischen der Bauform und dem Tageslichtquotienten in Atriummitte erkennen. Die mittleren Tageslichtquotienten in den Atrien reichen von 8,6% bis zu 36%, worin die Bandbreite der untersuchten Gebäude deutlich wird. Die folgende Grafik zeigt die Verteilung der Tageslichtquotienten nach Atriumtyp und Proportionierung (Aspect Ratio)

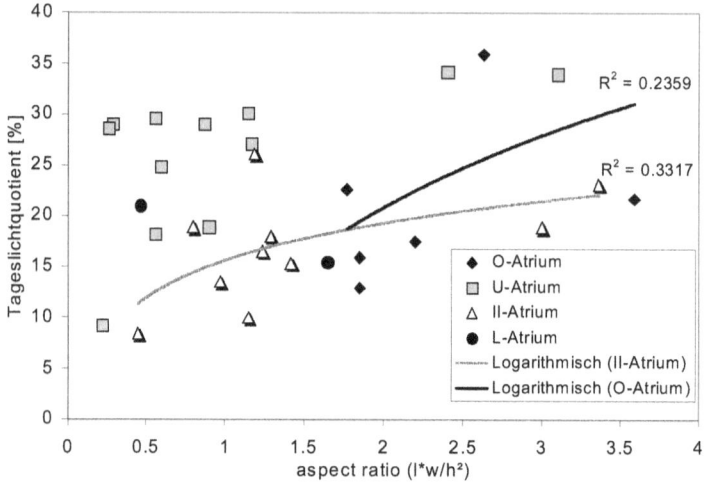

Abbildung 44: Verteilung der mittleren Tageslichtquotienten im Atrium nach aspect ratio

Die Verteilung zeigt lediglich für die Typen O-Atrium und II-Atrium die erwartete Tendenz. (siehe Bestandsaufnahme Abbildung 21) Bei den anderen Atriumtypen zeigt sich deutlich der Einfluss des seitlich einfallenden Tageslichtes. Bei allen Atriumtypen überwiegt der Einfluss anderer baulicher Parameter. Hierzu gehören besonders die verschiedenen Transmissiongrade der Atriumverglasung sowie die Berücksichtigung von Einbauten (Treppen, Brücken, Aufzügen) in das Atrium. Die aspect ratio bze der room index kann daher für die hier betracheteten Atrien nicht als Planungsparameter verwendet werden.

Es stellt sich die Frage, ob etwa der Tageslichtquotient vom Raumvolumen des Atriums abhängig sein kann. Der Korrelationskoeffizient für Atriumvolumen und Tageslichtquotient beträgt -0,093 Die Größe des Koeffizienten und das Vorzeichen zeigen, dass hier auch praktisch keine Korrelation zwischen Atriumvolumen und dem Tageslichtquotienten in der Atrium Mitte vorliegt. Der Tageslichtquotient steigt also bei den untersuchten Atrien nicht mit zunehmenden Raumvolumen des Atriums.

Auswertung

Im Folgenden soll untersucht werden, ob eine Beziehung zwischen dem Quotienten aus verglaster Hüllfläche des Atriums zu geschlossener Hüllfläche des Atriums und dem Tageslichtquotienten in der Atrium Mitte besteht.

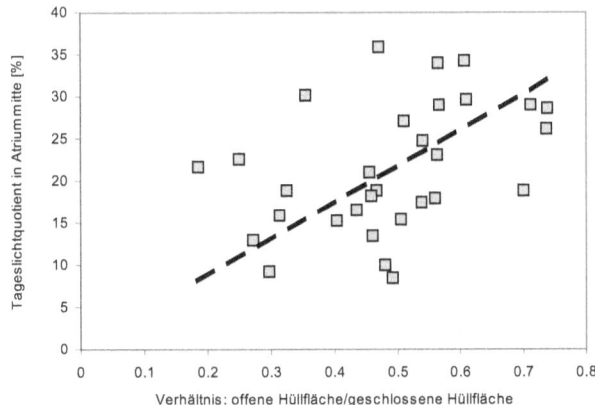

Abbildung 45: Verteilung der mittleren Tageslichtquotienten im Atrium nach dem Verhältnis offene/geschlossene Hüllfläche

Die große Bandbreite der Einflußgrößen auf die Tageslichtverhältnisse im Atrium selbst erlaubt bei den untersuchten Projekten nur in Bezug auf den Öffnungsflächenanteil die Feststellung eines erkennbaren Zusammenhanges mit dem Tageslichtquotienten im Atrium. Der Korrelationskoeffizient beträgt 0,373. Die Größe des Koeffizienten sagt aus, dass hier eine leicht positive Korrelation zwischen dem Quotienten und dem Tageslichtquotienten in der Atrium Mitte vorliegt. Die Abhängigkeit zeigt sich deutlicher, wenn man den Einfluß der verschiedenen Dachkonstruktionen und -verglasungen herausrechnet (Korrelationskoeffizient beträgt 0,598).

Auswertung

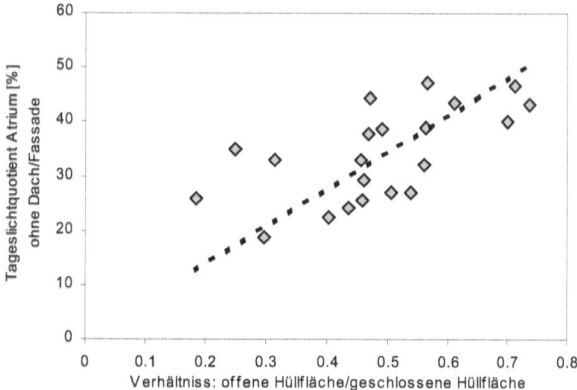

Abbildung 46: Verteilung der bereinigten Tageslichtquotienten im Atrium nach dem Verhältnis offene/geschlossene Hüllfläche

Die verbleibende Bandbreite der Ergebnisse erklärt sich aus den unterschiedlichen Reflexionsgraden der Oberflächen und eventuellen Einbauten (Brücken, Aufzüge, etc.) in die Atrien.

6.1.1.2 Büros

Für die Büroräume wird der Tageslichtquotient vertikal auf der Fassade des jeweiligen Raumes berechnet, da dieser sowohl für die Atriumbüros und die nach außen orientierten Räume den direkten Himmelslichtanteil als auch die Reflexion von gegenüberliegenden Fassaden und vom Boden berücksichtigt. Zudem kann damit auch der Helligkeitseindruck beim Blick aus dem Fenster besser beschrieben werden, als mit dem üblicheren horizontalen Tageslichtquotienten im Raum.

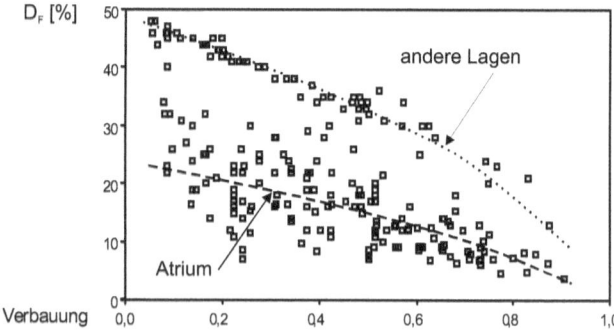

Abbildung 47: Abhängigkeit des Tageslichtquotienten von der geometrischen Verbauung

Die Grafik zeigt den Zusammenhang zwischen der geometrischen Verbauung

Auswertung

des vom Fenster aus sichtbaren Himmels und dem Tageslichtquotienten auf der Fassade. Es fällt auf, dass im oberen Bereich ein nahezu linearer Zusammenhang besteht, der die Raumsituationen ohne Überdachung umfasst. (gepunktete Linie R^2 = 0.5571) Eine gewisse Streubreite ergibt sich lediglich aus unterschiedlichen Reflexionsgraden der Verbauung. Die größere Streubreiten für das Atrium ergeben sich durch die verschiedenen Ausführungen der Atriumfassaden und -dächer hinsichtlich des Konstruktionsanteils, der Verglasung und des teilweise starr installierten Sonnenschutzes. Im unteren Bereich zeichnet sich ebenfalls ein Zusammenhang ab, der für die Atriumbüros gilt. (gestrichelte Linie R^2 = 0.4422) Hier liegt der Tageslichtquotient im Schnitt um die Hälfte niedriger, als auf nach außen orientierten Fenstern. Dies zeigt sich noch deutlicher bei der statistischen Mittelung in direkter Abhängigkeit der Bürolage.

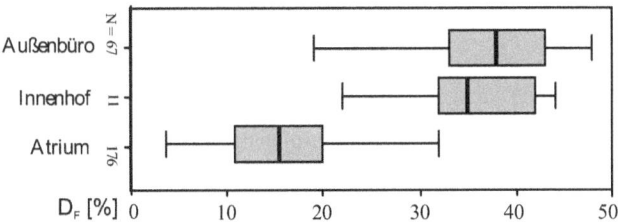

Abbildung 48: Tageslichtquotienten vertikal auf der Fassade in verschiedenen Bürolagen

Die Grafik zeigt die Verteilung der vertikalen Tageslichtquotienten des dem Arbeitsplatz nächstgelegenen Fensters in Abhängigkeit der Bürolage. Hier bestätigt sich die Deutung des Streudiagramms, wo der Mittelwert im Atrium deutlich unter dem der anderen Büroorientierungen liegt. (Hier sogar ca. 20% absolut) Insgesamt ist damit in den untersuchten Atrien bei bedecktem Himmel eine erheblich schlechtere Tageslichtversorgung der Büros gegeben.

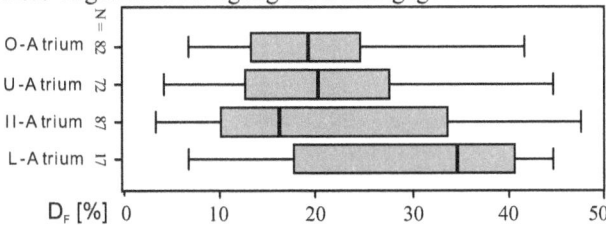

Abbildung 49: Tageslichtquotienten vertikal auf der Fassade in Abhängigkeit vom Atriumtyp

Bei den Atriumtypen zeigt sich, dass der Tageslichtquotient auf der Innenfassade (Referenzpunkt jeweils der Arbeitsplatz der Nutzer) stark variiert. Bei den untersuchten Projekten sind die rundum geschlossenen Atrien tendenziell die „dunkelsten" während die L-Atrien die im Mittel höchsten Tageslichtquotienten auf den Innenfassaden aufweisen. Aus der Projektauswahl und der Bandbreite

Auswertung

der Werte läßt sich jedoch keine Verallgemeinerung dieser Typologie ableiten, so dass die Werte nur als Hilfe zur Auswertung dieser Untersuchung gelten können.
Im Folgenden wird untersucht, ob eine Abhängigkeit zwischen Tageslichtquotient vertikal Fenster und der Anzahl der Geschosse bis zum Atriumdach besteht.

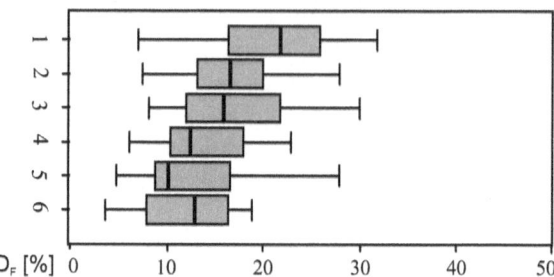

Abbildung 50: Verteilung der mittleren Tageslichtquotienten im Atrium vertikal nach Geschossen unterhalb des Atriumdaches

Der Korrelationskoeffizient nach Spearman beträgt –0,391 und ist auf dem 5% Niveau signifikant. Die Größe des Koeffizienten sagt aus, dass hier eine leicht negative Korrelation vorliegt. Je weiter das entsprechende Büro vom Atriumdach entfernt ist, desto geringer der Tageslichtquotient vertikal auf dem Bürofenster.
Insgesamt sind in den an Atrien angrenzenden Büroräumen erheblich schlechtere Tageslichtverhältnisse bei bedecktem Himmel zu erwarten, da durch die offenere Ausführung eine Fassade zum Atrium im Vergleich zur Aussenfassade die Minderung nicht ausgleichen kann.

6.1.2 Einfache Auszählung der Fragebögen

In der einfachen Auszählung der Befragungsergebnisse wird noch nicht nach unabhängigen Variablen differenziert. Es ergibt sich ein Gesamtbild der befragten Nutzer, das bei einem Vergleich mit externen Daten Aufschluss darüber gibt, wie repräsentant die befragte Gruppe für die gesamte Zielgruppe ist. Zunächst werden die Altersstruktur und personenbezogene Daten (Alter/Geschlecht) mit vorhandenen statistischen Daten zur Büroarbeit verglichen.

6.1.2.1 personenbezogene Daten

Die personenbezogenen Daten wurden in der Befragung nach Geschlecht und Altersgruppen differenziert. Obwohl die Gruppierung nach dem Alter nicht mit der Gruppierung der externen Daten des statistischen Bundesamtes für Büroarbeit [116] übereinstimmt, ist dennoch ist ein direkter Vergleich anhand der grafischen Darstellung gut möglich.

Auswertung

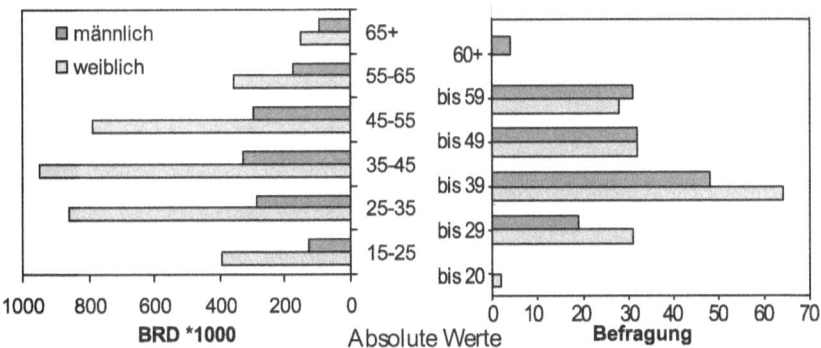

Abbildung 51: Altersverteilung der Büronutzer nach Microzensus 1999 / in der Befragung

In der Summe zeigt sich eine sehr gut vergleichbare Atlerstruktur zwischen den externen Daten und der Befragung. Lediglich in der Verteilung der Geschlechter ist die befragte Gruppe deutlich ausgegeglichener als die gesamte Nutzergruppe. Hierauf muss in der Interpretation der Ergenisse Rücksicht genommen werden, wenn sich geschlechtsspezifische Unterschiede in der weiteren Auswertung ergeben.
Als nächstes kann überprüft werden, ob die ausgeführten Tätigkeiten außergewöhnliche Schwerpunkte aufweisen. Hierzu dienen die Angaben der Nutzer zu ihren Haupttätigkeiten.

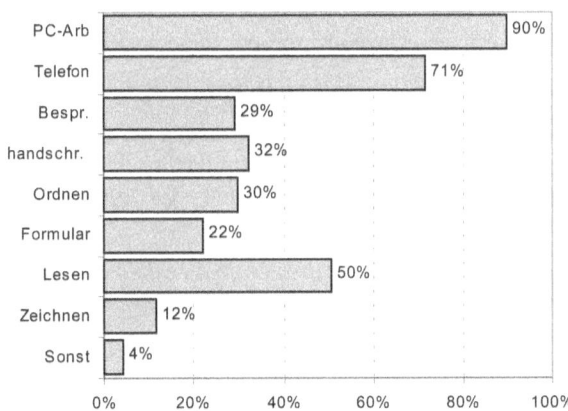

Abbildung 52: Angaben zu den Haupttätigkeiten (Mehrfachnennungen möglich)

Für fast alle befragten Nutzer (90%) bildet die visuell anspruchsvolle Arbeit am Bildschirm eine Haupttätigkeit. Die Aussagen sind in sich plausibel und werden

Auswertung

durch die Validierungsfrage nach der Häufigkeit der Arbeit am PC intern bestätigt.
Zu den Tätigkeiten liegt leider nur eine Studie mit Zeiterfassung für Tätigkeiten im Büro vor, deren Ergebnisse bedingt vergleichbar sind. [117]

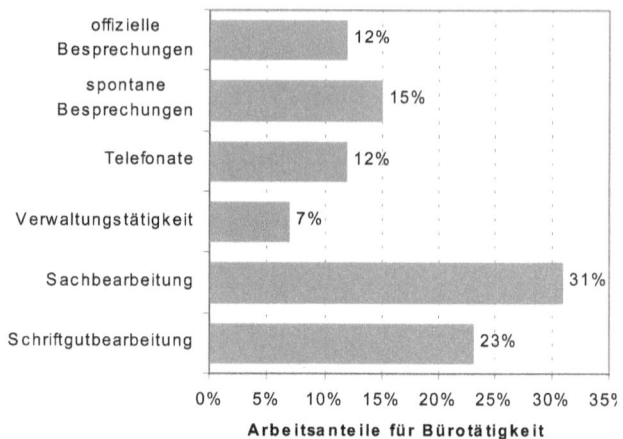

Abbildung 53: Tätigkeitsangaben nach einer Untersuchung von *Steelcase Strafor*

Ein direkter Vergleich der Angaben ist zwar wegen der unterschiedlichen Maßstäbe und Feststellungsmethode nicht möglich, jedoch sind die Gewichtungen für verschiedene zusammenzufassende Tätigkeiten sehr ähnlich.
Insgesamt zeigt die Nutzergruppe eine gute Übereinstimmung mit den externen Vergleichsdaten. Die Nutzergruppe kann insofern als repräsentativ gelten.

6.1.2.2 arbeitsplatzbezogene Daten

Die Angaben zum Arbeitsplatz umfassen die Lage im Gebäude und die Anzahl der Personen im Raum, die beide erheblichen Einfluss auf die jeweilige Tageslichtsituation am Arbeitsplatz und das Raumempfinden insgesamt haben können.

Auswertung

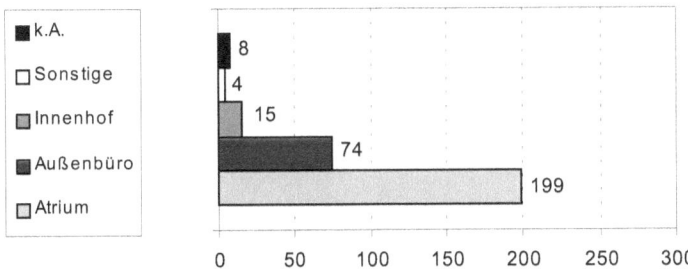

Abbildung 54: Verteilung der Lagen der Büroräume der Befragten

Die Grafik zeigt die Verteilung der Büroorientierungen der an der Befragung Beteiligten. Da die Nutzergruppe mit zu einem Innenhof orientierten Räumen sehr klein ist, wird diese in den folgenden Untersuchungen in der Regel mit der Nutzergruppe mit Aussenbüros zusammengefasst. Angesichts der Tageslichtverhältnisse (Abbildung 47) auf den Innenhoffassaden und deren Vergleichbarkeit mit dem Außenraum führt diese Zusammenfassung zu keiner Verzerrung der Ergebnisse.

Die Anzahl der Personen im Raum ist in vorherigen Untersuchungen als sehr wichtiges Kriterium für die Akzeptanz von Arbeitsplatzbedingungen gefunden worden, die Personenzahl im Büroraum der jeweiligen Nutzer ist daher auch hier ermittelt worden. Die Gruppierung ist analog der ebenfalls auf Büronutzer beschränkten Befragung von CAKIR vorgenommen worden und zeigt im direkten Vergleich damit im Wesentlichen eine Übereinstimmung, wobei das Einzelbüro in dieser Studie deutlich überwiegt.

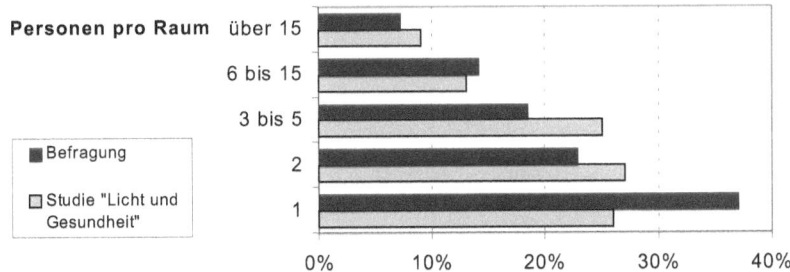

Abbildung 55: Verteilung der Raumgrößen

Bei der Untersuchung von CAKIR ergab sich eine Tendenz der schlechteren Bewertung mit zunehmnder Raumgröße. Da gerade zu Atrien bei den hier untersuchten Projekten tendenziell eher die kleineren Räume eingerichtet wurden, ist bei der Verteilung der Raumgrößen an Atrien ein positver Einfluß

Auswertung

auf die Akzeptanz der Räume zu erwarten. Ansonsten zeigt sich in der Untersuchung eine sehr ähnliche Verteilung der Raumbelegungen.

Auswertung

6.1.3 Einfache Analyse der Befragungsergebnisse

In der einfachen Analyse werden allen Nutzern gemeinsame Beurteilungen der Arbeitsumfeldbedingungen dargestellt und ausgewertet, jedoch noch nicht zu den baulichen Variabeln in Beziehung gesetzt.

6.1.3.1 projektbezogene Bewertung

Noch unabhängig von der Lage ihres Büroraumes geben die Nutzerantworten zu den offenen Einstiegsfragen einen Hinweis auf die noch durch die speziellen Fragestellungen unbeeinflussten spontan geäußerten baulichen Randbedingungen. Auf die wie folgt formulierten Eingangsfragen werden bei Bejahung Kriterien frei formuliert, die sich recht eindeutig in die dargestellten Kategorien zusammenfassen lassen.

Gibt es eine Besonderheit, die Sie an dem Gebäude ... ausgesprochen mögen? (links)
Gibt es eine Besonderheit, die Sie an dem Gebäude ... ausgesprochen stört? (rechts)

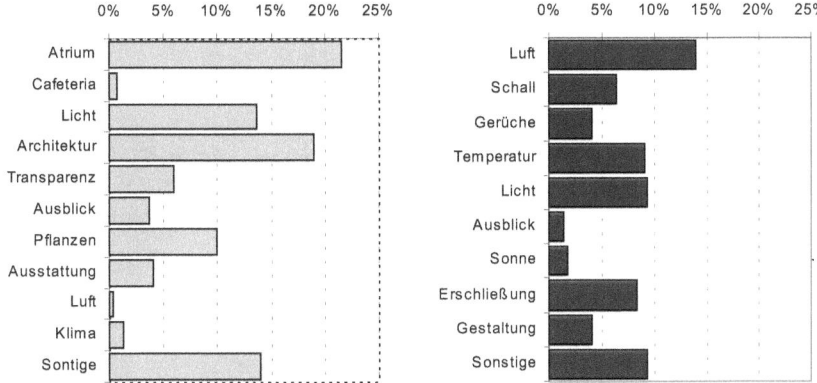

Abbildung 56: Nennungen positiver und negativer Besonderheiten

Insgesamt 63% der Nutzer benennen eine oder mehrere positive Besonderheiten ihres Gebäudes. Das Atrium wird dabei insgesamt am häufigsten erwähnt. Unter dem Strichwort Architektur wird meist die Gestaltung oder auch das Konzept des Gebäudes gelobt. Hierbei spielt mit hoher Wahrscheinlichkeit das Atrium auch eine Rolle, wird jedoch nicht explizit erwähnt. Das Licht spielt sowohl bei den positiven wie den negativen Besonderheiten an dritter Stelle der Nennungen eine wesentliche Rolle in den spontanen Nutzeräußerungen, wobei nur 50% der Nutzer überhaupt störende Besonderheiten benennen. Interessant im Vergleich mit den ebenfalls in offener Frage ermittelten Kriterien zur Begründung einer Wahl des Büroraumes ist, dass der Ausblick zunächst sowohl positiv wie negativ eine nur wenigen Nutzern wichtig erscheinende Rolle spielt.

Auswertung

6.1.3.2 arbeitsplatzbezogene Bewertung

Die Darstellung der Wichtigkeit und Zufriedenheit mit den Arbeitsumfeldbedingungen erlaubt bereits ohne Verknüpfung mit den unabhängigen Variablen eine Gewichtung sowie den Vergleich mit Ergebnissen ähnlicher Befragungen.

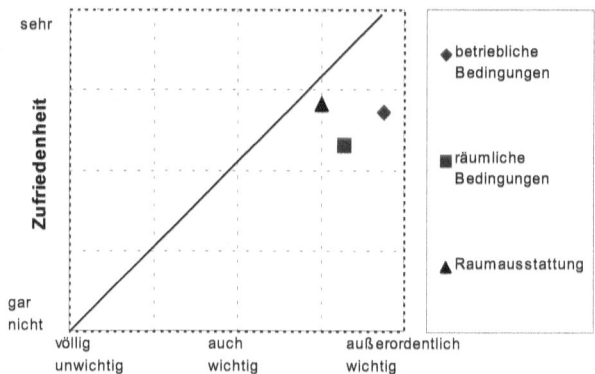

Abbildung 57: Bewertungen der Arbeitsbedingungen

Die Grafik zeigt, dass die den Nutzren wichtigsten betrieblichen Arbeitsbedingungen im Wesentlichen eine gute Zufriedenheit erreichen. Die Raumausstattung erreicht die höchste, während die räumlichen Bedingungen die geringste Zufriedenheit erreichen.

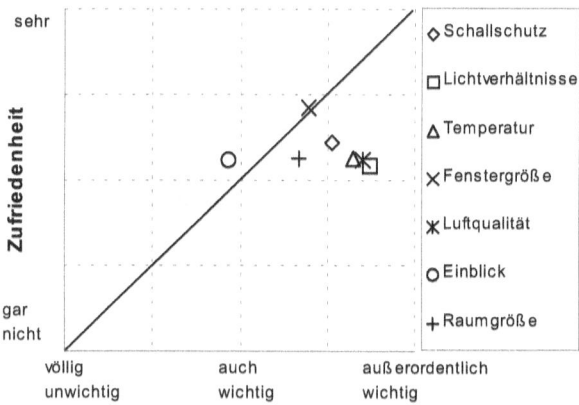

Abbildung 58: Bewertung der räumlichen Arbeitsbedingungen

Bei der Differenzierung der räumlichen Bedingungen wird ablesbar, wie die

Auswertung

verschiedenen Arbeitsumfeldbedingungen zueinander in Relation stehen. Es zeigt sich, dass durch die differenzierte Befragung keine Verschiebung gegenüber dem oben dargestellten Mittelwert für „räumliche Bedingungen" stattfindet, was auf eine sehr konzentrierte Bearbeitung des Fragebogens hinweist. Die Auswertung zeigt, dass zusammen mit den Raumtemperaturen und der Luftqualität die Lichtverhältnisse die insgesamt wichtigste Arbeitsplatzqualität sind. In der weiteren Untersuchung wird dabei nach den jeweiligen Tageslichtverhältnissen des beurteilten Büroraumes zu differenzieren sein. Als unwichtigstes Kriterium fällt der Schutz vor unerwünschtem Einblick auf, was daran liegen mag, dass dieses Problem in den meisten Räumen nicht auftritt. Die -besonders zum Atrium häufig- vergrößerten Fensteranteile erreichen die größte Zufriedenheit aller Kriterien.

6.1.3.3 Konsistenz der Bewertungen

Anhand der Verknüpfung der redundanten Fragen für die wichtigsten Variablen, kann überprüft werden, wie konsistent die einzelnen Nutzerurteile sind. (interne Validität) Die folgende Grafik zeigt die statistische Korrelation der Antworten auf jeweils vergleichbare Wiederholungsfragen nach der Zufriedenheit mit den wichtigsten Arbeitsumfeldbedingungen. (vergleiche: Anhang Musterfragebogen)

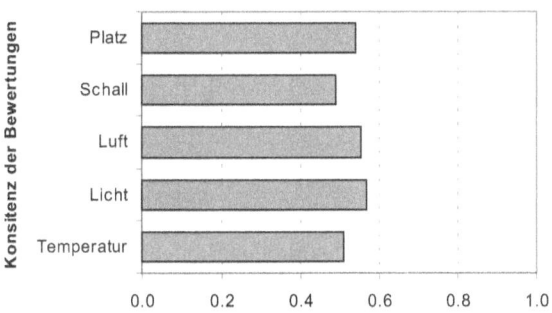

Abbildung 59: Konsistenz in der Bewertung der räumlichen Arbeitsbedingungen

Insgesamt weisen die Nutzerantworten eine hohe Konsistenz der Antworten auf, was auf eine sehr konzentrierte Bearbeitung der Fragebögen durch die Nutzer schließen lässt. Der Korrelationskoeffizient für die Wichtigkeit guter Lichtverhältnisse ist signifikant von null verschieden ($p<0,001$, signifikante Abhängigkeit zum 5% Niveau). Die Größe von 0,567 sagt aus, dass hier eine starke Korrelation zwischen den beiden unterschiedlich im Fragebogen formulierten Fragen zur "Wichtigkeit guter Lichtverhältnisse" vorliegt. Insgesamt haben 218 von 300 Befragten beide Fragen identisch beantwortet. In nur wenigen

Auswertung

Fragebögen finden sich offensichtliche Widersprüche und auch Abweichungen in den Wertungen bei Wiederholungsfragen sind im Mittel sehr gering.

Durch die Verknüpfung verschiedener abhängiger Variablen können Abhängigkeiten von personenunabhängigen Kriterien erkannt und ggf. für die spätere vergleichende Analyse herausgefiltert oder korrigiert werden.
Die statistischen Untersuchungen zum Einfluss des Alters und Geschlechts (Geschlecht, Alter, Dauer der Platzbelegung, Brillenträger, etc.) auf die Nutzerbewertungen zeigt keinen signifikanten Auswirkungen auf die Zufriedenheit mit den verschiedenen Arbeitsbedingungen mit einer interessanten Ausnahme. Die „Zufriedenheit mit den äußeren Arbeitsbedingungen" bei Männern unterscheidet sich zum 5% Niveau signifikant von derjenigen der Frauen. Den mittleren Rangsummen lässt sich entnehmen, dass die Zufriedenheit der Frauen mit den äußeren Arbeitsbedingungen unterhalb derjenigen der Männer liegt. Dies bedeutet inhaltlich, dass sich die Frauen häufiger negativ geäußert haben als die Männer. Man kann davon ausgehen, dass die unterschiedliche Bewertung ursächlich durch das Geschlecht bedingt ist, da in beiden Gruppen je 70% ihren Arbeitsplatz in Atriumbüros haben.

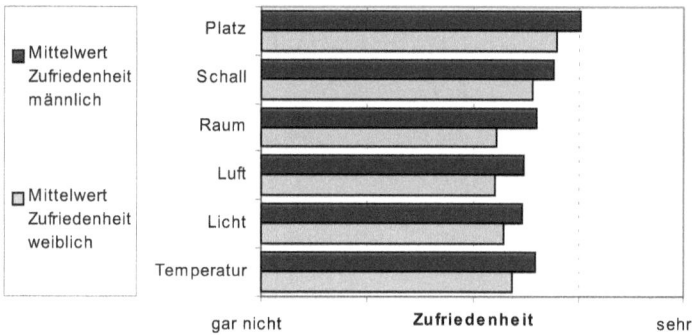

Abbildung 60: geschlechtsspezifische Bewertung der Arbeitsbedingungen

Die Grafik zeigt, dass zwar signifikante Abweichungen in der geschlechspezifischen Bewertung der Arbeitsumfeldbedingungen auftreten, diese jedoch insgesamt so gering sind, dass eine generelle Differenzierung für die weiteren Untersuchungen nicht zwingend notwendig ist. Das Vorurteil, dass Frauen temperaturempfindlicher seien, bestätigt die Nutzergruppe nicht. Der deutlichste Unterschied zeigt sich bei der Zufriedenheit mit der Belüftung, während bei den Lichtverhältnissen der geringste Unterschied besteht, so dass eine geschlechtsspezifische Differenzierung der diesbezüglichen weiteren Auswertungen nicht notwendig ist.

Auswertung

In diesem Zusammenhang ist ebenfalls die sehr wichtige Frage zu klären, ob die beim Ausfüllen des Fragebogens vom Nutzer zu benennenden Tageslichtbedingungen Einfluss auf die Bewertung der Tageslichtverhältnisse nehmen. Zeigen sich hier keine wesentlichen Unterschiede, kann davon ausgegangen werden, dass die Nutzer nicht nur die momentane Situation bewerten, sondern die wechselnden Tageslichtverhältnisse in ihren Bewertungen berücksichtigen.

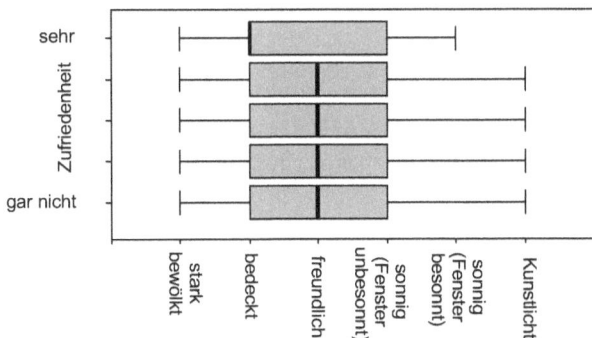

Abbildung 61: Verteilung der Zufriedenheit mit den Lichtverhältnissen nach Himmelszustandes

Die Grafik zeigt, dass die Tageslichtverhältnisse beim Ausfüllen des Fragebogens auf die Bewertung der Lichtverhältnisse im Raum keinen signifikanten Einfluss (p-Wert 0.201) haben, so dass eine Verfälschung der Ergebnisse von dieser Seite unwahrscheinlich ist.

Die im Mittel beste Bewertung der Lichtverhältnisse ergibt sich bei den Tageslichtverhältnissen "Fenster besonnt/sonnig", wofür jedoch nur 9 Nennungen vorlagen. Interessant ist, dass der mittlere Rang bei "bedeckt" kleiner ist als bei "freundlich" bzw. "sonnig/ Fenster im Schatten", d.h. die Nutzer bei bedecktem Himmel sogar eine höhere Zufriedenheit mit den Lichtverhältnissen geäußert haben. Lediglich für die Situation bei Kunstlicht unterscheidet sich die Zufriedenheit mit den Lichtverhältnissen signifikant zum 5% Niveau ($p \sim 0,01$). Den mittleren Rangsummen läßt sich entnehmen, dass die Zufriedenheit mit den Lichtverhältnissen bei Kunstlicht sehr gering ist.

6.2 Inhaltliche Auswertung

Wie bereits die einfache Auszählung der Ergebnisse zeigt, wird das Atrium selbst als Raum insgesamt sehr positiv bewertet. (siehe 1) Hier wird nun ausgewertet, welche Auswirkung diese besondere Raumqualität des Atriums auf die Nutzerakzeptanz der in Büros am Atrium arbeitenden Personen hat.

Die verschiedenen, in der Befragung ermittelten Akzeptanzkriterien werden auf speziell auf die Überprüfung der Hypothesen zugespitzt. Hier wird explizit die

Auswertung

Auswirkung der baulichen Parameter der Atriumgebäude auf die Gebrauchstauglichkeit besprochen, soweit die Untersuchungsergebnisse hierzu eindeutige Ergebnisse erkennen lassen.

6.2.1 Diskussion der Hypothese 1

Das Atrium hat eine eigene Tageslichtqualität, die bei richtiger Gebäudekonzeption durch den Nutzer akzeptiert wird.

Für die Prüfung dieser Hypothese werden sowohl die direkt in der Befragung geäußerten Nutzerurteile herangezogen als auch die Abhängigkeit zwischen den gegebenen Tageslichtverhältnissen im Atrium und deren Bewertung. Um eine mögliche Wechselwirkung zwischen der Bewertung des Atriums selbst und der daran angrenzenden Räume festzustellen, müssen sowohl Nutzer das Atrium bewerten, deren Büro sich dorthin orientiert, als auch andere Nutzer in den gleichen Gebäuden.

6.2.1.1 direkte Bewertung

Die Wertung des Atriumraumes selbst durch die Nutzer des Gebäudes ist überwiegend positiv. In der Eingangsfrage wird als positive Besonderheit von 21% aller Befragten das Atrium am Häufigsten genannt. (siehe Abbildung 56) Nachfolgend wird dargestellt, welche Eigenschaften der Atrien zu dieser positiven Bewertung führen.

Auswertung

Welche der folgenden Eigenschaften beschreiben das Atrium in Ihrem Gebäude am Besten? (Markieren Sie so viele Ihnen passend erscheinen)

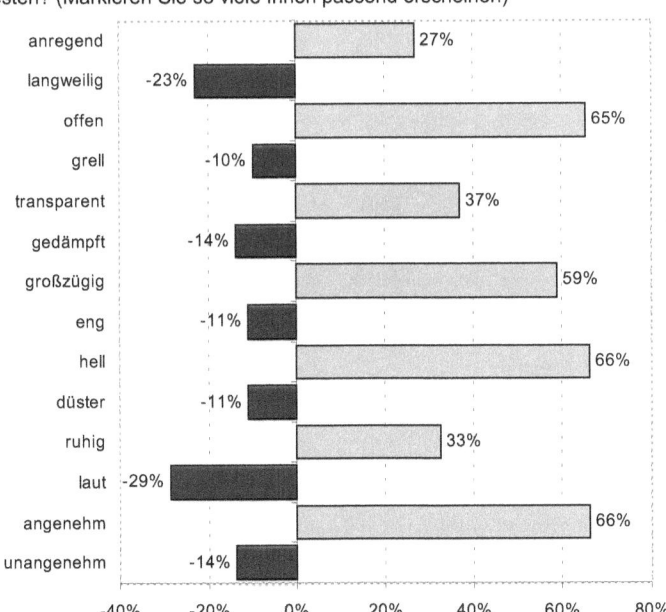

Abbildung 62: Nennung von positiven und negativen Atriumeigenschaften

Wie die Auswertung der assoziativen Frage zu den Eigenschaften des Atriums zeigt, hat das Tageslicht daran mit dem subjektiven Empfinden „offen" und „hell"einen großen Anteil. Die assoziative Bewertung bestätigt die hohe Akzeptanz ebenfalls mit im Mittel 50% positiver zu im Mittel 16% Nennung negativer Eigenschaften. Aus den Nennungen wurde eine Summenvariable gebildet, die für jede positive Nennung eines Nutzers einen Pluspunkt und für jede negative Nennung einen Minuspunkt erhält. Daraus ergibt sich für die Atrien eine Bewertungsgröße, die für die weitere Untersuchung als abhängige Variable verwendet wird.

Zunächst werden Mittelwerte und Standardabweichung für die einzelnen Projekte errechnet und dargestellt.

Auswertung

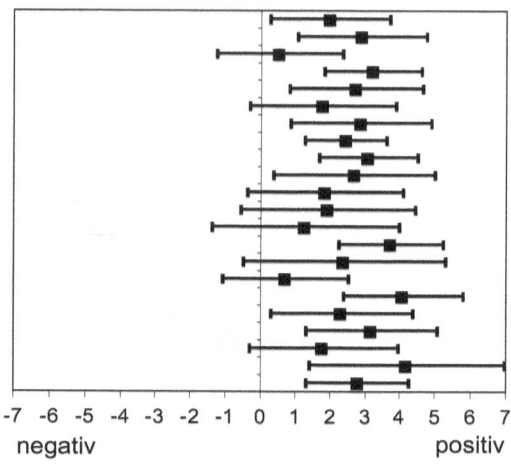

Abbildung 63: positive und negative Atriumeigenschaften der verschiedenen Projekte

Die Grafik zeigt, wie unterschiedlich die Atrien in den einzelnen Projekten von den Nutzern bewertet werden, wobei jedoch alle mittleren Bewertungen im positiven Bereich liegen. Die teilweise sehr großen Bandbreiten in den einzelnen Projekten deuten auf erhebliche individuelle Unterschiede der Nutzerurteile hin.
Zunächst ist daher zu überprüfen, ob die Lage des Arbeitsraumes selbst die Bewertung des Atriums beeinfußt.

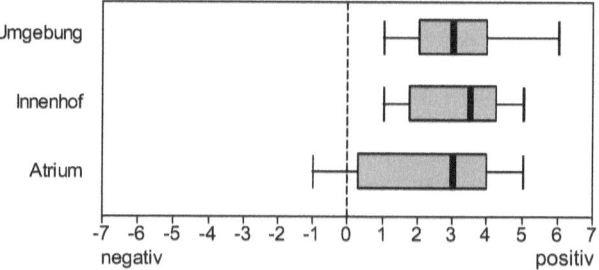

Abbildung 64: Nennung von positiven und negativen Atriumeigenschaften

Es ergibt sich eine geringfügig schlechtere assoziative Bewertung der Atrien durch die Atriumbüronutzer, im Vergleich zu den Nutzern der nach außen orientierter Büros. Die Tatsache, dass sowohl die Nutzer von Büros zum Atrium wie zu anderen Orientierungen insgesamt jedoch recht ähnlich bewerten, zeigt, dass die Nutzer zwischen der Bewertung ihrer Arbeitsplätze und der des

Auswertung

Atriums überwiegend wohl differenzieren können. Es überwiegen die Unterschiede der Atrien untereinander, die im Folgenden weiter zu untersuchen und berücksichtigen sind.

6.2.1.2 abhängige Bewertung

Da bei der Nennung der positiven Atriumeigenschaften „hell" und „offen" die wichtigsten Kriterien sind, wird hier überprüft, welche baulichen Bedingungen für diese Bewertung ausschlaggebend sind.

Zuerst soll untersucht werden, ob eine Abhängigkeit zwischen der assoziativen Bewertung des Atriums und dem Tageslichtquotient in Atriummitte vorliegt. Der Korrelationskoeffizient (–0,003) hierzu zeigt, dass diese Variablen als unkorreliert anzusehen sind. Ein Zusammenhang zwischen dem Tageslichtquotienten in Atriummitte und der assoziativen Bewertung besteht also nicht. Dies spricht zumindest in Bezug auf die Tageslichtverhältnisse bei bedecktem Himmel gegen die Hypothese. Offensichtlich sind für die Bewertung der Atrien andere Einflüsse entscheidend.

Möglicherweise hat der Atriumtyp größeren Einfluß auf die Bewertung. Die Atriumtypen II-Atrium und L-Atrium lassen wegen mindestens zweier Außenfassaden den offeneren Raumeindruck erwarten und müssten daher die positivere Bewertung zeigen.

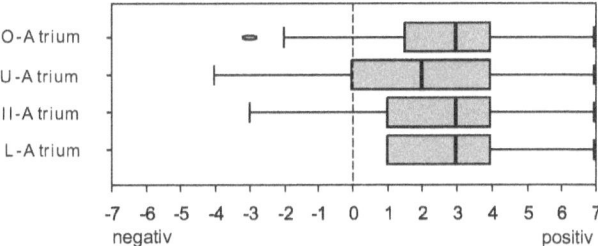

Abbildung 65: assoziative Bewertung der verschiedenen Atriumtypen

Die Grafik zeigt für alle Atriumtypen eine deutlich positive Bewertung mit nur geringen Mittelwertabweichungen für das U-Atrium, die jedoch durch nur wenige sehr schlechte Einzelurteile entsteht, die sich in der größeren Bandbreite im Diagramm zeigt. Erstaunlicherweise wird das rundum geschlossene O-Atrium ähnlich gut bewertet, wie die offeneren Typen, so dass eine Abhängigkeit vom Atriumtyp nicht sicher belegt werden kann. Auch eine Abhängigkeit der Bewertung zum Anteil der verglasten Flächen an der Gesamthüllfläche kann aus den Daten nicht ermittelt werden, da auch statistisch kein signifikanter Zusammenhang feststellbar ist. Denkbar ist noch eine Abhängigkeit der Bewertung von der Art des Sonnenschutzes im Atrium, da hiermit immerhin in einem

Auswertung

großen Teil des Jahres der Raumeindruck und die Tageslichtverhältnisse im Atrium beeinflußt werden.

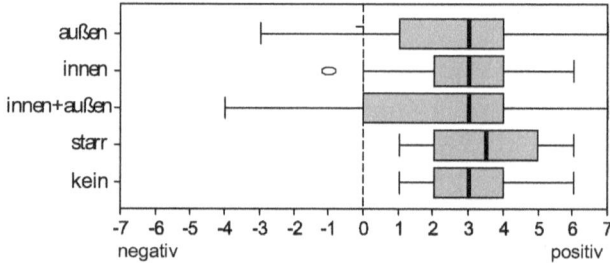

Abbildung 66: assoziative Bewertung abhängig vom Sonnenschutz des Atriums

Die Bandbreite der Bewertungen übersteigt deutlich die Unterschiede in Abhängigkeit des Sonnenschutzes. Auch zwischen der Art des Sonnenschutzes und der Bewertung des Atriums kann also kein Zusammenhang hergestellt werden. Lediglich bei der Begrünung ist ein Einfluß auf die Bewertung festzustellen, wobei zusammenhängede Begrünung sehr ähnlich bewertet wird, wie einzelne Pflanzen im Atrium. Die Atrien ohne Begrünung weisen im Mittel eine weniger positive assoziative Bewertung auf.

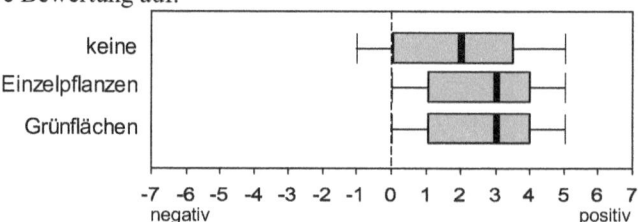

Abbildung 67: assoziative Bewertung in Abhängigkeit von der Begrünung des Atriums

Ganz offensichtlich aber sind die Einflüsse auf die Beurteilung der Atrien zu vielschichtig, um sie allein aus den baulichen Gegebenheiten abzuleiten. Bei der Untersuchung der Nutzerwertung des Arbeitsraumes und des Atriums zeigt sich bereits ein eindeutiger Zusammenhang.

Auswertung

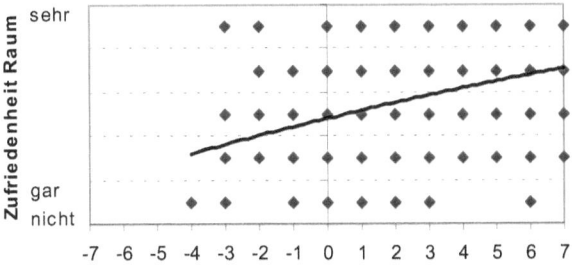

Abbildung 68: assoziative Bewertung in Relation zur Bewertug der räumlichen Bedingungen

Der Korrelationskoeffizient von 0,37 zeigt eine Wechselwirkung zwischen der geäußerten Zufriedenheit der räumlichen Bedingungen und der assoziativen Bewertung des Atriums.

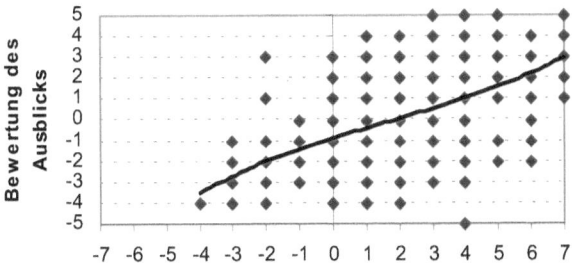

Abbildung 69: assoziative Bewertung in Relation zur Bewertung des Ausblicks vom Arbeitsplatz

Noch deutlicher (Korrelationskoeffizient 0,5) wird der Zusammenhang zwischen assoziativer Bewertung des Atriums und der assoziativen Bewertung des Ausblickes vom Arbeitsplatz. Das bedeutet, dass der wichtigste Zusammenhang der Bewertung des Atriums die Nutzerzufriedenheit mit ihrem eigenen Arbeitsraum ist, wobei bei einer solchen Korrelation nicht eindeutig zu klären ist, was Ursache und Wirkung ist.

6.2.1.3 Ergebnis

Ein Atrium in einem Gebäude wird durchgängig von den Nutzern sehr positiv bewertet. Diesbezüglich kann die Hypothese ohne Zweifel bestätigt werden.
Die Untersuchung zeigt, dass die Atrien nahezu unabhängig von deren Bauform, Geometrie, Nutzung und von den Tageslichtverhältnissen von den Nutzern tendenziell positiv bewertet werden. Lediglich bei der Begrünung zeigt sich einheitlich der positive Einfluß auf die Bewertung des Atriums. Der Zusammenhang der assoziativen Bewertung mit der Begrünung und mit dem Ausblick deutet darauf hin, dass eher die attraktive Gestaltung des Atriums, als dessen Tageslichtverhältnisse geschätzt werden. Insofern muss die Hypothese

Auswertung

korrigiert werden. Das Atrium hat besondere Raumqualitäten. Diese ist zwar mit der häufigsten Nennung „hell" als positive Atriumeigenschaft mit dem Tageslicht verbunden, doch nicht mit zunehmendem Tageslichtanteil zu steigern.
Die individuell sehr unterschiedlichen Bewertungen und deren Zusammenhang insbesondere mit den Tageslichtverhältnissen am Arbeitsplatz werden in den nachfolgenden Hypothesen genauer untersucht.

6.2.2 Diskussion der Hypothese 2

Büroräume am Atrium erreichen bei guter Gebäudekonzeption gleiche Akzeptanz wie jene mit Orientierung in die Umgebung oder an einen Innenhof.

Zur Überprüfung der Hypothese wird die Präferenz der Raumorientierung nebst deren Begründung zur direkten Bewertung verwendet. Es werden alle erfragten Arbeitsumfeldbedingungen für die unabhängige Bewertung berücksichtigt, um festzustellen welche Vor- und Nachteile von den Nutzern abgewogen werden.

6.2.2.1 direkte Bewertung

Die bevorzugte Lage der Büroräume ist bei einer überraschend hohen Zahl der Nutzer ein Büro mit Ausblick in die Umgebung. Nur ca. 18% der befragten Nutzer würden, vor die Wahl gestellt, ein Büro zum Atrium bevorzugen.

Wenn ich wählen könnte, würde ich ein Büro mit Fenstern O zum Atrium / O zur Umgebung / O zum Innenhof (wo vorhanden) vorziehen.

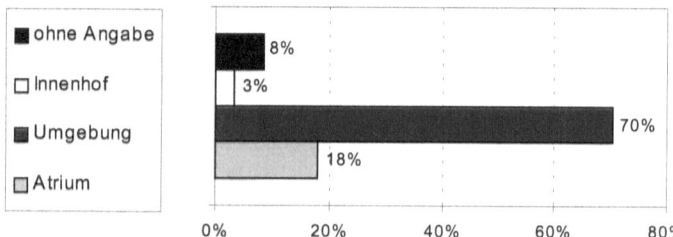

Abbildung 70: Wunschlage des Arbeitsraumes

Die geringe Präferenz für eine Innenhoflage ergibt sich daraus, dass diese lediglich in 4 der untersuchten Gebäude zur Wahl stand. Eine Hochrechnung ist auf Grund der geringen Anzahl zu hypothetisch und verändert die deutliche Gesamtaussage nur wenig. Werden die Projekte mit Innenhöfen ausgeklammert, liegt bei der Gesamtheit der Nutzer der Anteil derjenigen, die ein Büro zum Atrium vorziehen würden, noch immer unter 20%, was angesichts der hohen Akzeptanz des Atriumraumes selbst sehr erstaunt.

Auswertung

Die Begründungen dazu wurden sowohl positiv wie negativ formuliert (...weil, ein Außenbüro mehr Licht hat / ...weil die Atriumbüros zu dunkel sind) und konnten zu den folgenden Kriterein zusammengefasst werden:

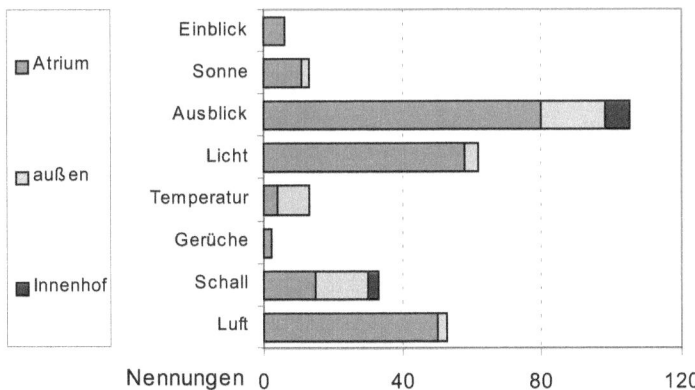

Abbildung 71: Kriterien zur Wunschlage des Arbeitsraumes

Als wichtigste Auswahlkriterin werden der Ausblick, die Tageslichtverhältnisse und die Belüftung genannt. Auf die beiden meistgenannten Kriterien für die Akzeptanz wird in den folgenden beiden Hypothesen genauer eingegangen.

6.2.2.2 abhängige Bewertung

Bei der abhängigen Bewertung stellt sich insbesondere die Frage, ob die Arbeitsplatzbedingungen zu der geringen Präferenz der Atriumbüros führen und ob die Minderung des Tageslichteinfalls ursächlich dazu beiträgt. Zunächst werden die Angaben zur Wichtigkeit und Zufriedenheit bezüglich der generellen Arbeitsbedingungen für das Atrium und die Aussenbüros verglichen.

Auswertung

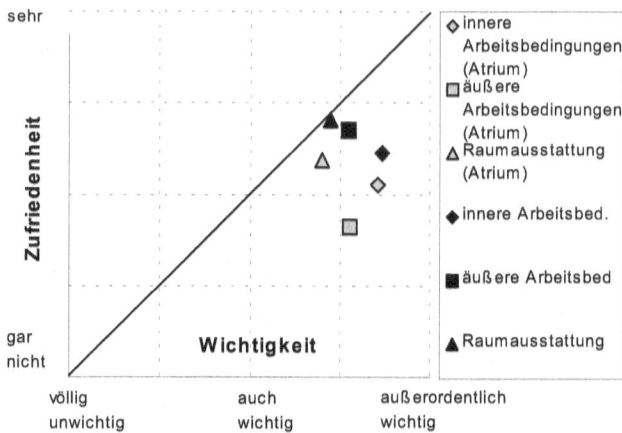

Abbildung 72: Bewertung der Arbeitsbedingungen in Abhängigkeit von der Bürolage

Die Grafik zeigt, dass in den Atriumbüros tatsächlich die äußeren Arbeitsbedingungen (Raum, Licht, Luft, Temperierung,) deutlich schlechter bewertet werden, als bei anderen Bürolagen. Auch die inneren Arbeitsbedingungen und die Raumausstattung werden etwas schlechter bewertet, was darauf hinweist, dass Wechselwirkungen bestehen.

Bei der großen Anzahl der Befragten ist eine zufällig bei allen Nutzern von Atriumbüros schlechtere Bezahlung und Raumausstattung, die in Summe so deutlich zur Abwertung der äußeren Arbeitsbedingungen führt, sehr unwahrscheinlich. Die Ergebnisse deuten also mit einiger Sicherheit darauf hin, dass die schlechter bewerteten Arbeitsumfeldbedingungen zu einer insgesamt unzufriedeneren Stimmung führen. Hinsichtlich der Akzeptanz und damit letztlich der Produktivität ist dies ein sehr wichtige Feststellung. Für die Atriumbüros in dieser Befragung kann mit hoher Wahrscheinlichkeit von einer Produktivitätsminderung durch die räumlichen Bedingungen ausgegangen werden.

Auswertung

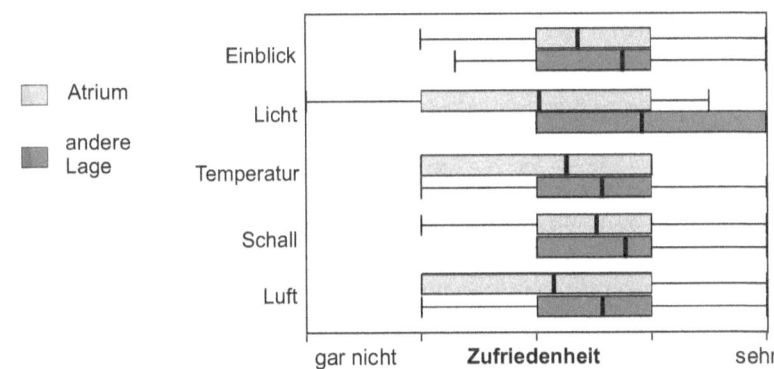

Abbildung 73: Bewertung der Arbeitsumfeldbedingungen

Aus der Bewertung der Arbeitsplatzverhältnisse im Einzelnen ist abzulesen, dass die Arbeitsplätze zum Atrium durchgängig ein wenig schlechter bewertet werden, als diejenigen, die nach außen oder zu einem Innenhof orientiert sind. Die größten Unterschiede zeigen sich tasächlich bei den die Lichtverhältnisse betreffenden Bewertungen.

6.2.2.3 Ergebnis

Die Hypothese wurde klar widerlegt. Büroräume zu Atrien sind bei den Nutzern überraschend unbeliebt. Auch wenn die Bewertung aller Arbeitsumfeldbedingungen einen geringeren Unterschied als die direkte Präferenz durch die Nutzer ergibt, zeigt sich eine eindeutig geringere Akzeptanz für die Arbeitplätze, die zum Atrium hin orientiert sind. Dies gilt zumindestens für die Gesamtheit der in der Untersuchung erfassten Projekte. Ob das Atriumkonzept zwingend zu einer schlechten Akzptanz des angrenzenden Büros führt wird mit der 'Zusammenfassung der Hypothesen' noch untersucht.

Mögliche Konsequenzen dieses eindeutigen Ergebnisses werden im nächsten Kapitel diskutiert. Die Fragestellung nach der richtigen Gebäudekonzeption ist trotz der überwiegenden Bevorzugung der Aussenbüros auf der Grundlage der in dieser Hypothese dargestellen Ergebnisse noch nicht eindeutig zu beantworten.

Auswertung

6.2.3 Diskussion der Hypothese 3

Die Tageslichtbedingungen sind ein maßgebliches Kriterium für die Akzeptanz von Büroarbeitsplätzen in Atriumgebäuden.

Für die Überprüfung der Hypothese ist als bauliche Einflußgröße der Tageslichtquotient vertikal auf dem Fenster berücksichtigt, das dem jeweiligen Arbeitsplatz am nächsten liegt. (vergleiche 6.1.1.2) Im Vergleich der Korrelation zu den geäußerten Zufriedenheiten ist diese Einflußgröße deutlich aussagekräftiger als etwa der Leuchtdichtekoeffizient.

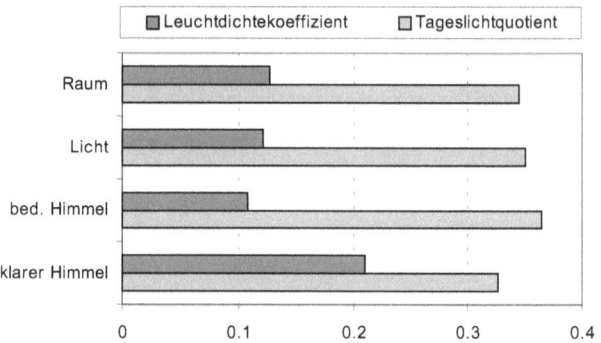

Abbildung 74: Korrelation mit der Zufriedenheit verschiedener Arbeitsplatzbedingungen

Zunächst wird untersucht, ob diese Variable aussagekräftig für die Akzeptanz der Tageslichtbedingungen sein kann. Um die Aufmerksamkeit des Nutzers auf den gesamten Raum zu lenken, wird neben der Bewertung der Tageslichtbeleuchtung des Arbeitsplatzes auch die Ausleuchtung der Raumtiefe und die kritischen Tageslichtverhältnisse für die Arbeit am Bildschirm erfragt.

Wie beurteilen Sie generell die Lichtverhältnisse an Ihrem Arbeitsplatz?

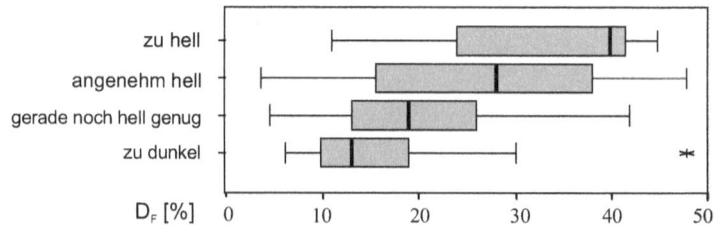

Abbildung 75: Bewertung der Tageslichtbedingungen am Arbeitsplatz

Bis auf drei Nennungen, bei denen schon ein geringer Tageslichtquotient auf dem Fenster zu subjektiv zu hellen Tageslichtverhältnissen am PC führt (eventuell wegen Blendung), zeigen die Untersuchungen übereinstimmend mit

Auswertung

der hier ausgewählten Grafik, dass etwa bei einem Wert von 20% die Lichtverhältnisse als gerade noch hell genug empfunden werden. Trotz großer Bandbreite sind die Zusammenhänge für die Tageslichtverhältnisse am Arbeitsplatz, am PC und im gesamten Raum signifikant. Der Tageslichtquotient vertikal auf dem Fenster des Büros kann also als bauliche Variable für die direkte Bewertung verwendet werden. Für die abhängige Bewertung werden die Nutzerurteile zu den Tageslichtverhältnissen und zum Raumeindruck in Relation zur Lage der Büroräume gestellt.

6.2.3.1 direkte Bewertung

In Übereinstimmung mit vorhergehenden Befragungen [118] belegt auch diese Befragung eine deutliche Bevorzugung der Tageslichtbeleuchtung seitens der Nutzer. Mehr als zwei Drittel der Befragten 67% geben das Tageslicht als bevorzugte Lichtart an, immerhin 30% bevorzugen eine Kombination und lediglich 3% präferieren eine reine Kunstlichtbeleuchtung.

Arbeiten Sie an Ihrem Arbeitsplatz nur mit Licht vom Fenster?

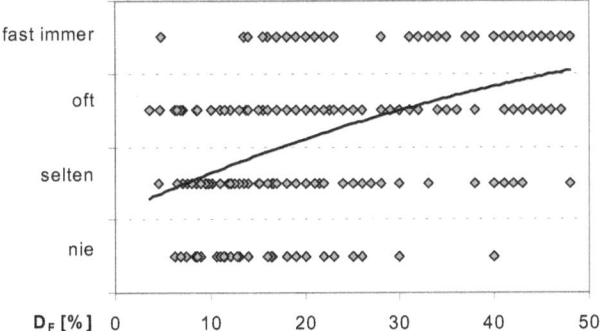

Abbildung 76: Angaben zur Tageslichtnutzungszeit in Abhängigkeit vom Tageslichtquotienten

Entgegen der Präferenz arbeiten 45% der befragten Nutzer selten oder nie allein mit Tageslicht. Die Trendlinie zeigt, dass auch hierbei ein deutlich besserer Zusammenhang mit dem Tageslichtquotienten auf der Fassade (Korrelationskoeffizient 0,461) als mit dem Leuchtdichtekoeffizienten (Korrelationskoeffizient 0,214) besteht. Nach der Definition der Behaglichkeit als Fehlen von Störeinflüssen (siehe 3.3) ist es naheliegend, dass die Störung durch zu wenig Tageslicht Einfluss auch auf die Zufriedenheit mit anderen Arbeitsplatzbedingungen nimmt. Ein solcher Zusammenhang wird von CAKIR belegt und kann durch die Differenzierung der anderen Arbeitsplatzbedingungen nach dem Muster der Lichtverhältnisse auch hier überprüft werden.

Folglich ist es nicht verwunderlich, dass die Tageslichtverhältnisse sich auf die Zufriedenheit mit den äußeren Arbeitsbedingungen auswirken.

Auswertung

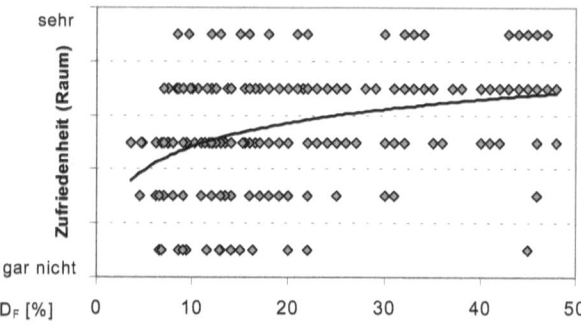

Abbildung 77: Bewertung der räumlichen Bedingungen in Abhängigkeit vom Tageslichtquotienten

Die Grafik zeigt trotz der relativ großen Bandbreite in der Beurteilung der Tageslichtverhältnisse einen signifikanten Zusammenhang (Korrelationskoeffizient 0,344). Mit steigendem Tageslichquotienten äußern sich die Nutzer zunehmend zufriedener mit ihrem Arbeitsraum. Der deutliche Zusammenhang bestätigt sich bei den Befragungsergebnissen, ob der Raum für die Nutzer hell genug in Raumtiefe sei. Zum 5% Niveau (p<0,001) kann hier von einem signifikanten Einfluß der Tageslichtquotienten vertikal am Fenster zwischen den Gruppen "hell genug in Raumtiefe = ja" und "hell genug in Raumtiefe = nein" ausgegangen werden.

Wenn mein Raum mehr Tageslicht hätte, wäre er sicher angenehmer

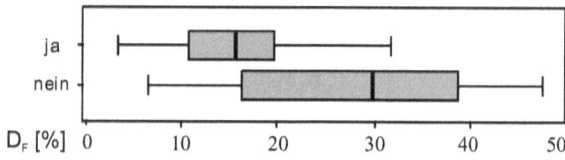

Abbildung 78: Bewertung der räumlichen Bedingungen in Abhängigkeit vom Tageslichtquotienten

Bei der Relation zwischen der Angaben zur möglichen Verbesserung des Raumeindrucks mit mehr Tageslicht mit dem errechneten Tageslichtquotienten auf dem nächstgelegenen Fenster liegt ebenfalls ein signifikanter Zusammenhang (p<0,001) vor.

Das Tageslicht ist also mit Sicherheit ein wichtiger Akzeptanzfaktor, jedoch nur die Untersuchung zur Wechselwirkung mit anderen Bewertungen kann zeigen, in wie weit das Tageslicht ausschlaggebend für die gesamte Bewertung der Atriumbüros ist.

Auswertung

6.2.3.2 abhängige Bewertung

Zunächst noch von der Lage des Büroraumes unabhängig wird geklärt, ob das Tageslicht die Bewertung anderer Kriterien beeinflußt. Naheliegend ist hier zunächst die Beurteilung des Außenbezuges.

Können Sie von Ihrem Arbeitsplatz so viel von der Außenwelt sehen, wie Sie gerne möchten?

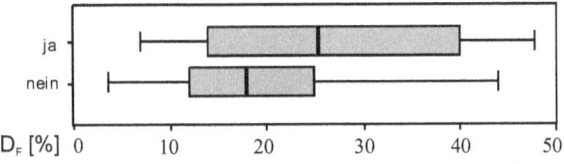

Abbildung 79: „genug Außenbezug" in Abhängigkeit vom Tageslichtquotienten vertikal

Die Grafik zeigt die Abhängigkeit der Beurteilung des Außenbezuges vom Tageslichtquotienten am Fenster des jeweiligen Arbeitsplatzes. Zum 5% Niveau (p=0,004) kann von einem signifikanten Unterschied zwischen den Verteilungen ausgegangen werden. Auch das wichtigste Kriterium zur Begründung des präferierten Arbeitsplatzes „Ausblick" steht damit in direktem Zusammenhang mit den Tageslichtverhältnissen.

Im Vergleich der Bewertungen der Tageslichtverhältnisse in Büros zum Atrium mit anders orientierten Räume bestätigt sich die Vermutung, dass der geminderte Lichteinfall in die Atrien von den Nuztern zu einer geringeren Zufriedenheit führt.

Wenn mein Raum mehr Tageslicht hätte, wäre er sicher angenehmer

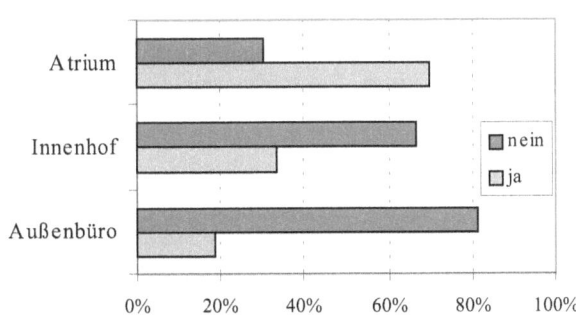

Abbildung 80: Nennungen in Abhägigkeit von der Lage des Büroraumes

Differenziert man schließlich die Atworten auf die Frage zum Raumeindruck nach der Lage der Büroräume ergibt sich ein zum 5% Niveau (p<0,001) signifikanter Zusammenhang.
Während die überwiegende Zahl der Nutzer von Büros mit Außenorientierung oder zum Innenhof keine Verbesserung des Raumeindrucks durch einen

Auswertung

höheren Tageslichtanteil erwarten, kehrt sich diese Einschätzung bei den Nuztern der Atriumbüros komplett um. Für die Atriumbüros ist der Prozentsatz für "Raum angenehmer mit mehr Tageslichticht = ja" mit ca. 70% deutlich höher als bei den anderen Bürolagen."

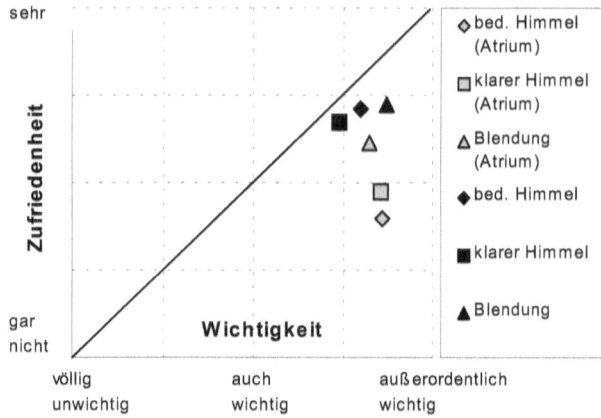

Abbildung 81: Bewertung verschiedener Tageslichtbedingungen nach Lage des Büroraumes

Insbesondere bei bedecktem Himmel scheint die Minderung des Tageslichteinfalls von den Nutzern der Atriumbüros als Mangel empfunden zu werden. Selbst die Blendung wird in den, dem Anschein nach dafür kritischeren, Außenbüros besser bewertet. Dies deutet darauf hin, dass die Tageslichtverhältnisse bei bedecktem Himmel das maßgebliche Kriterium für die Beurteilung der Tageslichtverhältnisse in den Büros sind. Weiter fällt auf, dass offensichtlich mit dem geminderten Tageslichtangebot die Tageslichtverhältnisse bei klarem Himmel wichtiger werden, d.h. dass für die Atrien die Besonnung sorgfältiger Berücksichtigung bedarf.

6.2.3.3 Ergebnis

Beide Teile der Hypothese werden durch die Untersuchung eindeutig bestätigt. Zum einen zeigt sich, dass die Tageslichtverhältnisse als wichtiges Kriterium für das Raumempfinden wahrgenommen werden. Sowohl in der spontanen Beschreibung zu besonderen Qualitäten oder Mängeln des Gebäudes, als auch im Vergleich zu anderen Arbeitsplatzbedingungen haben die Tageslichtverhältnisse eine sehr hohe Gewichtung. Zum zweiten ergibt sich aus der abhängigen Bewertung, dass die verminderte Akzeptanz der Atriumbüros auf die Verschlechterung der Tageslichtverhältnisse besonders bei bedecktem Himmel zurückzuführen ist. Die Tageslichtbedingungen sind ein maßgebliches Kriterium und werden in den Atriumbüros signifikant schlechter bewertet.

Auswertung

6.2.4 Diskussion der Hypothese 4

Ein Ausblick horizontal ins Freie ist ein wesentliches Qualitätsmerkmal für die Akzeptanz von Arbeitsplätzen zum Atrium.

Die Bedeutung des Ausblicks wird sowohl in der direkten Frage nach dessen Wichtigkeit als auch in der assoziativen Bewertung im Zusammenhang mit anderen Variablen betrachtet.

6.2.4.1 direkte Bewertung

Unabhängig von der Lage ihres Büros wird der Ausblick von den Nutzern zunächst als „nicht so wichtig" eingestuft. Die Lichtverhältnisse und interessanterweise „große Fenster" gehören dagegen zu den wichtigsten Kriterien.

Angenommen, Sie könnten einen neuen Büroraum völlig frei wählen. Auf was würden Sie besonderen Wert legen?

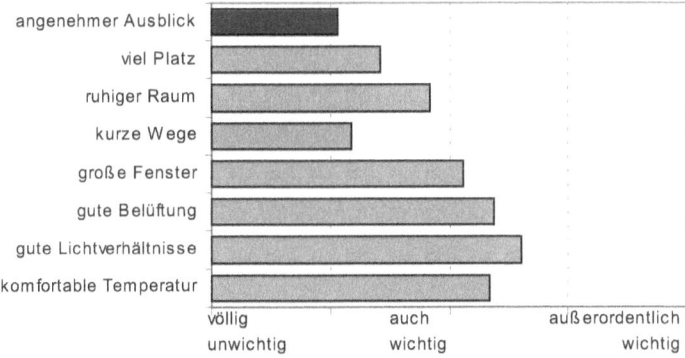

Abbildung 82: Benannte Gewichtung für die Beurteilung eines Arbeitsplatzes

Auf den ersten Blick scheint damit die These bereits durch die geäußerte Gewichtung der Kriterien durch die Nutzer widerlegt zu sein. Überraschenderweise zeigt die Auswertung insbesondere der Begründungen für Präferenzen bei der Ausrichtung der Büros jedoch, dass der Ausblick ein ausschlaggebender Faktor für die Akzeptanz eines Raumes ist. (siehe 6.2.2.1) Ein Kriterium, das für die Nutzer „nicht so wichtig" erscheint, ist also dennoch der Hauptgrund, warum sie keinen Büroraum am Atrium wählen würden. Diese anscheinende Inkonsitenz in der Bewertung des Ausblicks deckt sich mit Ergebnissen anderer Untersuchungen. So stellt z.B. CAKIR[119] fest, dass für die Akzeptanz vieler nicht mit dem Ausblick zusammenhängender Arbeitsplatzbedingungen die Entfernung zum Fenster eine signifikante Rolle spielt. Wie es scheint, ist der Ausblick eine Arbeitsumfeldbedingung, die wenig bewußt wahrgenommen wird, deren Fehlen jedoch als großer Mangel empfunden wird.

Auswertung

Wie für die Bewertung des Atriums wurden die Nutzer zu einer assoziativen Bewertung des Ausblicks von ihrem Arbeitsplatz aufgefordert.

6.2.4.2 Abhängige Bewertung

Vor Hintergrund dieser Widersprüchlichkeit wird es besonders interessant, die Bewertungen nach verschieden unabhängigen Varaiblen zu differenzieren. Die direkte Frage, ob der Ausblick vom Arbeitsplatz den Nutzerwünschen entspricht, zeigt, dass die untersuchten Atriumbüros im Mittel in diesen Hinsicht nur sehr wenig zufriedenstellend sind.

Können Sie von Ihrem Arbeitsplatz so viel von der Außenwelt sehen, wie Sie gerne möchten?

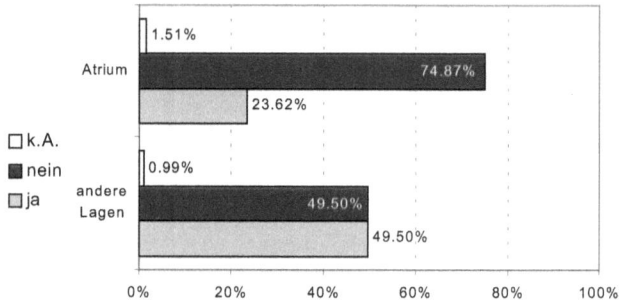

Abbildung 83: Direkte Bewertung des Ausblicks differenziert nach Bürolage

Dass auch die Hälfte der Nutzer anders orientierter Büros sich mehr Ausblick wünschen, macht deutlich, dass dieses Kriterium offenbar nur schwer zur völligen Zufriedenheit der Nutzer zu erfüllen ist.

Auswertung

Welche der nachfolgenden Eigenschaften beschreiben den Ausblick aus dem Ihrem Arbeitsplatz am nächsten gelegenen Fenster am Besten? (Markieren Sie so viele Ihnen passend erscheinen)

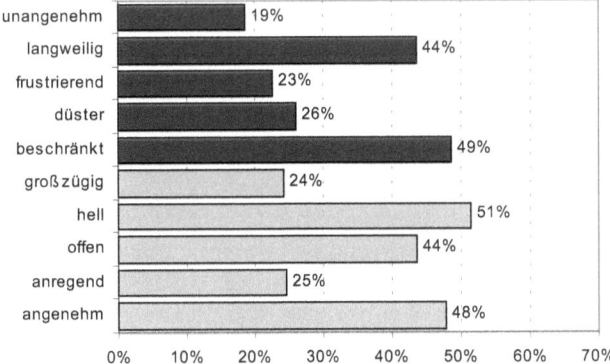

Abbildung 84: Nennung von positiven und negativen Eigenschaften des Ausblicks

Die Nennungen wurden für die weitere Bearbeitung zu einer Summenvariabeln zusammengefasst. Bei der statistischen Überprüfung der Zusammenhänge mit den aufgenommenen baulichen Variablen zeigen sich nur schwache Zusammenhänge. Lediglich ein Zusammenhang mit dem Tageslichtquotienten auf der Fassade ist festzustellen (Korrelationskoeffizient 0,267)

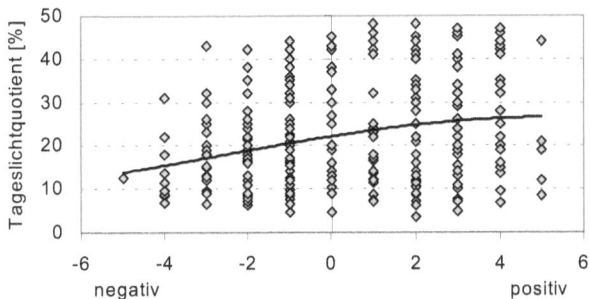

Abbildung 85: Assoziative Bewertung des Ausblicks in Abhängigkeit vom Tageslichtquotienten

Im Bereich der tendenziell schlechten Bewertungen des Ausblicks ist ein signifikanter Zusammenhang mit den Tageslichtquotienten gegeben. Es scheint, dass zwar ein „dunkler" Ausblick schlechter bewertet wird, ein „heller" Ausblick dagegen nicht zwingend auch angenehm empfunden wird.

Auswertung

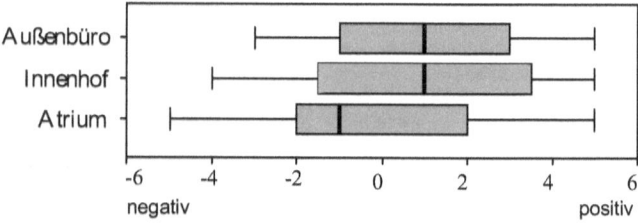

Abbildung 86: Assoziative Beschreibung des Ausblicks differenziert nach Bürolage

Die assoziative Bewertung des Ausblicks für das Atrium unterscheidet sich zum 5% Niveau signifikant von derjenigen für "nicht Atrium". Dies bedeutet inhaltlich, dass die Nutzer aus der Gruppe "nicht Atrium" sich häufiger positiv geäußert haben als die Nutzer aus der Gruppe "Atrium". Bei der Kontrollfrage nach dem genügenden Ausblick zeigt der Korrelationskoeffizient von 0,49, dass sich die assoziativen Beurteilungen auch im direkten Nutzerurteil validieren. Wie die folgende Grafik zeigt, ergeben sich in dieser Hinsicht keine großen Unterschiede bei verschiedenen Atriumtypen.

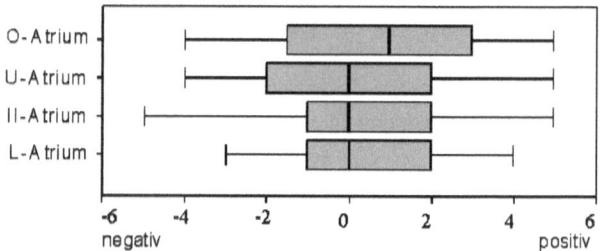

Abbildung 87: Assoziative Bewertung des Ausblicks der verschiedenen Atriumtypen

Sowohl in der direkten als auch in der assoziatven Bewertung wird also der Ausblick zum Atrium eindeutig schlechter bewertet.
Es ist jedoch noch zu klären, inwiefern dies Rückwirkungen auf die generelle Akzeptanz der Atriumbüros hat.
Anhand der Korrelation zu anderen Arbeitsbedingungen kann man ermitteln, ob der Ausblick ein (nur) abhängiges oder maßgebendes Kriterium ist.
Aufschluß über diese Unstimmigkeit kann der Vergleich zwischen der assoziativen Bewertung des Raumes und die Zufriedenheit mit den räumlichen Bedingungen insgesamt geben.

Auswertung

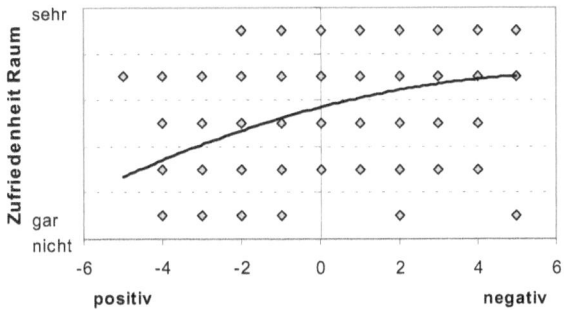

Abbildung 88: Zusammenhang zwischen Ausblick und Zufriedenheit mit dem räumlichen Arbeitsumfeld

Bei einem Korrelationsquotienten von 0,35 zeigt sich hier ein signifikanter Zusammenhang zwischen der Bewertung des Ausblicks und des Raumes. Differenziert man dieses Ergebnis nach den verschiedenen räumlichen Bedingungen zeigen sich deutliche Zusammenhänge.

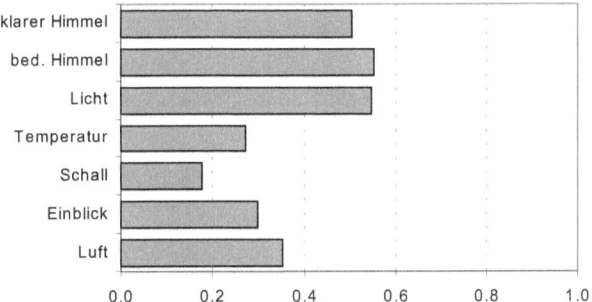

Abbildung 89: Korrelation der assoziativen Bewertung des Ausblicks mit anderen Arbeitsbedingungen

Dass die das Tageslicht betreffenden Arbeitsumfeldbedingungen einen starken Bezug zum Ausblick haben, ist noch unmittelbar nachvollziehbar. Der wenn auch geringere, so doch signifikante Bezug zur Bewertung von guter Luftqualität, gutem Schallschutz und angenehmen Temperaturen zeigt jedoch die Wechselwirkung, die die Maßgeblichkeit des Ausblicks für die Akzeptanz eines Büroraumes belegt. Das bedeutet, dass ein schlechter bewerteter Ausblick auch zu mehr Unzufriedenheit mit den anderen räumlichen Bedingungen führt.

Auswertung

6.2.4.3 Ergebnis

Die Hypothese wird durch die Untersuchung eindeutig bestätigt. Auch in Büroräumen zu Atrien ist der Ausblick durch das Atrium ins Freie ein wesentliches Akzeptanzkriterium. Je nach Lage eines Büroraumes zum Atrium gibt es Arbeitsplätze, von denen aus ausschließlich die angrenzende oder gegenüberliegende Fassaden sichtbar sind, da ab einer gewissen Raumtiefe der freie Blick in den Himmel verbaut ist. Insbesondere wenn durch einen Sonnenschutz die Lichtverhältnisse im Atrium reguliert werden, geht der Bezug zur Umwelt an diesen Arbeitsplätzen verloren. Diese Kritik wird neben der deutlich schlechteren Bewertung der Lichtverhältnisse auch wiederholt bei den offenen Fragen explizit formuliert. In der direkten und in der assoziativen Bewertung wird der Ausblick in den Atriumbüros deutlich schlechter akzeptiert.

Obwohl für die direkte Beurteilung des Atriums selbst ein Blick in die Umgebung nur ein recht unwichtiges Kriterium ist, wird doch die Möglichkeit des Aussenbezuges als ein Hauptgrund für die schlechtere Bewertung der Büroräume zu Atrien genannt. Noch nicht abschließend ist jedoch geklärt, ob und ggf. unter welchen baulichen Voraussetzungen der Blick ins Atrium als Ausblick ins „Freie" (ArbStättR) akzeptiert wird.

6.2.5 Diskussion der Hypothese 5

Die städtebauliche Umgebung des Atriums hat Einfluss auf die Akzeptanz dahin orientierter Büroräume.

Der Einfluß des städtebaulichen Umfeldes kann sich in der direkten Bewertung des Atriums selbst niederschlagen. Wahrscheinlicher ist jedoch die Auswirkung auf die Akzeptanz der Arbeitsplätze am Atrium, da ein Atriumbüro im Vergleich mit einem Außenbüro etwa zu einer lauten Straße besser bewertet werden könnte.

6.2.5.1 direkte Bewertung

Zunächst wird untersucht, ob die assozative Bewertung des Atriums selbst von der Umgebung beeinflußt wird, indem die Nennungen positiver und negativer Eigenschaften des Atriums zur städtebaulichen Umgebung in Beziehung gesetzt werden. Die insgesamt 20 untersuchten Atriumgebäude wurden dabei in vier Gruppen aufgeteilt.

Auswertung

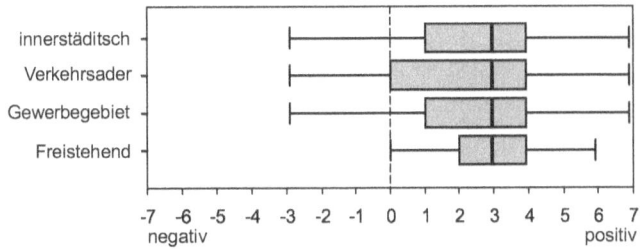

Abbildung 90: Assoziative Bewertung des Ausblicks in Abhängigkeit vom städtebaulichen Umfeld

Für die verschiedenen Umgebungen unterscheiden sich die assoziativen Bewertungen signifikant zum 5% Niveau. (p=0,016) Den mittleren Rangsummen läßt sich entnehmen, dass die Bewertung für die Umgebung "Freistehend" tendenziell besser ist als für die anderen Typen. Der kleinste Wert wird bei der Lage "Verkehrsader" erreicht, also in dem wohl unattraktivsten städtebaulichen Umfeld. Für die Bewertung des Atriumraumes selbst ist es demnach von Bedeutung, ob das Gebäude in enger Bebauung eingebettet oder freistehend ist.

6.2.5.2 abhängige Bewertung

Die folgende Abbildung stellt die Zufriedenheit mit den Arbeitsbedingungen im Büroraum in Relation zu der Lage zum Atrium und zum Umfeld.

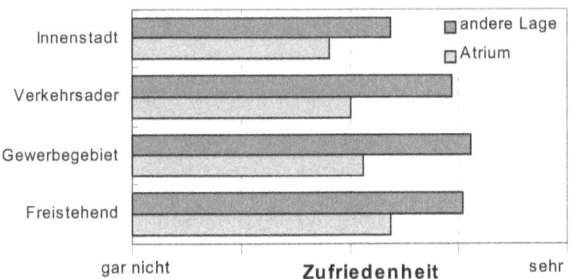

Abbildung 91: Bewertung der räumlichen Arbeitsbedingungen in Abhängigkeit der Umgebung

Für die Außenbüros zeigt sich erwartungsgemäß die Tendenz, dass die Räume besser bewertet werden, je ruhiger das städtebauliche Umfeld ist, wobei die Unterschiede sehr gering sind und keine statistische Signifikanz aufweisen. Die schlechtere Raumbewertung für die Atriumbüros bleibt dagegen für alle Lagen vergleichbar. Lediglich in der Lage „Innenstadt" ist die Differenz der Raumbewertungen etwas geringer. Die Erwartung, dass die Lage eines Projektes an einer Verkehrsader zu einer Besserbewertung der Atriumbüros führt, wird durch die Untersuchung nicht bestätigt, kann aber auch auf Grund der zuvor gezeigten

Auswertung

komplexen Einflüsse auf die Akzeptanz der Atrien nicht ausgeschlossen werden.

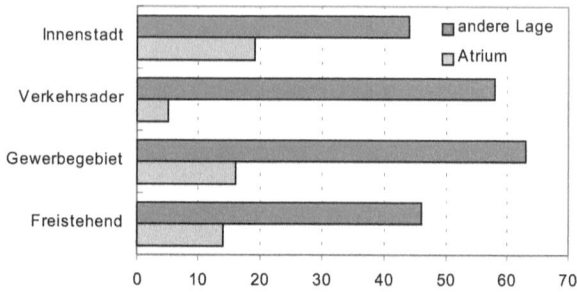

Abbildung 92: bevorzugte Bürolage in Abhängigkeit der Umgebung

Bei der Differenzierung den Präferenzen der Raumorientierung nach der städtebaulichen Umgebung ergibt sich ebenfalls kein signifikanter Zusammenhang. Hier scheinen ebenfalls die projektspezifischen Kriterien eindeutig zu überwiegen.

6.2.5.3 Ergebnis

Eine Gruppierung der städtebaulichen Umgebung der Gebäude ist auf Grund der fließenden Grenzen nicht exakt vorzunehmen, dennoch zeigt die Auswertung immerhin eine Tendenz. Je dichter bebaut und je höher verkehrsbelastet die direkte Umgebung des Gebäudes, desto mehr häufen sich auch negative Nennungen bei der assoziativen Bewertung des Atriums. Der Einfluß der städtebauchen Umgebung ist jeodch deutlich schwächer, als die Einflüsse die sich aus dem Atrium selbst ergeben und kann daher nicht eindeutig durch die Studie belegt werden.

6.2.6 Zusammenfassung der Hypothesen

Es ist möglich, Atrien so zu gestalten, dass die dahin orientierten Büroräume Arbeitsplatzqualitäten bieten, die eine Nutzerakzeptanz erreichen, wie in Räumen mit Ausblick ins Freie.

Zur Überprüfung werden die Gebäude ermittelt, die die größte Zufriedenheit mit den Arbeitsumfeldbedingungen in den Atriumbüros erreichen. Die Auswertung der baulichen Variablen dieser Gebäude erlaubt den Rückschluß auf Voraussetzungen, unter den auch in Atriumbüros eine hohe Akzeptanz erreicht wird.

Auswertung

6.2.6.1 direkte Bewertung

Für die direkte Bewertung wurden aus den befragten Nutzern die Schnittmengen gebildet, die sich mit den räumlichen Arbeitsbedingungen 'sehr zufrieden' (14 Fälle) bzw. mindestens 'zufrieden' (68 Fälle) geäußert haben.
Von den mindestens Zufriedenen würden immer noch 62% (70% alle Nutzer) ein außenliegendes Büro vorziehen. Von den sehr Zufriedenen sind dies nur noch 23%. Von der Gesamtgruppe der Atriumbüronutzer geben 42% an, dass sie ohne Glasdach bessere Tageslichtverhältnisse in ihrem Büro erwarten. Bei denjenigen die mit ihren räumlichen Bedingungen mindestens 'zufrieden sind' sind dies immer noch 35%, bei denen die 'sehr zufrieden' sind, ist dies lediglich noch einer (7,6%). Die Aussagen weisen damit für beide Gruppen konsistente Antworten auf , sind also intern validiert. Insbesondere die Nutzergruppe, die sich sehr zufrieden geäußert hat, wäre daher von besonderem Interesse für die Überprüfung der Hypothese, ist jedoch leider zu klein, um aus deren Aussagen repräsentative Schlussfolgerungen zu ziehen. Bedenkenswert ist dennoch, dass ein signifikanter Zusammenhang (Korrelationskoeffizient 0,59) zwischen der Wahl der Raumorientierung und der Antwort auf die Frage besteht, ob die Nutzer ihren Raum auch in Raumtiefe hell genug empfinden. Dies deutet möglicherweise darauf hin, dass größere Ungleichmäßigkeit der Helligkeitsverteilung in tiefer gelegenen Atriumbüros gegenüber weniger verbauten Räumen das Raumempfinden erheblich stören kann.
Die Suche nach baulichen Bedingungen, die ursächlich für die Bewertung der räumlichen Arbeitsplatzbedingungen verantwortlich sein könnten, zeigt für die meisten unabhängigen Variablen keinen signifikanten Zusammenhang. Weder für die Tageslichtquotienten im Atrium selbst, noch für Atriumtyp, städtebauliche Umgebung, Atriumgeometrie, Anteil der verglasten Hüllflächen des Atriums und Verbauung des Raumes kann ein Bezug zur Zufriedenheit festgestellt werden.
Es gibt nur einen baulichen Parameter, der sich bei den 'Zufriedenen' deutlich von der Gesamtgruppe der Atriumbüronutzer unterscheidet. Der Mittelwert der Tageslichtquotienten vertikal auf dem Fenster liegt im Mittel bei allen Atriumbüros bei 13,7% bei den 'Zufriedenen' jedoch bei 17%. Dieser mögliche Zusammenhang soll in der abhängigen Bewertung genauer untersucht werden.

6.2.6.2 abhängige Bewertung

Da sich die Tageslichtverhältnisse als wesentliches Akzeptanzkriterum erwiesen haben, wird eine Schnittmenge gebildet, in der Atriumbüros und anders orientierte Büros vergleichbare Tageslichtqoutienten auf der Außenfassade haben. (67 Fälle) Die Bildung einer Schnittmenge mit gleichen Mittelwerten der Tageslichtquotienten hätte eine zu geringe Schnittmengengröße für eine sinnvolle Auswertung ergeben.

Auswertung

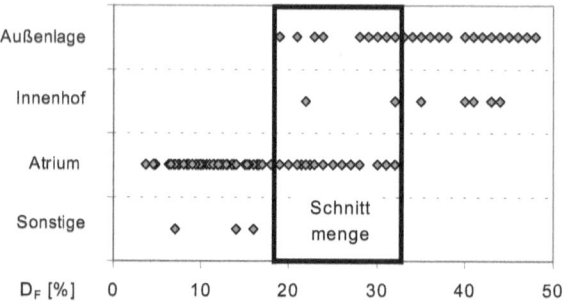

Abbildung 93: Darstellung der Schnittmenge der Nutzer mit vergleichbaren Tageslichtquotienten

Da der Tageslichtquotient auf der Fassade bei den Atriumbüros also auch in der reduzierten Nutzergruppe im Mittel noch immer etwas kleiner ist, erklärt sich die auch hier noch geringere Zufriedenheit mit den räumlich bedingten Arbeitsbedingungen.

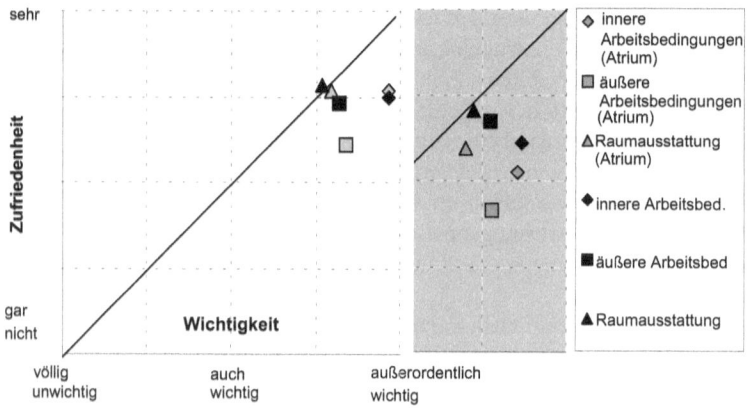

Abbildung 94: Bewertung der Arbeitsbedingungen in Abhängigkeit von Tageslicht und Bürolage

Die Abbildung (weiss) zeigt, wie in der reduzierten Nutzergruppe noch immer die räumlichen Bedingungen in den Atriumbüros etwas schlechter bewertet werden, als in den anderen Räumen, jedoch zeigt sich nicht mehr die Auswirkung auf die Zufriedenheit mit den anderen Arbeitsbedingungen. (alle Nutzer, Grafik grau hinterlegt zum Vergleich) Dieses Ergebnis deutet stark darauf hin, dass mit einer guten Tageslichtversorgung der Atriumbüros die Akzeptanz dieser Räume den Außenbüros vergleichbar wird und negative Einflüsse auf die allgemeine Zufriedenheit nicht mehr auftreten.

Auswertung

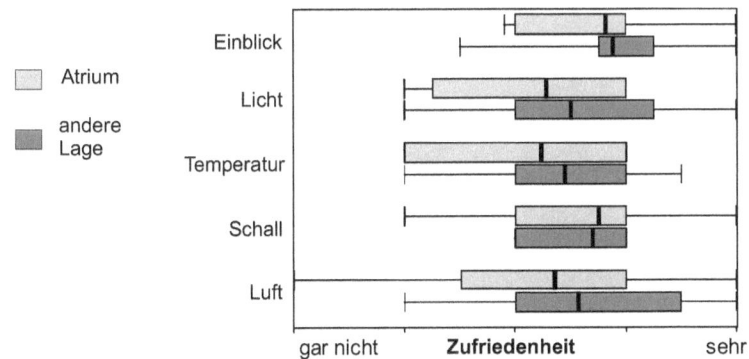

Abbildung 95: Bewertung der Arbeitsbedingungen in Abhängigkeit von Tageslicht und Bürolage

Vergleicht man in dieser reduzierten Nutzergruppe die Zufriedenheit mit den verschiedenen Arbeitsumfeldbedingunggen zeigen sich ebenfalls nur noch minimale Unterschiede in den Mittelwerten der Nuzterzufriedenheit. Man kann daher sagen, dass bei gleichen Tageslichtverhältnissen bei bedecktem Himmel auf der Fassade und damit auch im Raum keine deutlichen Unterschiede in der Akzeptanz für die Atriumbüros auftreten. Neben der eindeutigen Bestätigung der Hypothese belegt dieses Ergebnis, dass die Tageslichtverhältnisse die gesamte Bewertung der ausschlaggebend bestimmen.

6.2.6.3 Ergebnis

Die Hypothese kann durch die Untersuchung bestätigt werden, wenn auch nur mit deutlichen Einschränkungen. Obwohl insgesamt die Nutzer in den meisten untersuchten Gebäuden Büros mit Bezug nach außen bevorzugen, zeigt die Untersuchung, dass prinzipiell eine Ausführung von Atrien mit ähnlich guter Akzeptanz der daran angrenzenden Räume möglich ist. Allerdings müssen hierbei die Tageslichtansprüche der Nutzer sorgfältig berücksichtigt werden.

6.2.7 Diskussion anderer Einflüsse auf die Akzeptanz

Neben der bereits beschriebenen Verminderung des Tageslichteinfalls um bis zu 50% ergeben sich in Atrien weitere ganz spezifische Probleme, die bei nicht adäquater Lösung die Nutzbarkeit der angrenzenden Räume stark einschränken können. Nicht alle der spezifischen Probleme sind auch tageslichttechnisch begründet.

Die gewonnenen Daten erlauben außer der Überprüfung der Hypothesen auch die Untersuchung weiterer Zusammenhänge zwischen baulichen Gegebenheiten und der Akzeptanz der zu Atrien orientierter Büroräume.

Auswertung

6.2.7.1 Sonnenschutz im Atrium

Die Art und die Steuerung des Sonnenschutzes für das Atrium sowie die angrenzenden Büros führen in vielen Gebäuden zu Klagen der Nutzer. Die aus klimatechnischer Sicht verständliche Schließung des Sonnenschutzes für das Atrium ruft bei den Nutzern ein Gefühl der Bevormundung hervor, insbesondere wenn davon auch ein möglicher Ausblick durch das Atrium ins Freie betroffen ist. Das führt sogar dazu, dass bereits das Geräusch der motorisch angetriebenen Sonnenschutzsysteme einen mehrfach genannten Störfaktor darstellt. Bei der folgenden Untersuchung wird als starrer Sonnenschutz auch eine Sonnenschutzverglasung berücksichtigt.

Wenn Sonne in das Atrium scheint, wie wirkt sich das auf die Lichtverhältnisse in Ihrem Büro aus? (nur ausfüllen für Büroräume zum Atrium)

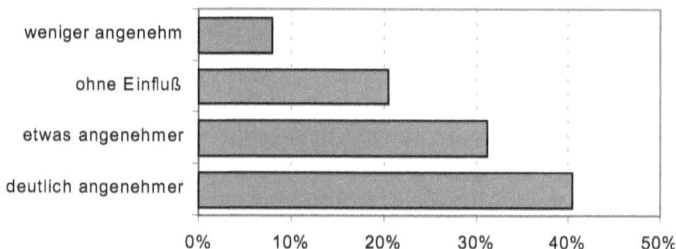

Abbildung 97: Bewertung der Tageslichtsituation bei Sonne im Atrium

Die Bewertungen der Lichtverhältnisse bei Sonne im Atrium zeigen, dass die meisten Nutzer das Sonnenlicht als Verbesserung der Lichtverhältnisse Ihres Büroraumes empfinden.

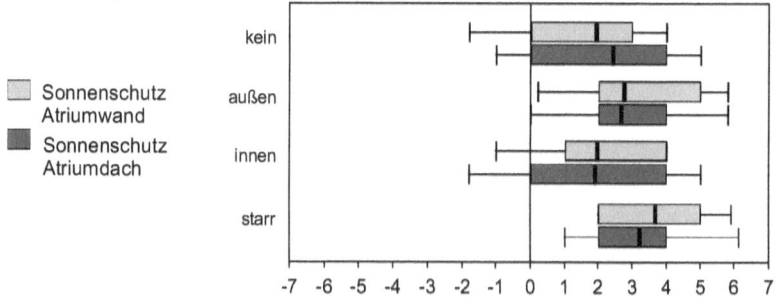

Abbildung 96: assoziative Bewertung des Atriums in Abhängigkeit vom Sonnenschutz

Owohl sich die Bewertungen des Atriums je nach Art des Sonnenschutzes unterscheiden, ergibt sich kein statistisch signifikanter Zusammenhang. Auffallend ist die schlechte Bewertung des innenliegenden Sonnenschutzes. Hier kann jedoch nur vermutet werden, dass ggf. die gegenüber den anderen Systemem stärkere Veränderung des Raumeindrucks etwas unangenehmer wirkt. Ein

Auswertung

möglicher anders gearteter Einfluß in den Projekten mit innenliegendem Sonnenschutz kann aber nicht ausgeschlossen werden.

6.2.7.2 Sonnenschutz der Büros

Ein direkter Sonnenlichteinfall in die Büros muss aus Blendschutzgründen sicher vermeidbar sein. Daher benötigen auch die Atriumbüros in jedem Fall einen Blendschutz. (häufig nachgerüstet!) Für das Atrium selbst ist dann eine Verschattung bei ausreichendem Luftwechsel unter Umständen verzichtbar. Unabhängig, ob die Büros zum Atrium orientiert sind, ist sowohl die mögliche Besonnung als auch der Sonnenschutz ein wichtiges Kriterium für das Erreichen einer hohen Raumqualität. Um die Störwirkung der Sonne zu berücksichtigen, wurde dies im Zusammenhang mit der Besonnung (alle Nutzer) erfragt.

Wie finden Sie die Besonnung Ihres Büroraumes?

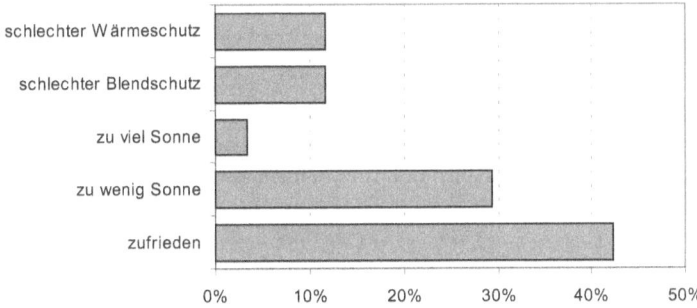

Abbildung 98: Bewertung der Besonnung (Nennungen)

Die weit überwiegende Anzahl der Nutzer zeigt sich hier zufrieden. In der Tendenz wünschen immerhin fast 25% der Nutzer mehr Sonnenlicht. Die Beeinträchtigungen durch schlechten Sonnen- und Blendschutz sind etwa gleichhäufig genannt. Auf die Thematik der Blendung wird noch genauer eingegangen.

Mit der Differenzierung der Lichtverhältnisse wurde ebenfalls die Bewertung der Raumbeleuchtung bei klarem Himmel erfragt, die hier in Beziehung zum Sonnen- und Blendschutz der Büros gestellt werden kann.

Auswertung

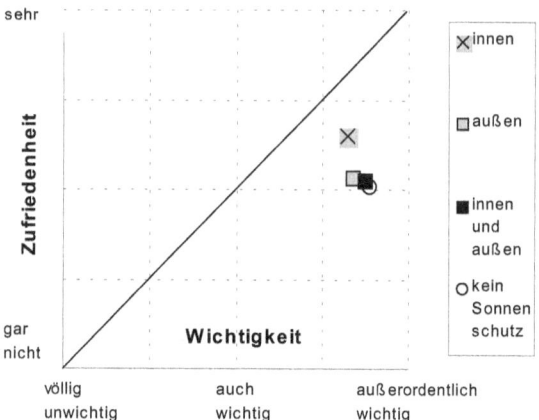

Abbildung 99: Bewertung der Tageslichtsituation bei klarem Himmel in Abhängigkeit des Sonnenschutzes der Büros

Die Raumbeleuchtung bei klarem Himmel wird am besten bewertet, wenn ein innenliegender Sonnenschutz vorhanden ist. Dies ist wohl darauf zurückzuführen, dass in der Regel mit diesen Systemen der Nutzer die Tageslichtsituation individuell den eigenen Wünschen entsprechend einrichten kann. Hier entsprechen die Nutzerurteile den Anforderungen der Bildschirmarbeitsplatzverordnung nach individuell bedienbarem Blendschutz.

6.2.7.3 Blendung

In der Diskussion um die Definition einer Tageslichtqualität wird der Blendung ein hoher Stellewert eingeräumt. In der Befragung ist diese daher an verschiedenen Stellen berücksichtigt worden. Die Nutzer wurden in dem Zusammenhang auch zu einer Selbsteinschätzung aufgefordert. Es wurde untersucht, ob Nutzer, die sich selbst als blendempfindlich einstufen, vermehrt Störungen bemängeln. Die statistische Analyse (Mann-Whitney-Test) ergibt erstaunlicherweise keinen signifikanten Zusammenhang ($p=0,878$) zwischen "Blendung durch Sonne" und "blendempfindlich".

Auswertung

Haben Sie an Ihrem Arbeitsplatz Lichtverhältnisse, die Sie störend blenden und sich nicht durch einen Blendschutz von Ihnen regeln lassen?

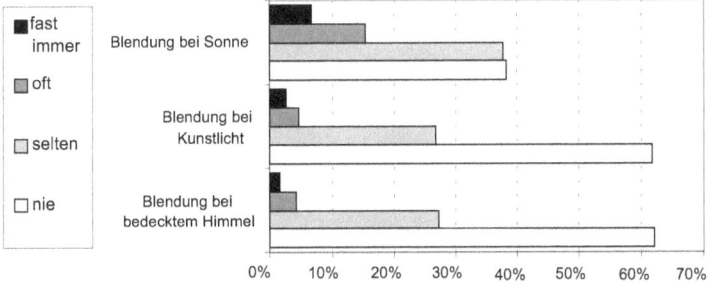

Abbildung 100: Nennungen zu Störungen durch Blendung

Obwohl die Blendung bei fast allen Versuchen der Beschreibung der Lichtqualität ein wichtiges Qualitätskriterium ist, kann diese Gewichtung durch diese Untersuchung nicht bestätigt werden. Obwohl bei Sonne etwas häufiger Blendwirkungen auftreten, geben die meisten der befragten Nutzer an, „nie" störende Blendwirkungen an Ihrem Arbeitsplatz zu haben.

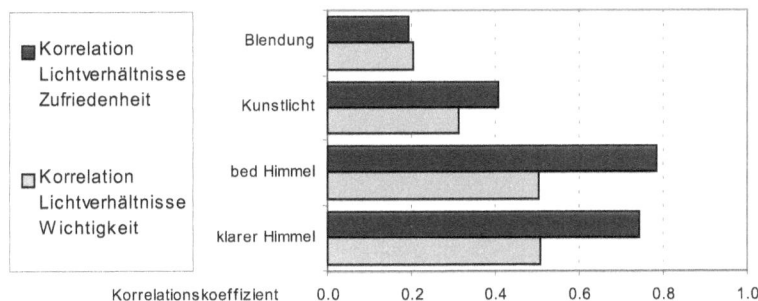

Abbildung 101: Korrelation der Zufriedenheit mit den Tageslichtverhältnissen zu möglichen Einflußgrößen

Für die Bewertung der Lichtverhältnisse ist die Blendung das Kriterium mit der geringsten Korrelation, d.h. die Bewertung der Blendung hat keinen wesentlichen Einfluß auf die Gesamtbewertung der Lichtverhältnisse durch die Nutzer.

6.2.7.4 Hall

Bedingt durch den allseitig umschlossenen Raum und einen niedrigen Außengeräuschpegel kann es zu Schallübertragung zwischen den einzelnen an das Atrium grenzenden Nutzungen kommen. Insgesamt fühlen sich die Nutzer von

Auswertung

Atriumbüros jedoch zur weit überwiegenden Anzahl „nur selten" oder „nie" durch Geräusche aus dem Atrium gestört.

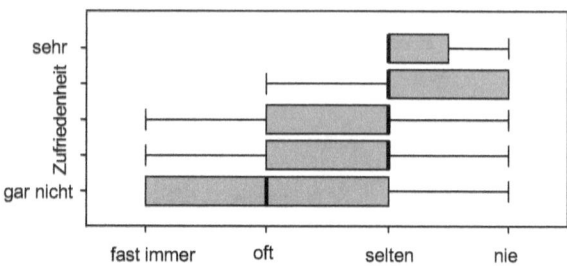

Abbildung 102: Einfluß der Störungen durch Geräusche auf die Zufriedenheit mit dem Arbeitsraum

Die Zufriedenheit mit den äußeren Arbeitsbedingungen unterschiedet sich zum 5% Niveau (p<0,001) signifikant nach der genannten Häufigkeit der Störungen durch Geräusche. Dem läßt sich entnehmen, dass die Zufriedenheit am größten ist, wenn nie Störungen durch Geräusche auftreten. Die Unzufriedenheit ist am größten, wenn fast immer Störungen auftreten.

Die Untersuchung, welche baulichen Eigenschaften sich auf die Häufigkeit der Störungen durch Schall im Atrium auswirken, zeigt, dass bei kleineren Atrien (Volumen unter 15.000m³) ein Häufung auftritt. Da wahrscheinlich in den kleineren Atrien eher sogar ein geringer Schallpegel vorliegt, kann dies möglicherweise daraus resultieren, dass man die wenigen Geräusche in kleinen Atrien auflösen kann und so etwa Gespräche im Atrium oder in anderen Büros mitverfolgen kann und dadurch abgelenkt wird. Für Schall rauhe Oberflächen mit Versprüngen sowie Absoptionsflächen gepaart mit einem künstlichen, angenehmen Störgeräuschpegel etwa durch ein Wasserspiel können diese Störungen vermeiden oder wenigstens reduzieren.

6.2.7.5 Privatheit

Von vielen Autoren wird die Privatheit in Büros als eine wesentliche Arbeitspaltzqualität beschrieben. Besonders in engen Atrien besteht zum Teil die Möglichkeit, sich gegenseitig auf den Schreibtisch zu sehen. In der dirketen Bewertung des „Schutzes vor Einblick" wird dieses Kriterium von den Befragten in dieser Studie überraschend unwichtig eingestuft. In den frei zu formulierenden Angaben nennen die Nutzer ebenfalls keine Störungen durch den Einblick. Auch die Fragestellung zur Bewertung des Abstandes zur nächsten Fassade oder Wand, fühlen sich offensichtlich nur wenige Nutzer gestört.

Auswertung

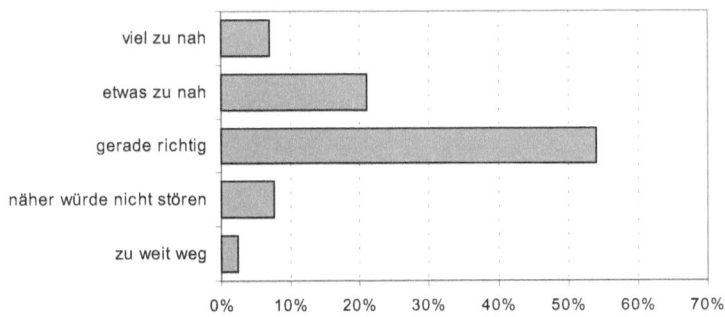

Abbildung 103: Nennungen zum Abstand zum nächsten Gebäude/Fassade/Wand

Sofern Privatheit eine wichtige Arbeitsplatzbedingung ist, bezieht sich diese entweder weniger auf die Sichtbeziehung oder ein Einblick in ihren Büroraum wird von den Nutzern nicht bewusst als Störung wahrgenommen.

6.2.7.6 Nutzungsmischung

Die meisten Atrien werden im normalen Gebäudebetrieb offensichtlich nur selten zu längeren Aufensthalten genutzt. In vielen Projekten weden jedoch im Atrium Veranstaltungen organisiert, die von über der Hälfte der Befragten auch genutzt werden.

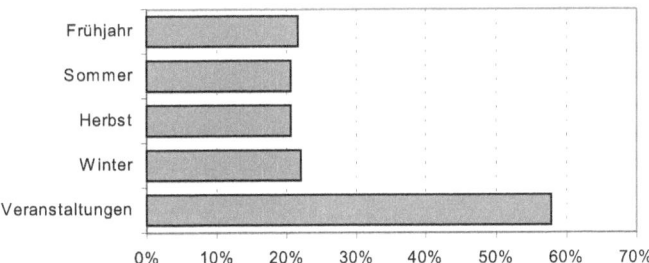

Abbildung 104: Nutzung des Atriums zu längeren Aufenthalten

Obwohl die Veranstaltungen selbst in der Regel außerhalb der Büronutzungszeiten stattfinden, können nach einzelnen Nutzeraussagen die Auf- und Abbauarbeiten zu erheblichen Störungen führen. Bei einer Nutzungsmischung am Atrium ist besonders auf mögliche Geruchsentwicklung Rücksicht zu nehmen. Sowohl eine Raucher-Nichtraucher-Problematik als auch die Störung durch Küchendünste kann in einem Atrium zu einem ernsten Problem werden. Grundsätzlich sollte bei der Nutzungsmischung auf verträgliche Kombinationen geachtet werden, oder das Atrium muss ständig mit Unterdruck betrieben werden, damit keine Abluft über das Atrium in andere Räume gelangen kann.

Auswertung

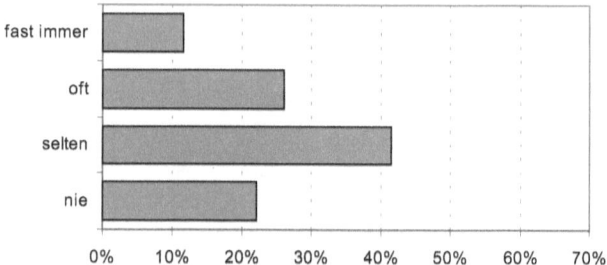

Abbildung 105: Störungen am Atrium durch Gerüche/schlechte Luft

Die einfache Auszählung zeigt, dass die Nutzungsmischung in den überwiegenden Fällen selten oder nie zu Störungen führt. Die Fälle, in denen oft oder fast immer Störungen auftreten, sind jedoch gravierend und in den betroffenen Gebäuden häufig auf die Anordnung einer Kantine im Atrium zurückzuführen.

6.2.8 Bemerkenswerte Einzelbeobachtungen

Bei der Untersuchung der verschiedenen Gebäude ließen sich nicht alle Einzelaussagen statistisch auswerten. Manche Aussagen erlauben jedoch direkt Erkenntnisse, die bei der Beachtung erheblichen Einfluss auf die Nutzbarkeit der Gebäude haben können. Hier geht es vorwiegend um die Vermeidung naheliegender Störquellen.

6.2.8.1 Ventilatoren

In einem Projekt sind unterhalb des Glasdaches große Ventilatoren installiert, die durch Luftumwälzung dafür sorgen, dass je nach klimatischen Bedingungen keine zu großen Temperaturunterschiede zwischen oberen und unteren Atriumgeschossen entstehen. Bei Sonneneinstrahlung und Betrieb dieser Ventilatoren kommt es in einigen Büros zu als außergewöhnlich störend empfundenen Stroboskopeffekten durch das Flackern des Tageslichtes.

6.2.8.2 Raucher

Durch die Fensterlüftung zum Atrium kann es zu Störungen durch Tabakgeruch über etliche Büros hinweg führen. In einem Fall hat ein Nutzer seine Präferenz für ein Außenbüro damit begründet, dass er dort mit seinem Zigarrenkonsum keine anderen Mitarbeiter stört. Das Problem tritt jedoch nur auf, wenn keine mechanische Lüftung die Richtung des Luftaustausches der Büros mit dem Atrium steuert, also bei vollständig freier Fensterlüftung ein Luftübertritt von einem Raum über das Atrium in einen anderen Raum möglich macht.

Auswertung

6.2.8.3 Arbeitsplätze im Atrium

In nur wenigen Gebäuden gibt es in den Atrien selbst mehr als ggf. einen Arbeitsplatz für den Empfang. Wo die Atrien jedoch selbst als Arbeitsflächen genutzt werden, steht dort zwar eine sehr gute Tageslichtversorgung zur Verfügung, allerdings sind Zuglufterscheinungen heftig beklagt worden. Die Arbeitsplätze im Atrium selbst sind daher insgesamt ausgesprochen schlecht bewertet worden.

6.2.8.4 Schnee

Im Winterhalbjahr kann es bei ohnehin gemindertem Tageslichtangebot zu einer weiteren erheblichen Verringerung des Tageslichteintrages in die Atrien kommen, wenn Schnee auf dem Atriumdach liegen bleiben kann. Dies ist möglich bei unbeheizten Atrien mit flachen Dachneigungen. Wenn eine geeignete Dachneigung aus konstruktiven Gründen nicht möglich ist, sollte zur Vermeidung dieses Problems eine Beheizung der Dachkonstruktion erwogen werden. Der zusätzliche Energieaufwand wird in der Regel erheblich geringer sein, als der erhöhte Kunstlichtbedarf in am Atrium gelegenen Büroräumen.

Ergebnisse

7 Ergebnisse

Hier werden die Ergebnisse der Auswertung hinsichtlich ihrer Aussagekraft, ihrer Bedeutung und möglicher Anwendung besprochen. Hierbei werden die gewonnen Erkenntnisse sowohl in kurzen Ansätzen zu Planungshilfen als auch in einem exemplarischen Gebäudekonzept dargestellt.

7.1 Diskussion der Ergebnisse

Die Untersuchung zeigt mit nicht erwarteter Deutlichkeit, dass das Atrium selbst zwar bei den Nutzern sehr beliebt ist, die zu Atrien orientierten Büroarbeitsplätze jedoch erheblich schlechter angenommen werden, als solche mit Außenorientierung. Es kann nicht bestätigt werden, dass die Attraktivität des Atriums selbst die Minderung des Tageslichtes durch ein Glasdach und die in vielen Fällen enge Baukörperstellung kompensiert.

Das Ergebnis verwundert in sofern, als es in Gegensatz zur Beleibtheit dieser Bauform bei Bauherrn und Planern zu stehen scheint. Es stellt sich daher die Frage, welche Bedeutung den Ergebnissen dieser Studie beizumessen ist.

7.1.1 Akzeptanz

Hinsichtlich der vielen ausgeführten, in Bau und Planung befindlichen Bürogebäude mit Atrien erfüllt die Untersuchung den ersten Teil der Aufgabe, die speziell auf diese Bauform bezogene Nutzerakzeptanz zu ermitteln. Die Attraktivität der Bauform wird durch die Nutzerakzeptanz des Atriumraumes selbst in fast allen untersuchten Projekten bestätigt. Zunächst erfüllen die Atrien also die an sie gestellten Erwartungen der Repräsentanz und erlauben auch eine hohe Identifikation der Nutzer mit ihrem Gebäude.

Die schlechte Akzeptanz der zum Atrium orientierten Büroräume zeigt, dass die Nutzer für ihre Arbeitsplatzbedingungen Erwartungen haben, die in den meisten der untersuchten Gebäuden schlechter erfüllt werden können, als in den vergleichbaren Aussenbüros. Der Einfluss dieser schlechteren Bewertung auf die generelle Zufriedenheit der Nutzer zeigt, dass eine negative Auswirkung auf Motivation und Produktivität zu erwarten ist. Im Sinne einer hohen Gebrauchstauglichkeit eines Gebäudes bedeutet dies für Atriumgebäude eine ernstzunehmende Einschränkung der Nutzungsqualität der Atriumbüros.

7.1.2 Arbeitsumfeldbedingungen

Im Vergleich der verschiedenen Arbeitsumfeldbedingungen fällt der hohe Stellenwert der Tageslichtverhältnisse auf. Es ist bekannt, dass Parameter die zu Störungen führen, von Probanden auch höher gewichtet werden und dass durch die Konzentration einer Befragung auf bestimmte Aspekte diese sensibler bewertet werden (VEITCH 1996). Die Auswertung der offen formulierten

Ergebnisse

Fragen sowohl bei Nutzern von außenliegenden wie auch von Atriumbüros belegt jedoch, dass auch bei guten Tageslichtverhältnissen dieses als wichtiges Kriterium gewertet wird, was sich bereits in den offenen (noch thematisch unbelasteten) Einstiegsfragen widerspiegelt.

7.1.2.1 Tageslichtqualität

Als Beitrag zur Diskussion um die Definition einer Tageslichtqualität kann mit dieser Arbeit eine Gewichtung der verschiedenen Teilaspekte geleistet werden. Relativ unerheblich stellt sich in den Ergebnissen dieser Arbeit die Problematik möglicher Blendung durch Tageslicht dar. Hier ist die Einhaltung der BildscharbV mit individuell verstellbarer Lichtschutzvorrichtung wirksam, d.h. das Problem ist in den meisten untersuchten Gebäuden offenbar akzeptabel gelöst. Es bestätigt sich jedoch auch, dass das Blendempfinden beim Tageslicht subjektiv beim Nutzer von anderen Tageslichtbedingungen beeinflusst wird. Anders ist nicht zu erklären, dass die Besonnung eines Büroraumes mehr als Bereicherung, denn als Störung empfunden wird. Die Wichtigkeit des Sonnenlichtes für die Bewertung von Tageslichtverhältnissen wird von den Nutzern teilweise explizit formuliert. Die Nachvollziehbarkeit wechselnder Tageslichtverhältnisse kann daher als wesentliches Kriterium der Tageslichtqualität benannt werden.

Als Kriterium mit der eindeutigsten Relation zur Gesamtbewertung der räumlichen Arbeitsbedingungen hat sich in der Untersuchung der Tageslichtquotient vertikal auf dem dem Arbeitsplatz nächstgelegen Fenster gezeigt. Obwohl damit eine Beschränkung zunächst auf den bedeckten Himmel verbunden ist, bietet diese Größe eine Berücksichtigung sowohl des sichtbaren Himmelsausschnittes, der gegenüberliegenden Gebäude(teile) als auch der Reflexion vom Boden. Es bleiben räumliche Bedingungen des einzelnen Büroraumes dabei unberücksichtigt, jedoch sind bis auf wenige Ausnahmen die Büroräume in ihrer Grundkonzeption und auch die Anordnung der Arbeitsplätze und damit die Entfernung vom Fenster in den Atiumbüros so weitgehend vergleichbar, dass sich trotz dieser groben Vereinfachung ein signifikanter Zusammenhang eindeutig aus der vergleichenden Auswertung der Ergebnisse ergibt. Auf die wesentliche komplexere Beschreibung des Ausblicks als Tageslichtqualität wird im Folgenden noch eingegangen.

7.1.2.2 Andere Arbeitsumfeldbedingungen

Die „Belüftung" hat sich neben den Tageslichtverhältnissen als weitere wichtige Arbeitsumfeldbedingung für die Akzeptanz von Atriumbüros herausgestellt. Da hierzu keine baulichen Variablen festgestellt wurden, ist im Rahmen dieser Arbeit kein Rückschluss möglich, ob die schlechtere Nutzerwertung auf tatsächlich schlechteren Luftverhältnissen bei der Lüftung über das Atrium, oder ob das subjektive Empfinden einer indirekten Frischluftversorgung beruht. Da sich

Ergebnisse

die Luftqualität im Gegensatz zum Ausblick und den Tageslichtverhältnissen durch technische Maßnahmen beeinflussen läßt, kann eine unterstützende mechanische Lüftung der Atriumbüros vermutlich viel zur Akzeptanz dieser Räume beitragen. Untersuchungen zu dieser Fragestellung könnten Aufschluss über die Bewertung einer Belüftung liefern, die das Empfinden in die Qualitätsanforderungen einbezieht.

7.2 Planungshilfen

Angesichts des überraschend deutlichen Ergebnisses und der hohen Wahrscheinlichkeit einer Übertragbarkeit auch auf andere Projekte wird die Gebrauchstauglichkeit der Atrien für Büronutzungen nur bei Berücksichtigung einiger wichtiger Nuzeranforderungen erreicht. Die Beschreibung dieser Nutzeranforderungen erfüllt den zweiten Teil der Aufgabenstellung. Für die einzelnen Kriterien werden soweit möglich Planungshilfen formuliert.

Um einen Einstieg in der Entwurf eines Atriumbürogebäudes zu ermöglichen, sind sehr einfache Hilfsmittel erforderlich, die eine grobe Konzeptionierung mit potentiell hoher Nutzerakzeptanz der an Atrien grenzenden Büroräumen erlauben. Jede Voruntersuchung kann jedoch nur einen Hinweis auf die zu erwartende tatsächliche Akzeptanz der Nutzer geben, da wie die Untersuchung deutlich zeigt, die individuellen Unterschiede in der Bewertung einer Situation sehr groß sind.

7.2.1 Das Atrium

Um für die hohe Nutzerakzeptanz und -identifikation der Atrien selbst die notwenigen baulichen Voraussetzungen zu schaffen, sind nur wenige eindeutige Vorgaben aus der Untersuchung abzuleiten.

Ergebnisse

Eine Überdachung mit Glas schafft in einem Gebäude einen zusätzlichen Raum. Markieren Sie die drei für Sie wichtigsten Bedingungen, die ein solches Atrium für Sie attraktiv machen.

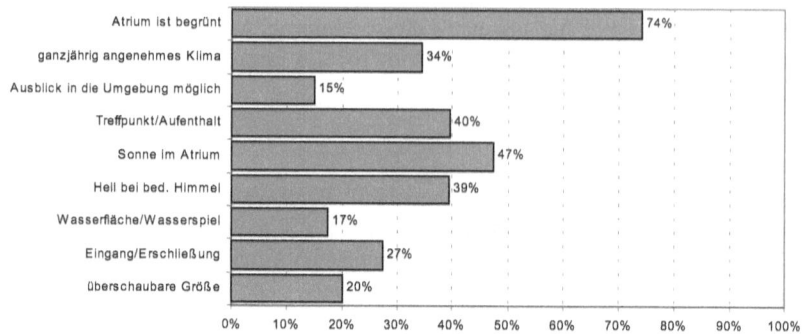

Abbildung 106: Nennungen der gewünschten Atriumeigenschaften

Für das Atrium selbst ist ein Ausblick in die Umgebung ähnlich wie bei direkter Anfrage bezüglich der Wichtigkeit eines Ausblicks am Arbeitsplatz das unwichtigste Kriterium. Die starke Präferenz für Grün im Atrium zeigt, dass vom Atrium mindestens eine der Qualitäten des Aussenraumes -hier der Bezug zur Vegetation- erwartet werden. Eine Begrünung, die auch von den angrenzenden Räumen aus sichtbar ist, bringt in jedem Fall einen Gewinn für die Nutzungsqualität. Nach vielen problematischen Erfahrungen mit der Haltbarkeit von Bepflanzungen in Atrien liegen inzwischen ausreichende Kenntnisse vor, diese Raumqualität mit wirtschaftlichen Betriebskosten herzustellen.

Die Präferenz für das Sonnenlicht im Atrium zeigt, dass die Nutzer das Atrium tendenziell mit unmittelbarem Bezug zu den Außenlichtverhältnissen erwarten. Eine ganzjährig angenehmes Klima ist vergleichsweise unwichtig, was darauf hindeutet, dass die Nutzer im Atrium keine Innenraumtemperaturen erwarten.

7.2.1.1 Tageslicht

Die direkte Frage nach den wichtigsten Qualitäten eines Atriums zeigt keine das Tageslicht betreffenden Kriterien an erster Stelle. Nach 'Begrünung' mit ihrem positiven Einfluss auf den Ausblick ins Atrium sind jedoch die 'Tageslichtverhältnisse bei klarem Himmel' und weniger auch die 'Helligkeit bei bedecktem Himmel' bei den wichtigsten vier Atriumqualitäten genannt. Die Auswertung hat gezeigt, dass das Atrium selbst ab einer Mindesttageslichtversorgung nicht mehr besser bewertet werden, wenn der Tageslichtanteil weiter steigt. Wird über das Atrium keine Tageslichtbeleuchtung angrenzender Räume gefordert, kann das Atrium mit einem Tageslichtquotienten von ~8% schon positiv für das Gebäude wirken. Für angrenzende Räume sollte der Tageslichtquotient horizontal in der Höhe eben dieser Räume mindestens 20% bis 30% betragen.

Ergebnisse

7.2.1.2 Atriumtyp

Da die städtebauliche Situation planerisch nur sehr bedingt beeinflusst werden kann, ist die adäquate Planung der Baukörper und Baumassen die primäre Aufgabe, wenn ein Bürogebäude mit Atrium konzipiert werden soll.

- O-Atrium
  Rundum geschlossene Atrien werden von den Nutzern dann akzeptiert, wenn das Raumvolumen sehr groß und der Schnitt an der Schmalseite offen genug ist, dass kein Innenraumeindruck mehr entsteht. Verbauungen höher als 45° über Horizont verursachen einen engen Raumeindruck und für Arbeitsplätze kaum akzeptable, angrenzende Raumzonen.

- U-Atrium
  Das U-Atrium bedingt eine sehr ungleichmäßige Tageslichtverteilung auf den Umschließungswänden. Nahe der offenen Flanke des Atriums entstehen sehr attraktive Räume, ggf. sind in Eckräumen sogar bei der Fensterlüftung Wahlmöglichkeiten zwischen Außenbezug und dem Blick ins Atrium gegeben. Gerade in den unteren Geschossen finden sich in der Nähe der Ecken der geschlossenen Flanke sehr stark reduzierte Tageslichtquotienten auf der Fassade, so dass hier eher Sondernutzungen angeordnet werden sollte.

- II-Atrium
  Bei vielen Atrien dieses Typs ist die Tendenz zu beobachten, sehr enge Abstände zwischen den beiden das Atrium begrenzenden Riegeln zu realisieren. Dadurch ergeben sich nur in den obersten Geschossen noch akzeptable Tageslichtverhältnisse in angrenzenden Räumen. In Extremfällen nimmt das Atrium den Charakter einer Straßenschlucht an und wird dann auch selbst als Raum nicht mehr positiv bewertet.

- L-Atrium
  Dieser Atriumtyp eignet sich besonders für höhere Gebäude, da alle zum Atrium orientierten Räume auch vom Ausblick und seitlichen Lichteinfall durch die offene Seite profitieren. Da die Tageslichtverteilung über die Höhe der Atriumfassaden nur wenig variiert, kann eine nahezu gleichmäßige Tageslichtverteilung in den angrenzenden Räumen realisiert werden. Durch die dominierenden seitliche Öffnung entsteht beim L-Atrium jedoch kaum ein geschlossener Raumeindruck.

- Mischformen
  Sonderformen wie z.B. gruppierte Baukörper unter einem gemeinsamen Glasdach wurden nicht in die Untersuchung einbezogen. Da jedoch die Anforderungen und Nutzerakzeptanz weniger durch den Atriumtyp sondern vielmehr durch die tatsächlichen Tageslichtverhältnisse und den Ausblick bestimmt werden, können die Ergebnisse auch auf Sonderformen sinngemäß übertragen werden.

Ergebnisse

7.2.1.3 Proportionierung

Bei der Proportionierung gilt die Beachtung in der Literatur bekannter Regeln. Für die antiken Atrien erwies sich die Empfehlung von Vitruv als sinnvoll für eine angenehme Auslegung des römischen Atriumhauses, der eine Traufhöhe des Atriums von 3/4 der lichten Weite und ein verbleibendes Viertel für die Dachkonstruktion empfahl. Generell kann die vorliegende Untersuchung die Feststellung auch aktueller Arbeiten unterstützen, dass Atrien, die höher als breit sind, tendenziell zu schlechten Tageslichtbedingungen in den angrenzenden Räumen führen. Bei der Proporionierung muss jedoch auch die absolute Größe der Atrien berücksichtigt werden. Erst bei großzügig bemessenem Luftraum empfinden die Nutzer das Atrium nicht mehr tendenziell als Innenraum und akzeptieren ihr Atriumbüro wie zum Außenraum orientiert. In der Untersuchung treten bis zu einem Atriumvolumen von ca. 15.000m^3 vermehrt Störungen durch Hall im Atrium auf.

7.2.1.4 Zuordnung von Nutzungen

In seiner ursprünglichen Bedeutung als zentraler Raum, der für ein Gebäude Orientierungspunkt und eine „intime Öffentlichkeit" schafft, wird das Atrium auch in Bürogebäuden am besten akzeptiert. Atrien, die allein als Puffer zur Außenwelt fungieren und keine eigene Nutzungsmöglichkeit beinhalten, verschenken ein großes Potential.

Nur wo gute Tageslichtverhältnisse in den angrenzenden Räumen zu erwarten sind, kann die Anordnung von ständigen Arbeitsplätzen nach den Ergebnissen dieser Untersuchung empfohlen werden. Selbst wo jedoch im Sinne der Arbeitsplatzqualität die Anordnung von Büroräumen mit Orientierung zum Atrium nicht anzuraten ist, kann das Atrium selbst dennoch zur Steigerung der Identifikation der Nutzer mit dem Gebäude genutzt werden, wenn zum Atrium nur temporär genutzte Räume (Besprechung, Teeküche, etc.) orientiert werden, bzw. das Atrium zur Erschließung mindestens eines Teils des Gebäudes dient.

In jedem Fall bedarf ein Atrium der sorgfältigen Berücksichtigung der Nutzeransprüche, um keine Arbeitsplätze „zweiter Klasse" innerhalb eines Gebäudes zu schaffen.

7.2.1.5 Sonnenschutz

Sonnenlicht im Atrium wird von den Nutzer als Wunsch als zweitwichtigste Atriumqualität eingeordnet. Während im Winter das Sonnenlicht in den meisten Atrien geduldet wird, werden im Sommer viele Atrien verschattet, um eine Überhitzung des Luftraumes zu verhindern. Für die Nutzer ist dies jedoch eine Qualitätsminderung, die gegen die funktionelle Optimierung abzuwägen ist. Es sollte daher geprüft werden, ob eine Auslegung des Atriums auch ohne Verschattung durch effektive Durchlüftung im Sommer und Sonnenschutz an den Atriumfassaden möglich ist.

Ergebnisse

7.2.1.6 Ausstattung

Mit der Einbringung von 'Grün' in das Atrium kann wenigstens im Ansatz die Nachvollziehbarkeit der Jahreszeiten auch für die Atriumbüros geschaffen werden, was von den Nutzern durchweg positiv bewertet wird. Hierbei muss jedoch bei größeren Bäumen oder Sträuchern ein ausreichender Abstand zu den Fassaden genutzter Räume eingehalten werden, da sonst die ohnehin geminderten Tageslichtverhältnisse weiter reduziert werden. Für noch 40% der Nutzer ist es wünschenswert, einen Treffpunkt bzw. Aufenthaltsmöglichkeit im Atrium zu haben. In vielen der untersuchten Gebäude ist ein Teil der Atriumfläche mit Cafétischen versehen, die auch gerne angenommen werden.

7.2.2 Atriumbüors

Die Auswertung der Befragungsergebnisse beim Vergleich mit den Tageslichtbedingungen bestätigt im Wesentlichen die bereits bekannten Anforderungen an die Tageslichtverhältnisse, nämlich eine Mindestversorgung mit Tageslicht und die Gewährleistung eines zufriedenstellenden Ausblicks. Die Ergebnisse belegen, dass diese grundsätzlichen Anforderungen unter dem Gesichtspunkt der Nuzterakzeptanz auch in Atriumgebäuden erfüllt sein müssen.

7.2.2.1 Tageslicht

Der Einfluss des Tageslichtes auf die Akzeptanz der an das Atrium grenzenden Büroräume konnte deutlich gezeigt werden. Wie die Untersuchung zu Hypothese 3 ergibt, spielt das Tageslicht für die Akzeptanz von Büroarbeitsplätzen an Atrien eine entscheidende Rolle. Büros zum Atrien werden nur da als gleichwertig akzeptiert, wo vergleichbare Tageslichtquotienten auf der Fassade erreicht werden. Viele der untersuchten Atrien erreichen diese Qualität nur in den oberen Geschossen unterhalb des Atriumdaches. Die denkbare Konsequenz, dem verringerten Tageslichtangebot in den unteren Geschossen mit einer größeren lichten Raumhöhe zu begegnen, wird aus wirtschaftlichen Gründen nur in wenigen Fällen realisierbar sein. Im Bereich der mit zu wenig Tageslicht versorgten Atriumfassaden sollten möglichst keine ständigen Arbeitsplätze eingerichtet werden.

7.2.2.2 Ausblick

Ein Ausblick in die 'Umgebung' ist zwingend erforderlich. Das Atrium kann den in den Arbeitsstättenrichtlinien geforderten Ausblick ins Freie unter bestimmten Umständen ersetzen. Dies zeigt sich besonders bei den wenigen bei den Nutzern besonders beliebten Projekten. Atrien mit einem großen Raumvolumen werden eher als Außenraum empfunden und erfüllen diese Anforderung daher tendenziell besser. Es besteht dabei eine sehr enge Wechselwirkung mit den Tageslichtverhältnissen. Der Ausblick in ein Atrium wird akzeptiert, wenn

Ergebnisse

er mindestens die wichtigsten Kriterien eines Ausblicks ins Freie erfüllt. Es muss eine ausreichende Nachvollziehbarkeit der Wetterbedingungen gegeben sein. Wenn wechselnde Lichtverhältnisse, insbesondere direkte Sonne sich nicht auf die Tageslichtverhältnisse im Raum auswirken, wird dies als Einschränkung des Außenbezugs und als Störung empfunden und vermindert damit die Akzeptanz der Atriumbüros beträchtlich.

7.2.3 Das ideale Atriumgebäude

Die Nutzung des Atriums ausschließlich als Erschließungs- und Aufenthaltszone ist der einfachste Idealtyp, der sich aus den Ergebnissen entwickeln lässt, da alle möglichen Nutzungseinschränkungen von vornherein vermieden werden. Aus den festgestellten Nutzeranforderungen unter Berücksichtigung der positiven Bewertung der Atrien selbst, kann man versuchen, verschiedene Gebäudetypen zu entwickeln, die im Rahmen der befragten Nutzer eine sehr hohe Akzeptanz auch der zum Atrium gelegenen Büroräume erreichen würden. Unter dem Gesichtspunkt der effektiven Nutzung des umbauten Raumes sollte besonders bei sehr großen Gebäuden eine Raumnutzung an der Atriumseite mit zweibündigen Bauformen möglich sein.

7.2.3.1 Gebäudekonzept

Im Grundriss erlaubt eine versetzte L-Form eine relativ hohe Ausnutzung des Gesamtvolumens für Büronutzungen, wobei von jedem Büro ein Ausblick in die Umgebung möglich ist. An den offenen Fassadenseiten des Atrium können Grünflächen auch mit höherer Bepflanzung vorgesehen werden, ohne Räumen an dieser Stelle Tageslicht zu entziehen. Insgesamt ist damit ein definierter Atriumraum geschaffen, ohne zu große Unterschiede in der Tageslichtverteilung auf den dahin orientierten Fassaden zu verursachen.

Ergebnisse

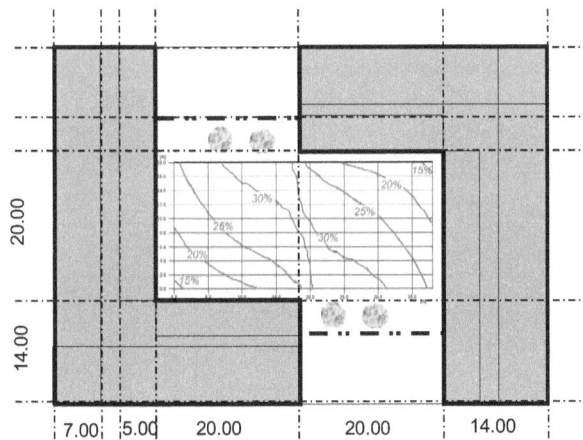

Abbildung 107: Grundriß eines Idealatriums mit Tageslichtverteilung am Boden

Das Atrium selbst wird von Sondernutzugen (Kantine o.ä.) freigehalten, um mögliche Störwirkungen durch Schall und Gerüche gering zu halten. Eine Wasserfläche mit bewegtem Wasser sorgt für ein angenehmes Grundgeräusch und eine Belebung im Atrium. Zur Querverbindung der beiden Gebäudeteile würde eine Brücke im 3.OG ermöglichen mit maximal einem Geschoss vertikalem Versatz die Gebäudeteile zu verbinden. Der Raumgesamteindruck wird weniger gestört, als durch Brücken in jedem Geschoss und die Tageslichtverhältnisse werden kaum gemindert.

Das Atriumdach erhält keinen Sonnenschutz und wird im Sommer über erhöhten Luftwechsel weitgehend auf Außentemperatur gehalten. Die versetzten Atriumfassaden ermöglichen eine effektive Querlüftung bei Windeinwirkung, während bei Windstille über thermischen Auftrieb über Dach entlüftet werden muss. Die Atriumfassaden werden im Wesentlichen wie die Aussenfassaden entsprechend ihrer Himmelsrichtung mit außenliegendem Sonnenschutz, in jedem Fall aber mit individuell bedienbarem Blendschutz versehen.

7.2.3.2 Tageslichtverhältnisse im Atrium

Da das Atrium nicht voll beheizt wird, kann das Dach mit einer Einfachverglasung und filigranem Tragwerk ausgeführt werden. Der Tageslichtquotient im konzeptionierten Atrium liegt damit zwischen 14% und 32% und erreicht mit einem Mittelwert von 26% einen im Vergleich mit den untersuchten Gebäuden sehr hellen Raumeindruck. Lediglich in den Innenecken in den unteren Geschossen sind auf Grund der Tageslichtverhältnisse eher Sondernutzungen anzuordnen. Die Brüstungsbereiche der Atriumfassaden werden nicht verglast, sondern mit hellen Materialien verkleidet.

Ergebnisse

7.2.3.3 Tageslichtverhältnisse in den Atriumbüros

Der Schnitt zeigt, dass Büonutzungen nur bis zu einem Geschoss mit einer Verbauungshöhe von 35° über Horizont vorgesehen sind. Zusätzlich wird für die Atriumbüros eine geringere Raumtiefe vorgesehen, so dass hier keine Anordnung von Arbeitsplätzen in zweiter Reihe möglich ist.

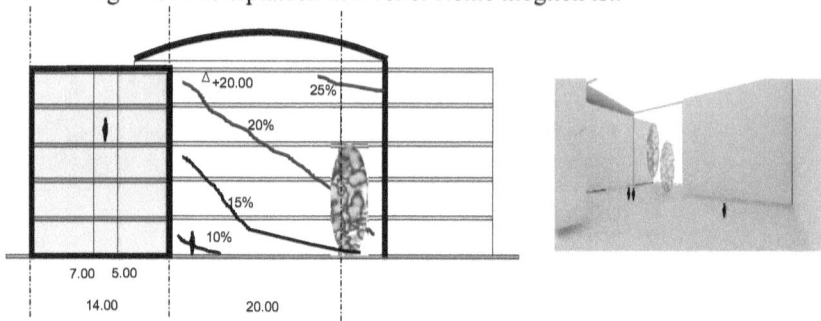

Abbildung 108: Schnitt eines Idealatriums mit Tageslichtverteilung auf der Fassade

Die Tageslichtverteilung auf den Atriumwänden zeigt bis in die unteren Geschossen einen hohen Tageslichtquotienten von 15%. Lediglich die Innenecke ist mit geringeren Werten in den unteren beiden Geschossen eher für Sondernutzungen prädestiniert.

Die vorgeschlagene Bauform ist nur ein möglicher Vorschlag, der für Atriumgebäude mit hoher Nutzerakzeptanz entwickelt werden kann.

7.3 Vergleichende Diskussion

Angesichts der möglichen Bedeutung der Ergebnisse für die Planung von Bürogebäuden mit Atrien, empfiehlt sich, im Sinne wissenschaftlichen Arbeitens eine Überprüfung durch eine Studie mit gleicher Aufgabenstellung. Einige Ergebnisse der Befragung legen eine Untersuchung weiterführender Fragen nahe.

7.3.1 Vollständigkeit der Untersuchung

Durch die Betrachtung vieler verschiedener Projekte kann die Untersuchung als für Bürogebäude mit Atrien repräsentativ gelten. Alle projektspezifischen Besonderheiten sind jedoch niemals zu erfassen und es ist daher nicht auszuschließen, dass ein möglicherweise in einem anderen Projekt zu abweichenden Nutzerbewertungen führender Parameter in dieser Untersuchung unterrepräsentiert oder sogar unbeachtet geblieben ist. Alle Ergebnisse können daher nur Anhaltspunkte für die Konzeption neu zu erstellender Atriumgebäude geben.

Ergebnisse

Ein Vergleich der Atriumgebäude mit Innenhofanlagen war wegen der zu geringen Zahl von Projekten mit sowohl einem Atrium als auch möglichst einem gleichproportioniertem Innenhof nicht mit der wünschenswerten Signifikanz möglich. Hier erlauben die Untersuchungen lediglich begründete Vermutungen.

7.3.2 Verallgemeinerung auf andere Nutzungen an Atrien

Die Ergebnisse dieser Untersuchung sind so weit auf von einer Büronutzung abweichende Nutzungen zu übertragen, wie sich mögliche Anforderungen an räumliche Bedingungen decken. In Bezug auf die Tageslichtverhältnisse gelten für Wohnräume etwa ähnliche Anforderungen. So ist nachvollziehbar, dass eine Anordnung von Wohnräumen zu einem Atrium ebenfalls eine Mindesttageslichtversorgung sowie einen Ausblick ins Freie erfordern, während Nebenräume von den Qualitäten eines Atriums ggf. ohne Einschränkung profitieren können. Im Bereich des Schulbaus bietet das Atriumkonzept die Möglichkeit, Klassenräume mit Tageslichtöffnungen in einer der Aussenfassade gegenüberliegenden Wand zu versehen, während eine alleinige Ausrichtung von Klassenräumen zu einem Atrium ähnliche Probleme wie bei einer Büronutzung hervorrufen könnte. Die Nutzung als Identifikations- und Orientierungsraum zur Erschließung und zu einer sekundären Tageslichtversorgung ist auf Grund der eigenen Raumqualität des Atriums für viele Nutzungen attraktiv.

7.3.3 Aussicht auf weitere Forschung

Im Rahmen dieser Arbeit ist die Akzeptanz der Tageslichtbedingungen in zu einem Atrium gelegenen Räumen umfangreich, wenn auch bei weitem nicht erschöpfend untersucht worden. Andere Arbeitsumfeldbedingungen wurden zwar im Fragebogen mit erfasst, jedoch im einzelnen nicht mit den baulichen Gegebenheiten in Relation gebracht. Für die weitere Forschung seien daher zunächst die das Tageslicht betreffenden weitergehenden Fragen, dann aber auch die wichtigsten Fragestellungen aus den weiteren Parametern genannt.

7.3.3.1 Wichtigkeit des Ausblicks

Die Diskrepanz in der direkten und der indirekten Nutzerbewertung des Ausblicks als Arbeitsplatzqualität verlangt ggf. noch nach einer weitergehenden ergonomischen oder arbeitspsychologischen Untersuchung. Eine konkrete Formulierung, was die Qualität eines Ausblicks letztlich definiert, ist in dieser Arbeit, wie in verschiedenen vorhergehenden nicht endgültig gelungen. Hier gäbe es zu untersuchen, welchen Informationsgehalt ein Ausblick zur Verfügung stellt und wie die Motivation und Leistungsfähigkeit des Menschen dadurch beeinflusst wird.

Ergebnisse

Angesichts der engen Verknüpfung verschiedener Arbeitsumfeldbedingungen ist diese Fragestellung insgesamt für die Definition von Arbeitsplatzqualität evident.

7.3.3.2 Innenhöfe

Wegen der geringen Anzahl der Projekte mit sowohl einem Atrium, als auch (einem oder mehreren) Innenhöfen konnten nicht alle Auswertungen nach Atrium-, Innenhof- und außenseitiger Raumorientierung differenziert werden. In den ausgewerteten Fällen zeigt sich jedoch die Tendenz, dass die Innenhöfe keine geringere Akzeptanz als der Außenraum genießen. Angesicht der ursprünglichen Form der Atrien (ohne Überdachung) ist möglicherweise in der Kultivierung der Innenhofform auch für Bürogebäude eine Alternative zum (in dieser Arbeit als geschlossener Raum definierten) Atrium gegeben.

7.3.3.3 Identifikation

Die Bewertung der Atrien als Raum hat eine sehr gute Akzeptanz der Nutzer gezeigt. Es stellt sich die Frage, inwiefern die damit verbundene Identifikation der Nutzer mit dem Gebäude Auswirkungen auf deren Motivation hat. Hierzu müssten zusätzlich möglichst Bürogebäude ohne Atrium in eine ähnliche Untersuchung einbezogen werden.

7.3.4   Vermittlungsmöglichkeiten an Bauschaffende

Das Ziel dieser Arbeit war die Untersuchung der Nutzerakzeptanz in Atriumgebäuden. Die gewonnenen Erkenntnisse ermöglichen für zukünftige Gebäude eine Konzeption, bei der eine große Nutzerakzeptanz erwartet werden kann, mindestens jedoch grobe Fehler vermieden werden können. Die Erfahrung zeigt, dass gerade im Bereich der Bauforschung ein großes Wissenspotential vorhanden ist, jedoch nur wenigen Bauschaffenden präsent ist, weil die Praxis wenig Zeit lässt, sich in komplexe Sachverhalte einzuarbeiten. „Gleichzeitig sind nützliche Forschungsarbeiten erst kürzlich fertig gestellt worden und deren Ergebnisse sind den Bauschaffenden noch relativ unbekannt." [120] Hinzu kommt, dass gerade in der für die Tageslichtsituation wesentlichen Vorentwurfsphase das architektonische Schaffen überwiegend intuitiv geschieht und spätere quantitative Tageslichtuntersuchungen nur noch in engen Grenzen Einfluss auf die Gebäudeform nehmen können. Hilfsmittel zur Tageslichtplanung sollten daher vor allem für die ersten Planungsschritte verfügbar sein. Um ein für die Nutzer zufriedenstellendes Gebäudekonzept entwickeln zu können, bedarf es also zunächst einfacher Proportionierungshilfen. Um die Ansätze in der weiteren Planung durchzusetzen, müssen mindestens die wesentlichen Folgen für die weitere Planung dargestellt werden. Erste Ansätze dazu sind in dieser Arbeit (unter Planungshilfen) erstellt. Da im Vorentwurf nach wie vor hauptsächlich mit Skizzen und Massenmodellen gearbeitet wird, sollen

Ergebnisse

sinnvollerweise Planungshilfen hierzu ebenfalls in grafischer oder dreidimensionaler Form vorliegen. Der Planer soll in die Lage versetzt werden, die grundsätzliche Entscheidung für eine Bauform, die grobe Proportionierung der Baumassen und die Qualitäten seines Entwurfes im Sinne zufriedener Nutzer anhand bildlich dargestellter Regeln zu finden. Die Komplexität der Nutzerakzeptanz in darstellbare Regeln zu übersetzen, ist daher eine für die Umsetzung der Untersuchungsergebnisse notwendige weiterführende Aufgabe.

Zusammenfassung

8 Zusammenfassung

8.1 Aufgabe

Eine der grundlegenden Funktionen des Atriums, Tageslicht in das Innere eines Gebäudes zu bringen, sollte anhand möglichst vieler ausgeführter Projekte untersucht werden. Durch die Geometrie des Atriums und die Minderung des Lichtdurchgangs im Atriumdach und -außen erhalten Atriumbüros nennenswert weniger Tageslicht als vergleichbare Außenbüros. Andererseits stellt das Atrium einen attraktiven Raum dar. Es galt darzustellen, unter welchen Bedingungen das aus architektonischen Gründen interessante Atrium angenehme Aufenthaltsbedingungen nicht nur im Atrium selbst, sondern auch in den daran angrenzenden Büroräumen bietet.

8.2 Methode

Wie bei vielen Arbeitsumfeldbedingungen, spielen insbesondere beim Tageslicht über rein messbare Werte hinausgehende Kriterien eine wesentliche Rolle, so dass zunächst eine geeignete Methode gefunden werden musste, die Nutzerakzeptanz zu ermitteln. Die mit Fragebögen ermittelte Nutzerbewertung im Vergleich mit berechneten Tageslichtverhältnissen konnte von ähnlichen Arbeiten als Methode übernommen werden. Die Signifikanz der Ergebnisse bestätigt grundsätzlich die Eignung der Methode für die Ermittlung der Nutzerakzeptanz. Die Beschränkung der untersuchten Arbeitsplatzbedingungen auf die Tageslichtverhältnisse bedingt, dass aus der Befragung ermittelte wichtige andere Kriterien für die Akzeptanz von an Atrien gelegenen Büroräumen nur qualitativ beschrieben werden können. Die numerische Aufnahme aller Arbeitsplatzumfeldbedingungen ist mit so immensem Aufwand verbunden, dass nach den Erfahrungen mit der Befragung in einer großen Zahl verschiedener Projekte, kaum eine repräsentative Untersuchung durchführbar gewesen wäre. Die Beschränkung auf einen wichtigen Teilaspekt hat sich insofern als sinnvoll und notwendig erwiesen und die relativ große Breite der Untersuchung ermöglicht. Die Auswertung hat gezeigt, dass die Büronutzer anhand des Fragebogens ihre Arbeitsplatzqualität sehr differenziert bewerten konnten. Auch die Konsistenzprüfung durch redundante Fragen zeigt, dass nur in wenigen Fällen eine leichtfertige Beantwortung vorgenommen wurde. Bereits in ähnlichen Nutzerbefragungen gefundene Ergebnisse (FREYMUTH 1978, CAKIR 1998) konnten bestätigt werden.

8.3 Zusammenfassung der Hypothesen

Die vielen ausgeführten Projekte zeigen die hohe Attraktivität von Bürogebäuden mit Atrien bei Planern und Bauherren. Die Hypothesen übertragen diese

Zusammenfassung

Beobachtung auf die Nutzer des Gebäudes und formulieren die zu überprüfende Annahme, dass sowohl das Atrium selbst als auch die angrenzenden Büroräume unter bestimmten Bedingungen bei den Nutzern hohe Akzeptanz genießen. Die Unterschiede in den Nutzerurteilen der verschiedenen Projekte zeigen, welche Kriterien gut akzeptierte Gebäude erfüllen müssen bzw. welche Kriterien zu einer schlechten Akzeptanz führen.

8.4 Zusammenfassung der Ergebnisse

Die Befragungsergebnisse belegen mit großer Deutlichkeit, dass die Atrien selbst von den Nutzern sehr positiv angenommen werden. Demgegenüber werden die an das Büro angrenzenden Büroräume vergleichsweise schlecht bewertet. Der geminderte Tageslichtanteil ist dabei ein Ausschlag gebender Parameter bei der Bewertung der Arbeitsumfeldbedingungen. Nur unter vergleichbar guten Tageslichtverhältnissen werden Atriumbüros im Vergleich mit anderen Lagen ähnlich bewertet oder sogar vorgezogen.

Es konnte gezeigt werden, dass ein Ausblick ins Atrium unter günstigen Randbedingungen als Ersatz für einen Ausblick ins Freie akzptiert wird, wobei die komplexe Reaktion der Nutzer auf den Ausblick vom Arbeitsplatz sicherlich eingehender Untersuchung bedarf. Die fast ausschließlich positive Bewertung des direkten Sonnenlichts in den Atrien fordert zu einer sorgfältigen Beachtung dieses wichtigen Qualitätsmerkmal für die Tageslichtbeleuchtung auf.

8.5 Fazit

Der Atriumraum selbst genießt eine hohe Nutzerakzeptanz. Die veränderten Tageslichtbedingungen in den an Atrien angrenzenden Büroräumen führen jedoch vielfach zu einer verminderten Arbeitsplatzqualität. Für Atriumbüros bestehen seitens der Nutzer hinsichtlich der Tageslichtversorgung die gleichen Anforderungen, wie in nach außen orientierten Räumen und nehmen bei der Beurteilung der Arbeitsplatzqualität einen hohen Stellenwert ein. Es kann aus den Ergebnissen daher geschlossen werden, dass bei ungünstigen Tageslichtverhältnissen in Atriumbüros eine schlechte Nutzerakzeptanz zu erwarten ist. Für den Umkehrschluss ist das Phänomen der Akzeptanz zu komplex. Wenn ein Bürogebäude mit einem Atrium mit besonderer Rücksicht auf gute Tageslichtversorgung konzipiert wird, kann aber mindestens ein wichtiges Akzeptanzkriterium erfüllt werden und eine Attraktivitätssteigerung ist innerhalb des Geflechts von Komfortbedingungen möglich.

Zusammenfassung

Index

A

Absolutblendung, 20
Abstandsflächen, 26
Adaptation, 15
Akzeptanz, 47, 71
Arbeitsstättenverordnung, 25
Arousal, 57
Aspect Ratio, 50, 100
asthenopische Beschwerden, 14
Atriumbüros, 53
Atriumreflexionsgrad, 54, 89
Ausblicks, 65

B

Behaglichkeit, 41, 57
Beleuchtungsregelung, 55
Belüftung, 39
Besonnung, 22
Betriebskosten, 43
Blendempfinden, 64
Blendindex, 64
Blendschutz, 21
Bodenreflexion, 54
Bundesbaugesetzes, 26
Bürogeräte, 91
Bürolandschaft, 30

D

Daylight Glare Index, 63, 65
Direktblendung, 19

E

Energieeinsparung, 73

F

Farbgestaltung, 91
Fassadenreflexion, 52
Fensterflächenanteil, 56, 65

G

Gebäudehülle, 24
Gebrauchstauglichkeit, 71
Gesamtenergiebedarf, 40

Glare Sensation Vote, 63
Grundbedürfnis, 72

H

Helligkeit, 61
Himmelsleuchtdichte, 62

I

Identifikation, 42
I-I - Atrium, 37

K

Klimatisierung, 40
Kontrast, 12
Kontrasterkennung, 12
Kristallpalast, 34
Kühlenergiebedarf, 41
Kühlung, 39
Kunstlichtanteil, 55
Kunstlichtverhältnisse, 57

L

L - Atrium, 37
Landesbauordnung, 27
Larkin Building, 35
Leuchtdichte, 15
Lichtlenkung, 72
Lichtmangelkrankheit SAD, 11: Winterdepression, 11
Lichtstärke, 15
Lichtstreß, 11
Lichtstrom, 15
Light Index, 55
Lohnkosten, 73

M

mechanische Adaptation, 13
Modellmessung, 52

O

O-Atrium, 36
Opalglas, 66
overcast sky, 51

Index

P

Paradies, 33
Passage, 34
physiologische Blendung, 19
Produktivität, 70
psychologische Blendung, 20
Pupille, 13

R

Raumausstattung, 91
Raumeindruck, 38
Reflexblendung, 19
Room Index, 50

S

Schleierreflexion, 20
Schnittverhältnis, 56
Schreibstube, 27
Sky Component, 51
Sonnenschutz, 21
spektrale Hellempfindlichkeit, 14
Spiegelung, 32
Stäbchensehen, 13
Störwirkung, 59

T

Tageslichtautonomie, 22
Tageslichtkomfort, 67
Tageslichtquotient, 16
Tageslichtsignatur, 68
Tageslichtsystem, 68
Treibhaus, 40
Trübung, 19

U

U - Atrium, 36

V

V(l) Kurve, 14
Validität, 99
visuelle Behaglichkeit, 68
visuelle Wahrnehmung, 12
visueller Komfort, 12

W

Wahrnehmungsleistung, 62
Well Index, 50
Wohlbefinden, 60
Wohnverhältnisse, 11

Z

Zapfensehen, 13
Zellenbüro, 29

Quellenangaben

[1] Europäische Charta für Solarenergie in Architektur und Stadtplanung, Berlin 1996
[2] Fortbildungsakademie Mont-Cenis, Planung der natürlichen Beleuchtung und Lüftung, Berlin, 1998
[3] Städtische Sonnenräume, Glässel, Karlsruhe 1985
[4] Guide on Interior Lighting, Publication CIE 29.2-1986
[5] Organismus und Technik, Kükelhaus, Frankfurt 1979
[6] Zehn Bücher zur Architektur, Übers. Baden-Baden 1959
[7] Architektur des 20. Jahrhunderts, Gösse, Leuthäuser, Köln 1990
[8] Daylighting in Architecture, New York 1981
[9] Licht im Hoch- und Städtebau aus medizinischer Sicht, Oeter, NRW 1979
[10] A Holistic Approach to Lighting Design, Loe and Davidson, IAEEL newsletter 2/97
[11] Daylighting in Architecture, New York 1981
[12] Licht und Zeit/ Plummer in ArchitekturLichtArchitektur, Stuttgart 1991
[13] Daylighting in Architecture, CEC, London 1981
[14] Daylighting in Architecture, CEC, London 1981
[15] Licht und Gesundheit, Cakir, Berlin 1999
[16] Baer, Beleuchtungstechnik, Grundlagen
[17] DIN 5031, Teil 3
[18] DIN 5031, Teil 3
[19] DIN 5034, Teil 1, Berlin 1999
[20] Tageslicht & Architektur, Vorwort, Bartenbach, Karlsruhe 1986
[21] Daylight in Architecture, Evans, New York 1981
[22] DIN 5034 Teil 1, Berlin 1999
[23] Handbuch der Lichtplanung, Gansland und Hofmann, Braunschweig 1992
[24] Handbuch der Lichtplanung, Gansland und Hofmann, Braunschweig 1992
[25] Daylight in Architecture, Evans, New York 1981
[26] Sun, rhythm, form, Knowles, Boston 1981
[27] Ausblick auf eine Architektur, Le Corbusier, 1922 dt. Berlin 1963
[28] Daylighting in Architecture, Evans, New York 1981
[29] Daylighting in Architecture, Evans, New York 1981
[30] Tageslichtnutzung in Gebäuden, DIANE 1995
[31] Perception and Lighting as Formgivers for architecture, Lam, New York 1977
[32] Tageslichtbeleuchtung in Büroräumen, Müller, Gutjahr, DBZ 1993
[33] DIN 5034 Teil 1, Berlin 1999
[34] BildscharbV, Anhang 16.
[35] Baurechtliche Grundlagen, Temme, Düsseldorf 1979
[36] Bevölkerung und Erwerbstätigkeit 1996, Statistisches Bundesamt, Wiesbaden 1998
[37] Kulturgeschichte der Büroarbeit, http://www.hnf.de/museum/buero.html 2000
[38] Informationen mit Licht, Kleine in dbz Büro 95
[39] Kulturgeschichte der Büroarbeit, http://www.hnf.de/museum/buero.html 2000
[40] Licht im Büro, Cakir, Berlin 1999
[41] Licht und Gesundheit, Cakir, Berlin 1998
[42] Intelligent Office, Schneider / Gentz, Köln 1997
[43] Zusammenhang zwischen den sich wandelnden Bedingungen der Büroarbeit und dem Büroarbeitsplatz, Schrammen, Aachen 1988
[44] Intelligent Office, Schneider / Gentz, Köln 1997
[45] Intelligent Office, Schneider / Gentz, Köln 1997
[46] Deutsche Bauzzeitung, 11, 1999
[47] Medienräume, Bartenbach, dbz Sondernummer Büro, Gütersloh 1991

Quellenangaben

[48] Daylighting: Design and Analysis, Robbins, New York 1986
[49] Tageslichtbeleuchtung in Büroräumen, Müller, Gutjahr, DBZ 1993
[50] The Lighting of Buildings, Hopkinson, London, 1969
[51] Lexikon der Weltarchitektur, Band 1
[52] Wohltemperierte Architektur; Oswalt (Hrsg.), Karlsruhe 1995
[53] Städtische Sonnenräume, Glässel, Karlsruhe 1985
[54] Städtische Sonnenräume, Glässel, Karlsruhe 1985
[55] The grat indoors, Saxon, Architectural record 1979
[56] Städtische Sonnenräume, Glässel, Karlsruhe 1985
[57] Die Kunst der Architekturgestaltung, Ching, Wiesbaden 1986
[58] Wohltemperierte Architektur; Oswalt (Hrsg.), Karlsruhe 1995
[59] Arbeiten in der Stadt, Owen Lewis, Dublin 1988
[60] Einflußfaktoren verschiedener Atriumtypen auf die Gesamtenergiebilanz von Bürogebäuden, Lee, Dortmund 1998
[61] Wohltemperierte Architektur; Oswalt (Hrsg.), Karlsruhe 1995
[62] Atrium Buildings, Saxon, New York, 1983
[63] Atrium, Lichthöfe seit 5 Jahrtausenden, Blaser, Basel 1985
[64] Intelligent Office, Schneider, Gentz, Müller, Köln 1997
[65] The new atrium, Bednar, New York 1968
[66] Städtische Sonnenräume, Glässel, Karlsruhe 1985
[67] Daylight Performance of Buildings, Fontoynont, London 1999
[68] Eignung von Methoden zur Ermittlung von Beleuchtungsniveaus am Beispiel von Arbeitsplätzen mit geringen Sehanforderungen, Völker, Gall, Licht 1996, Leipzig, S. 390
[69] Windows, Skylights and Atria Occupants visual / subjective Comparison, Ne'eman & Selkowitz 1984
[70] The Effect of the Surfaces Enclosing Atria on the Daylight in Adjacent Spaces, Cole, Building and Environment, 1990
[71] Daylighting in Architecture, Baker et.al. London, 1993
[72] Simple Design Tool for Lighting, ... Hopkirk, Dübendorf, 1998
[73] Atrium Skylight Practice in Canada, Galasiu, Atif, Ottawa, 1997
[74] Wieviel Licht braucht der Mensch, Schierz, Wiesbaden 1999
[75] Licht und Gesundheit, Cakir, Berlin 1998
[76] Licht und Gesundheit, Cakir, Berlin 1998
[77] Wieviel Licht braucht der Mensch, Schierz, Wiesbaden, 1999
[78] Daylighting in Architecture, Baker et.al. London, 1993
[79] Daylighting in Architecture, Baker et.al. London, 1993
[80] Impact of Window Size and Sunlight Penetration on Office Workers Mood and Satisfaction, Bouberki, Hulliv, Boyer, 1991
[81] IDAS, Final Report, Wilk, Forrest, EU 1999
[82] Glare from Windows, Chauvel, Dogniaux, Collins, Longmore, Lighting Res. Technol. 14, 1982
[83] Subjective Response on discomfort glare caused by windows, Iwata et al, CIE, 1991
[84] Assessment of lighting quality in office rooms with daylighting systems, Velds, Delft 1999
[85] Assessment of lighting quality in office rooms with daylighting systems., Velds, Delft 1999
[86] Tageslicht am Arbeitsplatz, Wienold und Schossig, Freiburg / Staffelstein 1999
[87] Windows, Skylights and Atria Occupants Visual / Subjective Comparison, Ne'eman

Quellenangaben

Selkowitz, 1984
[88] Daylighting: Design and Analysis, Robbins, New York 1986
[89] Handbuch der Lichtplanung, Ganslandt und Hofmann, Braunschweig 1992
[90] Views through a window, Masao Inui, Tokyo 1980
[91] Daylight in Architecture, Evans, New York 1981
[92] Windows, skylights and atria-occupants visual/subjective comparison, Ne'emen Selkowitz, Berkeley 1984
[93] Architectural Physics: Lighting, R. G. Hopkinson, London 1963
[94] Determinants of Lighting Quality, J. A. Veitch, G. R. Newsham, Ottawa 1996
[95] Tageslichtnutzung in Gebäuden, DIANE, Bern 1995
[96] Zur Beurteilung der Tageslichtqualität in der Praxis, Sick, Staffelstein 1999
[97] Eignung von Methoden zur Ermittlung von Beleuchtungsniveaus am Beispiel von Arbeitsplätzen mit geringen Sehanforderungen, Gall, Völker, in LICHT'96, S 384 - 391
[98] ebd.
[99] Leistungsförderndes Arbeitsumfeld, Möhl, Essen 1999
[100] Using Advanced Office Technology to Increase Productivity, Kroner, Troy, 1992
[101] Daylighting and Productivity, Pacific Energy Center, www.lightforum.com, 1999
[102] Impact of window size and sunlight penetration on office workers mood and satisfaction Boubekri, Hulliv, Boyer, environement and behavior 1991
[103] Licht im Büro, Cakir, Berlin 1999
[104] Licht und Gesundheit, Cakir, Berlin 1999
[105] Zusammenhang zwischen den sich wandelnden Bedingungen der Büroarbeit und dem Büroarbeitsplatz, Schrammen, Aachen 1988
[106] Tageslichtnutzung in Gebäuden, DIANE, Bern 1995
[107] COMPUTERWOCHE (hp) 1991 München
[108] Städtische Sonnenräume, Glässel, Karlsruhe, 1985
[109] Determinants of lighting quality, Veitch, 1996
[110] Using Advanced Office Technology to Increase Productivity, Kroner et. al. Troy 1992
[111] Tageslichttechnisch begründete Bemessung von Gebäudeabständen und Fenstern , Freymuth, Stuttgart 1978
[112] Umfragen in der Massengesellschaft, Noelle, Reinbek, 1967 3.Aufl.
[113] Post occupancy evaluation (POE), Hyyge, Löfberg, IEA 1995
[114] Daylighting in Architecture, CEC London, 1993
[115] Post occupancy evaluation (POE), Hygge, Löfberg, IEA 1995
[116] Erwerbstätigkeit und Bevölkerung, Statistisches Bundesamt, Wiesbaden 2000
[117] Menschen im Büro, Steelcase Strafor, Herzogenrath 1990
[118] Daylighting in Architecture, CIE, 1993
[119] Licht im Büro, Cakir, Berlin 1999
[120] Daylighting: Design and Analysis, Robbins, New York 1986

Quellenangaben

Abbildungen:
alle Abbildungen sind vom Autor erstellt mit Ausnahme:
Abbildung 1: Biologie Heute, STRAUSS, DOBERS, JAENICKE, Sroedel, Hannover 1991
Abbildung 2: nach: Licht und Gesundheit, CAKIR, Berlin, 1998
Abbildung 4: Handbuch der Lichtplanung, GANSLAND, HOFMANN
　　　　　　 Vieweg Braunschweig 1992
Abbildung 6: Intelligent office, SCHNEIDER, GENTZ, Müller, Köln, 1997
Abbildung 7: Lexikon der Weltarchitektur, rororo, Reinbek, 1984
Abbildung 8: Städtische Sonnenräume, GLÄSSEL, C. F. Müller, Karlsruhe, 1985
Abbildung 13: nach: Einflußfaktoren verschiedener Atriumtypen auf die Gesamtenergiebi-
　　　　　　　lanz von Bürogebäuden, LEE, Wuppertal　　1998
Abbildung 14: nach CEC, Working in the City, Brüssel, Dubin, 1988
Abbildung 15: nach: Einflußfaktoren verschiedener Atriumtypen auf die Gesamtenergiebi-
　　　　　　　lanz von Bürogebäuden, LEE, Wuppertal　　1998
Abbildung 16: Intelligent Office, SCHNEIDER GENTZ, Müller, Köln, 1997
Abbildung 20: Atrium Buildings, SAXON, van Nostrand　New York　　1983
Abbildung 21: nach: 'Daylight in Architecture', EVANS McGraw Hill, New York, 1981
Abbildung 22: nach: 'Daylight in Architecture' EVANS McGraw Hill, New York, 1981
Abbildung 24: nach: 'Daylight in Architecture' EVANS McGraw Hill, New York, 1981
Abbildung 25: nach: Simple Design Tool for Lighting, Lighting plus Heating and Cooling
　　　　　　　Energy in an Office adjacent to an Atrium, HOPKIRK, Ottawa 1998
Abbildung 26: nach: The Effect of the Surfaces Enclosing Atria on the Daylight in Adjacent
　　　　　　　Spaces, COLE, Building and Environement, Vol. 25, Nr. 1, 1990,
Abbildung 27: nach: Office workers response to lighting and daylighting issues in workspace
　　　　　　　environments, NE'EMAN, SWEITZER, VINE
　　　　　　　International Daylighting Conference　　　　　1983
Abbildung 28: nach: Licht und Gesundheit, CAKIR, Berlin, 1998
Abbildung 29: nach: Licht und Gesundheit, CAKIR, Berlin, 1998
Abbildung 30: nach: Tageslichttechnisch begründete Bemessung von Gebäudeabständen und
　　　　　　　Fenstern, FREYMUTH, Stuttgart　　1978
Abbildung 31: nach: Assesment of lighting quality in office rooms with daylighting systems
　　　　　　　VELDS, Dissertation Delft/Berlin　　1999,
Abbildung 32: nach: Tageslicht am Arbeitsplatz, WIENOLD, Staffelstein, 1999
Abbildung 33: nach: Bürohaus- und Verwaltungsbau, SIEVERTS, Kohlhammer Stuttgart
　　　　　　　1980
Abbildung 34: nach: Using Advanced Office Technology to Increase Productivity,
　　　　　　　KRONER, Troy,　　1992
Abbildung 35: nach: Bürohaus- und Verwaltungsbau, SIEVERTS, Kohlhammer Stuttgart
　　　　　　　1980
Abbildung 51: nach: Menschen im Büro, STEELCASE STRAFOR, Pohlschröder-Basten
　　　　　　　Herzogenrath 1990

Anhang

I. Statistische Methoden

Neben der einfachen Auszählung der Ergebnisse, Mittelwertbildungen und Bildung von Summenvariablen wurden verschiedene statistische Testmethoden angewandt, um die statistische Signifikanz der einfachen Auswertung zu überprüfen.

A. Wilcoxon-Rangsummentest

Der Wilcoxon-Rangsummentest ist auch unter dem Namen Mann-Whitney U-Test bekannt. Der Wilcoxon-Rangsummentest eignet sich zum Testen, ob zwei Verteilungen sich hinsichtlich der Lage unterscheiden. Die Nullhypothese ist die Gleichheit der Verteilungen. Unter der Alternative unterscheiden sich die beiden Verteilungen hinsichtlich der Lage. Dies ist ein nichtparametrischer Test. Die Teststatistik basiert auf den Rängen der geordneten, kombinierten Stichprobe. Im Gegensatz zum t-Test setzt der Wilcoxon-Test nicht voraus, dass die untersuchten Merkmale normalverteilt sind.der Test eignet sich, um die Unterschiede in Bewertungen einzelner Fragen für verschiedene Nutzergruppen zu untersuchen.

B. Kruskal-Wallis-Test

Der Kruskal-Wallis-Test ist ein nichtparametrischer Test, der zur Entdeckung von Lageunterschieden bei $c \geq 2$ Verteilungen eingesetzt wird. Unter der Nullhypothese haben alle untersuchten Verteilungen den gleichen Lageparameter, während sich unter der Alternativen mindestens zwei Verteilungen hinsichtlich ihrer Lage unterscheiden. Als nichtparametrischer Test setzt der Kruskal-Wallis-Test nicht voraus, dass die untersuchten Merkmale normalverteilt sind. Die Teststatistik basiert auf den Rängen der geordneten, kombinierten Stichprobe. Im Gegensatz zum F-Test der klassischen Varianzanalyse setzt der Kruskal-Wallis-Test nicht voraus, dass die untersuchten Merkmale normalverteilt sind.

Die von Kruskal-Wallis vorgeschlagene Teststatistik basiert auf den so genannte Rängen. Hierzu werden die Stichprobenwerte aus allen c Gruppen kombiniert und die beobachteten Messwerte werden der Größe nach geordnet. Es folgt eine Zuweisung von Rängen, d.h. der kleinste Messwert bekommt den Rang 1, der zweitkleinste den Rang 2, usw. Nach der Rangvergabe wird für jede Gruppe getrennt die Rangsumme R_i gebildet, i=1, ... , c. Die Kruskal-Wallis-Teststatistik lautet

$$H = \frac{12}{N(N+1)} \sum_{i=1}^{c} \frac{1}{n_i}(R_i - \frac{n_i(N+1)}{2})^2 \ ,$$

wobei n_i die Anzahl der Messwerte in der i-ten Stichprobe, N die Gesamtanzahl der Messwerte in allen c Stichproben und Ri die Rangsumme in der i-ten Stichprobe ist. Die Nullhypothese wird abgelehnt, wenn die Teststatistik H größer oder gleich dem kritischen Wert h1-a ist, wobei a das Testniveau ist, hier a=5%. Die Testentscheidung lässt sich auch mittels des p-Wertes treffen. Ist der p-Wert kleiner als das vorgegebene Niveau a, kann die Nullhypothese abgelehnt werden, d.h es liegt ein signifikanter Unterschied der Verteilungen vor.

C. Boxplot

Der Boxplot gibt die Verteilung der abhängigen Variable für jede der Gruppen, z.B. „Atrium"/ „andere", wieder. Die unteren und oberen Grenzen der Boxen

Anhang

repräsentieren die unteren und oberen Quartile. Das untere Quartil sagt aus, dass 0,25*n (wobei n die Anzahl der Beobachtungen ist) Beobachtungswerte kleiner oder gleich diesem Wert sind und 0,75*n Beobachtungswerte größer diesem Wert sind. Das obere Quartil ist so definiert, dass 0,75*n Beobachtungswerte kleiner oder gleich diesem Wert und 0,25*n größer sind. Die Länge dieser Box entspricht dem Interquartilsbereich. Somit enthält die Box die mittleren 50% der Werte einer Gruppe. Die Linie in der Box gibt die Lage des Medians an. Der Median ist die mittlere Beobachtung, d.h. 50% der beobachteten Werte sind kleiner als der Median und 50% der beobachteten Werte sind größer als der Median. Je länger die Box ist, um so stärker ist die Variabilität der Beobachtungswerte. Die von den Boxen ausgehenden Linien reichen jeweils bis zum letzten Wert, der höchstens 1,5 mal den Interquartilsabstand (Abstand zwischen unterem und oberem Quartil) außerhalb der Box liegt.

Anhang

II. Literaturverzeichnis

Baer, Roland (Hrsg)
Beleuchtungstechnik, Grundlagen
Verlag Technik GmbH, Berlin, 2. Aufl. 1996

Bartenbach, Christian Wagner, G.
Sonnenenergie total Die licht- und wärmeoptimierte Fassade
dbz 1996, Seite 155-156

Bartenbach, Christian
Medienräume
dbz Büro 1991, Seite 97 - 100

Becker Epsten, Dagmar
Tageslicht & Architektur, Möglichkeit zur Energieeinsparung
C. F. Müller GmbH, Karlsruhe 1986

Bednar, Michael J.
The new atrium, McGraw Hill, Inc. New York 1968

Behling, Sophia und Stefan
Sol power, die Evolution der solaren Architektur
Prestel, München 1996

Blaser, Werner
Atrium, Lichthöfe seit 5 Jahrtsd.
Wepf & Co. AG, Basel 1985

Bodmann, Hans Walter Eberbach, Klaus Leszczynska Hanna
Lichttechnische und ergonomische Gütekriterien der Einzelplatzbeleuchtung im
Büro
Wirtschaftsverlag NW, Bremerhafen 1995

Boubekri, Hohamed Hulliv, Boyer
Impact of window size and sunlight penetration on office workers mood and
satisfaction, a novel way of assessing sunlight environment and behavior, Vol 23,
Nr. 4, 1991, Seite 474 - 493

Cakir, Ahmet Cakir, Gisela
Licht im Büro
ergonomic, Berlin 1999

Cakir, Ahmet Cakir, Gisela
Licht und Gesundheit
ERGONOMIC, Berlin 1998

Anhang

Chauvel, P Collins, Dognaiux, Longmore
Glare from windows current view of the problem
Physical, Psychological and architectual aspects
CIE, Proceedings on DAYLIGHT, 1980, Seite 294 - 301

Ching, Francis D. K.
Die Kunst der Architekturgestaltung als Zusammenklang von Form, Raum und Ordnung
Bauverlag GmbH, Wiesbaden 1986, 2.Aufl.

CEC, Commision of the European Community, J. Owen Lewis
Arbeiten in der Stadt, Working in the City
Brüssel, Dubin 1988

CIE
Disconmfort Glare in the interior working environment
Publication CIE N° 55 - 1983, Paris 1983

CIE
Guide on Interior Lighting
Publication CIE 29.2-1986, Paris 1986

Cole, R.J.
The Effect of the Surfaces Enclosing Atria on the Daylight in Adjacent Spaces
Building and Environement, Vol. 25, Nr. 1, 1990, Seite 37 - 42

Commision of the European Communities Baker, Franchiotti, Steemers
Daylighting in Architecture A European Reference Book
James & James, London 1993

Eberspächer, J. Hrsg.
Licht Luft Schall
Forum-Verlag GmbH, Stuttgart 1977

Energy Research Group,
School of Architecture, University College Dublin
Energy in Architecture, The European Passive Solar Handbook
B.T. Batsford, London 1992

Evans, Benjamin H.
Daylight in Architecture
McGraw Hill, New York 1981

Fischer, Udo
Tageslichttechnik
Rudolf Müller, Köln 1982

Anhang

Flagge, Ingeborg, Hrsg.
ArchitekturLichtArchitektur
Krämer, Stuttgart; Zürich 1991

Fleischer, Susanne, Krueger, Helmut & Schierz, Christoph
Einfluss von Helligkeitsverteilungen und Lichtfarben auf den Menschen im Büro
Laborversuche des Projekts "Harmonisches Licht"
6. Symposium Innovative Lichttechnik in Gebäuden, 2000, Seite 216 - 221

Fontoynont, Marc
Daylight Performance of Builidings
James & James, London 1999

Frenzel, Brigitta, Sick, Friedrich
Tageslichttechnische Planung und energetische Optimierung
dbz 4'1995, Seite 145 - 151

Freymuth, Hanns
Tageslichttechnisch begründete Bemessung von Gebäudeabständen und Fenstern
Universität Stuttgart, Stuttgart 1978

Fritz, Hans Joachim
Menschen in Büroräumen, über langfristige Strukturwandlungen büroräuml.
Arbeitsbedingungen
Heinz Moos Verlag, Gräfeling 1982

Galasiu, A. D., Atif, M. R.
Atrium Skylight Practice in Canada A Survey on thermal an daylight choices
Right Light   4'1997, Seite 101 - 112

Gall, Dietrich, Völker, Stephan
Eignung von Methoden zur Ermittlung von Beleuchtungsniveaus am Beispiel von
Arbeitsplätzen mit geringen Sehanforderungen, Tagungsband LICHT 96, Seite 384 -
391,
Leipzig 1996

Gansland, Rüdiger   Hofmann, Harald
Handbuch der Lichtplanung
Vieweg, Braunschweig 1992

Gilchrist, Alan L.
Die Wahrnehmung schwarzer und weißer Flächen
Spektrum der Wissenschaft 1986, Seite 140 - 148

Glässel, Joachim
Städtische Sonnenräume, Konzept für klimagerechtes Bauen in nördl. Breiten
C. F. Müller GmbH, Karlsruhe 1985

Anhang

Gösse Leuthäuser
Architektur des 20. Jahrhundert
Taschen, Köln 1990

Hasch, Bernd
Raum und Flächenplanung im Verwaltungsbau
dbz 10'1994, Seite 123 - 136

Hopkinson, R. G., Petherbridge P., Longmore J.
Daylighting
Heinemann, London 1966

Hopkinson, R. G., Kay, J. D.
The Lighting of Buildings
Faber & Faber, London 1969

Hopkirk, Nicole
Simple Design Tool for Lighting, Lighting plus Heating and Cooling Energy in an Office adjacent to an Atrium
Ottawa, IEA Task 21, 1998

Hygge, Staffan, Löfberg, Hans Allan
Post occupancy evaluation, Guidelines, standard cases, questionaire
IEA 1995

Inui, Masao, Views through a window
Proceedings on DAYLIGHT, Physical, Psychological and architectual aspects
CIE 1980, Seite 323 - 331

Kiss, Miklos
Tageslichtnutzung in Gebäuden, Denkanstöße
EDMZ, Bern 1995

Kleine, Perter M.
Informationen im Licht   Historisches zur Bürobeleuchtung
dbz Büro 1995, Seite 88 - 92

Knowles, Ralph L
Sun rhythm form
MIT Press, Cambridge (USA); London 1981

König, René
Handbuch der empirischen Sozialforschung Band 2, Grundlegende Methoden und Techniken der empirischen Sozialforschung
Ferdinant Enke Verlag, Stuttgart 1973, 3.Aufl.

Anhang

Kroner, Walter, Star-Martin, J. A., Willemain, Th.
Using Advanced Office Technology to Increase Productivity, Rensellaer's West Bend Mutual Study
Troy, NY 12180, 1992

Kunze, C.
Gebäude mit glasüberdachten Innenhöfen, Atriumgebäude aus der Sicht des Brandschutzes
dbz 4'1993, Seite 635 - 644

Lam, William
Perception and lighting as formgivers for architecture
McGraw-Hill, New York 1977

LeCorbusier
Ausblick auf eine Architektur, dt. Übersetzung
Ullstein, Berlin 1963

Lee, Yong-Kwang
Einflußfaktoren verschiedener Atriumtypen auf die Gesamtenergiebilanz von Bürogebäuden
Ströthoff und Hage, Wuppertal 1998

Littlefair, P. J.
Designing with innovative daylighting
BRE, Watford 1996

Lutz, Peter, Richard Jenisch, Heinz Klopfer, Hanns Freymuth, Lore Krampf, Karl Petzold
Lehrbuch der Bauphysik, Schall, Wärme, Feuchte, Licht, Brand, Klima
Teubner, Stuttgart 1994

Möhl, Dr. Ulrich, Org. Lomonaco, Carol + Miller, Dennis
Leistungsfördnerdes Arbeitsumfeld
Metasys, Essen 1999

Müller, Helmut F. O.
Fortbildungsakademie Mont-Cenis, Planung der natürlichen Beleuchtung und Lüftung
Syposium Energiefassaden 1998, Seite 11 - 16

Müller, Helmut F. O., Gutjahr, J.
Tageslichtbeleuchtung in Büroräumen
dbz Licht 1993

Anhang

Müller, Werner, Vogel, Gunther
dtv Atlas zur Baukunst, Band 2, Baugeschichte von der Romantik bis zur Gegenwart
Deutscher Taschenbuch Verlag GmbH & Co. KG, München 1989, 6.Aufl.

N.N
Vorplanung, Simulation der Raumluftzustände in Atrien
AIT 5'1992, Seite 274 - 277

N.N
Daylighting and Productivity
PEC, San Francisco 2000

N.N
Kulturgeschichte der Büroarbeit,
http://www.hnf.de/museum/buero.html 2000

Navab, M., Selkowitz, S.
Daylighting for Atrium Design
LBL-18248, 1984

Ne'eman, Eliyahu, Sweitzer, Glenn
Ofice Worker response to lighting and daylighting issues in workspace environments
a pilot survey
International Daylighting Conference 1983

Neumann, Dietrich
Prismatisches Glas
DETAIL 1'1995

Nevoigt, Jürgen, Gall, Dietrich
Evaluation of lighting conditions and glare caused by daylight in actual working
environment, EU- Joule 3 Project JOR-CT96-0010, Ilmenau, 1997

Noelle, Elisabeth, Hrsg. Grassi, Ernesto
Umfragen in der Massengesellschaft   Einführung in die Methoden der
Demoskopie
Rowohlt Taschenbuch, Reinbek 1967, 3. Auflage

Oeter, Dietrich
Licht im Hoch- und Städtebau aus medizinischer Sicht
Schriftenreihe Landes- und Stadtentwicklungsgeschichte NRW Band 3.021
Innenminister NRW 1979

Oswalt, Philipp (Hrsg)
Wohltemperierte Architektur
C.F.Müller, Karlsruhe 1995

Anhang

Ott, John N.
Risikofaktor Kunstlicht, Health and light <dt.>
Droemer Knaur, München 1989

Pevsner, Fleming, Honour
Lexikon der Weltarchitektur
Rowohlt, Hamburg 1976

Ranft, Fred
Energetische Optimierung von Bebauungsplänen und Bauplanungen
dbz 11'1994, Seite 135 - 142

Robbins, Claude L.
Daylighting, Design and Analysis
van Nostrand, New York 1986

Saxon, Richard G.
Atrium buildings, Developement and design
van Nostrand, New York 1983

Saxon, Richard G.
The Great Indoors
Architectural Review   3'1979, Seite 15 - 18

Schierz, Ch.
Wieviel Licht braucht der Mensch?
Workshop Ergonomie des Büroarbeitsplatzes, 39. Jahrestagung der DGAUM,
Wiesbaden 1999

Schneider, Rüdiger, Gentz, M.
Intelligent Office
Rudolf Müller, Köln 1997

Schrammen, Burkhard
Zusammenhang zwischen den sich wandelnden Bedingungen der Büroarbeit und
dem Büroarbeitsplatz
Dissertation, Aachen 1988

Sick, Friedrich
Zur Beurteilung der Tageslichtqualität in der Praxis
5. Symposium Innovative Lichttechnik in Gebäuden
Staffelstein, 1999, Seite 178 - 192

Sieverts, Ernst
Bürohaus- und Verwaltungsbau
Kohlhammer, Stuttgart 1980

Anhang

Statistisches Bundesamt, Hrsg.
Bevölkerung und Erwerbstätigkeit, Fachserie 1 Reihe 4.1.2, Beruf, Ausbildung und Arbeitsbedingungen der Erwerbstätigen 1999,
Metzler-Poeschel, Stuttgart 2000

Steelcase Strafor, Hrsg.
Menschen im Büro, Motivation durch Gestaltung
Pohlschröder-Basten, Herzogenrath 1990

Twarowski, Mieczylaw
Sonne und Architektur
Calldewey, München   1962

Veitch, J. A, Newsham, G. R
Determinants of lighting quality I: State of the science
Annual Conference of the Illuminating Engineering Society of North America,
Cleveland, 1996

Velds, Martine
Assessment of lighting quality in office rooms with daylighting systems
Dissertation, Delft/Berlin 1999

Vitruvius Pollio, Marcus, Prestel, Jakob Übers.
10 Bücher über Architektur
Verlag Heintz GmbH, Baden-Baden 1959

Watson, Donald
The energy within the space within
progressive architecture 7'1982, Seite 97 - 102

Wienold, Jan Schossig, Peter
Tageslicht am Arbeitsplatz, Messung, Bewertung und Nutzerakzeptanz von neuen Tageslichtsystemen
Fünftes Symposium Innovative Lichttechnik in Gebäuden,
Staffelstein 1999, Seite 56 - 60

Wiik, Carina,   Forrest, Trevor
Integrated daylighting systems based on smart controls for user satisfaction, EU-Joule 3 Project JOR-CT96-0010, Helsinki 1999

Willbold-Lohr, Gabriele
Proceedings, Buiding 2000 Workshop
EGM Dordrecht, NL 1988

Anhang

III. Projektdokumentation

Arbeitsamt Saarbrücken: Das tonnenförmig überdadchte Atrium verbindet als Erschließungshalle zwei sechgeschossige Gebäuderiegel. Die Atrium- sind wie die Außenfassaden bis zum 4.OG Lochfassaden mit hellem Mauerwerk.	
Grundriss:	
geographische Lage:	49,14°NB 6,49°ÖL
Jahr der Fertigstellung:	1997
Architekt:	Consult Partner, Wandel Hoefer Lorch, Saarbrücken
Städtbauliche Umgebung:	Gewerbegebiet
Atriumtyp:	I-I Atrium, Strinseiten im EG und 1.OG geschlossen
Atriumfläche, Atriumvolumen:	635 m², 14.560 m³
Zahl der befragten Nutzer:	16

Anhang

Stadtsparkasse Wuppertal: Das halbtonnenförmig überdadchte Atrium verbindet als Erschließungshalle zwei verschieden hohe Gebäuderiegel. Die Atrium- sind wie die Außenfassaden bis zum 4.OG Lochfassaden mit heller Sandsteinverkleidung.	
Grundriss:	
geographische Lage:	51,15°NB 7,09°ÖL
Jahr der Fertigstellung:	1997
Architekt:	Rhode u. Kellermann u. Wawrowsky GbR Architekten
Städtbauliche Umgebung:	Verkehrsader
Atriumtyp:	I-I Atrium, asymetrisch
Atriumfläche, Atriumvolumen:	1200m², 18000m³
Zahl der befragten Nutzer:	16

Anhang

Dominohaus Reutlingen: Das viergeschossige Atrium verbindet als Erschließungshalle zwei verschieden hohe Gebäuderiegel. Die Atriumstirnseiten sind jeweils ein Geschoss niedriger.	
Grundriss:	
geographische Lage:	48,29°NB 9,13°ÖL
Jahr der Fertigstellung:	1995
Architekt:	Riehle, Loew, Gaiser Reutlingen
Städtbauliche Umgebung:	Innenstadtlage
Atriumtyp:	O Atrium, asymetrisch
Atriumfläche, Atriumvolumen:	730 m², 7400 m³
Zahl der befragten Nutzer:	11

Anhang

EWZ Zürich Vier U-förmige Atrien mit Büronutzungen sind um eine zentrale Erschließungshalle gruppiert. Für die Tageslichtversorgung der Atriumbüros sind außenliegende Lightshelfs installiert, die das von oben einfallende Tageslicht an die Decken der Büroräume umlenken.	
Grundriss:	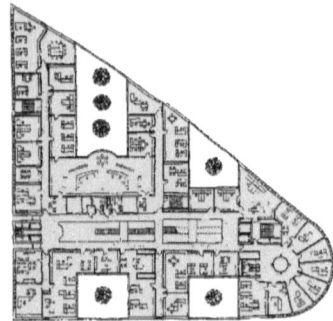
geographische Lage:	47.38 °NB 8.6 °ÖL
Jahr der Fertigstellung:	1994
Architekt:	Atelier WW, Zürich
Städtbauliche Umgebung:	Verkehrsader
Atriumtyp:	U-Atrien (4x mit angrenzenden Büros) O-Atrium als zentrale Eschließungshalle
Atriumfläche, Atriumvolumen:	95 m², 1795 m³ (2 Atrien) 105 m², 1995 m³ 218 m², 4142 m³
Zahl der befragten Nutzer:	20

Anhang

Generaldirektion Telekom Bonn Das Atrium dient als Eingangshalle zum gesamten Gebäudekomplex. An den Längsseiten befinden sich nur in den oberen Geschossen Büroräume.	
Grundriss:	
geographische Lage:	50.71 °NB 7.06 °ÖL
Jahr der Fertigstellung:	1995
Architekt:	Kammerer & Belz, Stuttgart
Städtbauliche Umgebung:	Gewerbegebiet
Atriumtyp:	I-I-Atrium
Atriumfläche, Atriumvolumen:	890 m², 24200 m³
Zahl der befragten Nutzer:	20

Anhang

Ludwig Erhard Haus Berlin In enger städtbaulicher Umgebung gruppieren sich drei Büroflügel um zwei U-förmige gestaffelte Atrien.	
Grundriss:	
geographische Lage:	52.5 °NB 13.5 °ÖL
Jahr der Fertigstellung:	1999
Architekt:	N. Grimshaw
Städtbauliche Umgebung:	Innenstadtlage
Atriumtyp:	U-Atrium
Atriumfläche, Atriumvolumen:	567 m², 19000 m³ 442 m², 11200 m³
Zahl der befragten Nutzer:	20

Anhang

Haus der Verbände Um ein großflächiges Atrium mit filigranem Glasdach gruppieren sich allseitig sechs-geschossige Gebäudeflügel und ein höherer Gebäudeblock.	
Grundriss:	
geographische Lage:	52.5 °NB 13.5 °ÖL
Jahr der Fertigstellung:	1999
Architekt:	Schweger & Partner, Hamburg
Städtbauliche Umgebung:	Innenstadtlage
Atriumtyp:	O-Atrium
Atriumfläche, Atriumvolumen:	2100 m², 59600 m³
Zahl der befragten Nutzer:	21

Anhang

WDR Landesstudio, Düsseldorf	
Das Atrium dient als Eingangshalle zum gesamten Gebäudekomplex. An den Längsseiten befinden sich nur in den oberen Geschossen einige Büroräume. In Verlängerung des Atriums liegt ein zweigeschossiger Innenhof.	
Grundriss:	
geographische Lage:	51.27 °NB 3.70 °ÖL
Jahr der Fertigstellung:	1993
Architekt:	Parade & Partner, Düsseldorf
Städtbauliche Umgebung:	Gewerbegebiet
Atriumtyp:	U-Atrium
Atriumfläche, Atriumvolumen:	350 m², 7500 m³
Zahl der befragten Nutzer:	12

Anhang

VR Leasing Eschborn Das L-förmige Atrium dient als Eingangshalle zum gesamten Gebäudekomplex. Die Gebäudeflügel haben jeweils einen Teil der Büroräume zum Atrium orientiert.	
Grundriss:	
geographische Lage:	50.06 °NB 8.41 °ÖL
Jahr der Fertigstellung:	1996
Architekt:	Seifert Planung, Darmstadt
Städtbauliche Umgebung:	Gewerbegebiet
Atriumtyp:	L-Atrium, I-I Atrium (Mischform)
Atriumfläche, Atriumvolumen:	800 m², 17500 m³
Zahl der befragten Nutzer:	12

Anhang

Atricom Frankfurt Das verhältnismäßig hohe Atrium dient als Eingangshalle. In den Gebäudeflügeln befinden sich in allen Obergeschossen Büroräume überwiegend mit Ausblick durch das Atrium ins Freie.	
Grundriss:	
geographische Lage:	50.06 °NB 8.41 °ÖL
Jahr der Fertigstellung:	1990
Architekt:	KSP, Braunschweig
Städtbauliche Umgebung:	Gewerbegebiet
Atriumtyp:	L-Atrium
Atriumfläche, Atriumvolumen:	1540 m², 67000 m³
Zahl der befragten Nutzer:	10

Anhang

Hypo Vereinsbank, Frankfurt Das U-förmige Atrium verbindet zwei Gebäudeflügel. An den Längsseiten befinden sich allen Obergeschossen Büroräume.	
Grundriss:	
geographische Lage:	50.06 °NB 8.41 °ÖL
Jahr der Fertigstellung:	1992
Architekt:	Nägele, Hoffmann, Tiedemann
Städtbauliche Umgebung:	Innenstadt
Atriumtyp:	U-Atrium
Atriumfläche, Atriumvolumen:	470 m², 21800 m³
Zahl der befragten Nutzer:	15

Anhang

Kundencenter Stadtwerke, Frankfurt Mainova Zwei U-förmige Atrien verbinden drei Gebäudeflügel an einem Verkehrsknotenpunkt zu einem Gesamtkomplex. Die Atrien werden als Kundenhalle und als Mitarbeiterrestaurant intensiv genutzt.	
Grundriss:	
geographische Lage:	50.71 °NB 7.06 °ÖL
Jahr der Fertigstellung:	1995
Architekt:	Kammerer & Belz
Städtbauliche Umgebung:	Gewerbegebiet
Atriumtyp:	U-Atrium
Atriumfläche, Atriumvolumen:	890 m², 24200 m³
Zahl der befragten Nutzer:	20

Anhang

Zürichhaus, Hamburg	
Zwei verschieden große U-förmige Atrien verbinden drei Gebäudeflügel an einem Verkehrsknotenpunkt zu einem Gesamtkomplex.	
Grundriss:	
geographische Lage:	53.60 °NB 10.00 °ÖL
Jahr der Fertigstellung:	1993
Architekt:	GMP, Hamburg
Städtbauliche Umgebung:	Verkehrsknoten, Innenstadtlage
Atriumtyp:	U-Atrium
Atriumfläche, Atriumvolumen:	420 m², 9300 m³ 560 m², 12300 m³
Zahl der befragten Nutzer:	5

Anhang

Kreishaus, Herford Zwei verschieden große U-förmige Atrien verbinden drei bis zu vier-geschossige Gebäudeflügel an einer Bahnlinie. Die Atrien werden nicht genutzt.	
Grundriss:	
geographische Lage:	52.70 °NB 8.39 °ÖL
Jahr der Fertigstellung:	1995
Architekt:	Schmidt, Schmersal, Bad Salzuflen
Städtbauliche Umgebung:	Verkehrsknoten, Innenstadtlage
Atriumtyp:	U-Atrium
Atriumfläche, Atriumvolumen:	420 m², 6000 m³ 550 m², 7600 m³
Zahl der befragten Nutzer:	11

Anhang

Verwaltung, Messe Leipzig Um ein langgestrecktes viergeschossiges Atrium sind allseitig Büronutzungen organisiert.	
Grundriss:	
geographische Lage:	51.40 °NB 12.40 °ÖL
Jahr der Fertigstellung:	1995
Architekt:	GMP, Hamburg
Städtbauliche Umgebung:	Gewerbegebiet
Atriumtyp:	O-Atrium
Atriumfläche, Atriumvolumen:	1100 m², 19300 m³
Zahl der befragten Nutzer:	22

Anhang

agiplan, Mülheim a.d. Ruhr Ein angefügter Gebäudeflügel wird über ein dreigeschossiges I-I Atrium mit dem bestehenden Gebäude verbunden. Die Großraumbüros grenzen offen an das Atrium.	
Grundriss:	
geographische Lage:	51.55 °NB 6.80 °ÖL
Jahr der Fertigstellung:	1997
Architekt:	Foster Associates, London
Städtbauliche Umgebung:	Gewerbegebiet
Atriumtyp:	I-I Atrium
Atriumfläche, Atriumvolumen:	400 m², 7250 m³
Zahl der befragten Nutzer:	9

Anhang

Lavarge-Braas Hauptverwaltung Ein zweigeschossiges Atrium mit Satteldachstruktur dient als Eingangshalle und verbindet die angrenzenden Gebäudeteile.	
Grundriss:	
geographische Lage:	50.11 °NB 8.35 °ÖL
Jahr der Fertigstellung:	
Architekt:	Gallwitz, Hoffmann u. Partner, Oberursel
Städtbauliche Umgebung:	Gewerbegebiet
Atriumtyp:	I-I Atrium
Atriumfläche, Atriumvolumen:	400 m², 4450 m³
Zahl der befragten Nutzer:	8

Anhang

Volksbank, Pforzheim Ein geschwungenes Dach mit wabenförmig angeordneten Oberlichtern überspannt drei verschieden große Atrien.	
Grundriss:	
geographische Lage:	48.53 °NB 8.42 °ÖL
Jahr der Fertigstellung:	
Architekt:	Kauffmann Theilig
Städtbauliche Umgebung:	Innenstadtlage
Atriumtyp:	3 x I-I Atrium
Atriumfläche, Atriumvolumen:	660 m², 15900 m³ 470 m², 10300 m³ 220 m², 4800 m³
Zahl der befragten Nutzer:	16

Anhang

Götz GmbH, Würzburg Ein kleines, offenes Atrium über zwei Geschosse hat ein verfahrbares Dach. Das qaudratische Gebäude wird außer über das Atrium über eine energetisch wirksame Doppelfassade tageslichtbeleuchtet.	
Grundriss:	
geographische Lage:	49.44 °NB 9.58 °ÖL
Jahr der Fertigstellung:	
Architekt:	Webler u. Geissler, Stuttgart
Städtbauliche Umgebung:	Gewergebiet, freistehend
Atriumtyp:	O-Atrium
Atriumfläche, Atriumvolumen:	125 m², 1050 m³
Zahl der befragten Nutzer:	17

Anhang

Grafenau, CH-Zug Ein kammförmiges Bürogebäude schließt drei U-förmige Atrien und einen offenen Hof ein.	
Grundriss:	
geographische Lage:	47.18 °NB 8.55 °ÖL
Jahr der Fertigstellung:	1993
Architekt:	Bosshard & Sutter
Städtbauliche Umgebung:	Gewerbgebiet
Atriumtyp:	U-Atrium
Atriumfläche, Atriumvolumen:	300 m², 7100 m³
Zahl der befragten Nutzer:	14

Anhang

IV. Musteranschreiben

Tageslichttechnisch begründete Entwurfsprinzipien für Atriumgebäude
Erhebung zu Tageslichtbedingungen

Name des Projektes

Dieses Gebäude ist eines von vielen Gebäuden im deutschsprachigen Raum, das im Rahmen einer Forschungsarbeit der Universtät Dortmund untersucht wird.

Das Ziel der Erhebung ist, die Akzeptanz der Nutzer von Gebäuden mit überdachten Glashallen hinsichtlich der Lichtbedingungen zu erfassen.

Bitte helfen Sie mit, indem Sie sich in den kommenden Tagen etwa 20 Minuten Zeit für den Fragebogen nehmen.

Ihre Antworten werden nur als Teil einer statistischen Auswertung verwendet und es wird nicht möglich sein, eine Person individuell anhand der Ergebnisse zu identifizieren.

Bitte lesen Sie die Fragen sorgfältig. In Kreisen sind die Antworten jeweils anzukreuzen, in Kästchen Zahlen einzutragen, kusiv gedruckte Texte sind Anmerkungen zum Fragebogen. Wenn Ihnen Fragen unverständlich bleiben, markieren Sie sie vielleicht am Rand mit einem Fragezeichen. Die ausgefüllten Bögen nimmt Ihr Ansprechpartner im Hause entgegen.

Für Ihre Mithilfe und Kooperationsbereitschaft danken wir Ihnen im voraus.

Mit freundlichen Grüßen

Dipl.-Ing. H. J. Schmitz

Ansprechpartner:
für die Universtät Dortmund: Dipl. Ing. Hans Jürgen Schmitz Tel. XXXX
in Ihrem Haus, Abteilung Gebäudewirtschaft: Tel: XXXX

Anhang

V. Musterfragebogen

1	Gibt es eine Besonderheit, die Sie an dem Gebäude ... ausgesprochen mögen?	O ja	O nein
2	Wenn ja. Was mögen Sie?		

3	Gibt es eine Besonderheit, die Sie an dem Gebäude ... ausgesprochen stört?	O ja	O nein
4	Wenn ja. Was stört Sie?		

Angenommen, Sie könnten einen neuen Büroraum völlig frei wählen, auf was würden Sie besonderen Wert legen? 1= außerordentlich wichtig, 2= sehr wichtig, 3= auch wichtig, 4= nicht so wichtig, 5= völlig unwichtig

		1	2	3	4	5
5	Bei Kälte oder Hitze hat der Raum eine komfortable Temperatur	O	O	O	O	O
6	Der Raum hat gute Lichtverhältnisse	O	O	O	O	O
7	Der Raum hat eine gute Belüftung	O	O	O	O	O
8	Der Raum hat öffenbare(s) Fenster	O	O	O	O	O
9	Zu wichtigen Bereichen sind kurze Wege im Gebäude	O	O	O	O	O
10	Der Raum ist ruhig / hat guten Schallschutz	O	O	O	O	O
11	Der Raum hat viel Platz	O	O	O	O	O
12	Der Raum hat einen angenehmen Ausblick	O	O	O	O	O

Wie häufig arbeiten Sie an Ihrem Arbeitsplatz am Computer?

13	O fast Immer	O oft	O nur selten	O nie

Wie beurteilen Sie generell die Lichtverhältnisse für Ihre Tätigkeit? (ohne Kunstlicht)

		zu hell	angenehm hell	gerade noch hell genug	zu dunkel
14	a. an Ihrem Arbeitsplatz	O	O	O	O
15	b. insgesamt im Raum	O	O	O	O
16	c. am PC	O	O	O	O

Bevorzugen Sie beim Arbeiten Tageslicht oder Kunstlicht oder eine Kombination?

17	O Tageslicht	O Kunstlicht	O bevorzuge Kombination

Markieren Sie Ihre Haupttätigkeiten

18	Arbeit am Bildschirm	O	Arbeiten mit Formularen		O
19	Telefonieren	O	Lesen von Texten		O
20	Besprechungen	O	Zeichnen und graphische Arbeit		O
21	handschriftliche Ausarbeitungen	O	Sonstige (bitte angeben)		O
22	Ordnen und Ablegen	O			

Anhang

7 Wie bewerten Sie die generellen Arbeitsbedingungen an Ihrem Arbeitsplatz? *Bitte geben Sie an, wie wichtig Ihnen die folgenden Kriterien sind und wie zufrieden oder unzufrieden Sie an Ihrem jetzigen Platz damit sind.*

		Wichtigkeit (1=sehr wichtig)					Zufriedenheit (1=sehr zufrieden)				
		1	2	3	4	5	1	2	3	4	5
28	innere Arbeitsbedingungen (Betriebsklima, Kollegen, Bezahlung)	O	O	O	O	O	O	O	O	O	O
29	äußere Arbeitsbedingungen (Raum, Licht, Luft, Temperierung,)	O	O	O	O	O	O	O	O	O	O
30	gute Raumausstattung (Stuhl, Möbel, Geräte)	O	O	O	O	O	O	O	O	O	O

Wie bewerten Sie äußeren Arbeitsbedingungen an Ihrem Arbeitsplatz?

		Wichtigkeit (1=sehr wichtig)					Zufriedenheit (1=sehr zufrieden)				
		1	2	3	4	5	1	2	3	4	5
34	Schallschutz / ruhiger Arbeitsplatz	O	O	O	O	O	O	O	O	O	O
36	gute Lichtverhältnisse	O	O	O	O	O	O	O	O	O	O
38	angenehme Temperatur	O	O	O	O	O	O	O	O	O	O
40	große Fenster	O	O	O	O	O	O	O	O	O	O
42	gute Luftqualität	O	O	O	O	O	O	O	O	O	O
44	Schutz vor Einblick von anderen Räumen	O	O	O	O	O	O	O	O	O	O
46	genügend Platz	O	O	O	O	O	O	O	O	O	O

Wie bewerten Sie die Lichtverhältnisse an Ihrem Arbeitsplatz?

		Wichtigkeit (1=sehr wichtig)					Zufriedenheit (1=sehr zufrieden)				
		1	2	3	4	5	1	2	3	4	5
48	gute Arbeitsplatzbeleuchtung mit Tageslicht auch an trüben Tagen	O	O	O	O	O	O	O	O	O	O
50	gute Arbeitsplatzbeleuchtung mit Tageslicht bei Sonne	O	O	O	O	O	O	O	O	O	O
52	Schutz vor Blendung bei Sonne	O	O	O	O	O	O	O	O	O	O
54	gute Lichtverhältnisse bei Kunstlicht	O	O	O	O	O	O	O	O	O	O

Anhang

Welche der folgenden Eigenschaften beschreiben den **Ausblick** aus dem Ihrem Arbeitsplatz am nächsten gelegenen Fenster am besten? *(Markieren Sie so viele Ihnen passend erscheinen)*

O angenehm	O offen
O beschränkt	O hell
O einfach	O frustrierend
O gedämpft	O kompliziert
O anregend	O langweilig
O unruhig	O unangenehm
O düster	O geräumig

70 Arbeiten Sie an Ihrem Arbeitsplatz nur mit Licht vom Fenster ?   O fast Immer   O oft   O nur selten   O nie

Haben Sie an Ihrem Arbeitsplatz Lichtverhältnisse, die Sie störend **blenden** und sich nicht durch einen Blendschutz von Ihnen regeln lassen ?

71 bei diffusen Tageslicht   O fast Immer   O oft   O nur selten   O nie
72 bei Sonne   O fast Immer   O oft   O nur selten   O nie
73 bei Kunstlicht   O fast Immer   O oft   O nur selten   O nie

74 Wie finden Sie die **Besonnung** Ihres Büroraumes ? Was stört Sie am meisten? *(eine Nennung)*

O zufrieden
O zu wenig Sonne
O zu viel Sonne
O kein ausreichender Schutz vor Blendung
O schlechter Schutz vor Wärme
75 O Sonstiges ....

Eine Überdachung mit Glas schafft in einem Gebäude einen zusätzlichen Raum. Markieren Sie die **drei** für Sie wichtigsten Bedingungen, die eine solches Atrium für Sie attraktiv machen.

76 O Das Atrium ist begrünt
77 O Das Atrium hat ganzjährig ein angenehmes Klima
78 O Vom Atrium aus kann man in die Umgebung sehen
79 O Das Atrium wird als Aufenthaltsraum / Treffpunkt genutzt
80 O Sonne kann in das Atrium scheinen
81 O Das Atrium ist hell bei bedecktem Himmel
82 O Im Atrium gibt es eine Wasserfläche / ein Wasserspiel
83 O Vom Atrium aus sind der Eingang und die Treppen zugänglich
84 O Das Atrium hat eine überschaubare Größe

Anhang

	Nutzen Sie das Atrium in Ihrem Gebäude auch für längere Aufenthalte (Pausen, Besprechungen,...)		
85	im Winter	O ja	O nein
86	im Sommer	O ja	O nein
87	im Frühjahr	O ja	O nein
88	im Herbst	O ja	O nein
89	zu besonderen Anlässen	O ja	O nein

Welche der folgenden Eigenschaften beschreiben das Atrium in Ihrem Gebäude am Besten?

O angenehm   O offen
O eng   O hell
O gleißend /grell   O laut
O gedämpft   O transparent
O anregend   O langweilig
O ruhig   O unangenehm
O düster   O großzügig

Das Atrium in diesem Gebäude wirkt
104 insgesamt auf mich   O zu groß   O gerade richtig   O zu klein
105   O zu hell   O gerade richtig   O zu dunkel

Wenn ich wählen könnte, würde ich ein Büro mit Fenstern
106   O zum Atrium   O zur Umgebung
107 vorziehen, weil ....

108	Wenn mein Raum mehr Tageslicht hätte, wäre er sicher angenehmer	O ja	O nein
109	Tagsüber ist es auch ohne Kunstlicht im hinteren Teil des Raumes hell genug	O ja	O nein
110	Können Sie von Ihrem Arbeitsplatz so viel von der Außenwelt sehen, wie sie gerne möchten?	O ja	O nein
111	Würden Sie sich selbst als blendempfindlich bezeichnen ?	O ja	O nein
112	Bei einem nicht überdachten Innenhof hätte mein Arbeitsplatz sicher besseres Tageslicht *(nur bei Büro zum Atrium beantworten)*	O ja	O nein

113

Wenn Sonne in das Atrium scheint, wie wirkt sich   O werden deutlich angenehmer
das auf die Lichtverhältnisse in Ihrem Büro aus ?   O werden etwas angenehmer
(nur ausfüllen für Büroräume zum Atrium)   O werden weniger angenehm
                                                      O hat keinen merklichen Einfluß

Anhang

114	Geräusche von Geräten / Personen	O fast Immer	O oft	O nur selten	O nie
115	schlechte Luft / Gerüche	O fast Immer	O oft	O nur selten	O nie
116	Personenbewegungen	O fast Immer	O oft	O nur selten	O nie

117 Wie beurteilen Sie die Entfernung zum Ihrem Fenster gegenüberliegenden Gebäude / Fassade / Wand ?

    O ist zu weit weg
    O etwas näher würde auch nicht stören
    O ist etwas zu nah
    O ist viel zu nah
    O ist gerade richtig

118 Von Ihrer normalen Blickrichtung am Arbeitsplatz aus liegt das nächste Fenster

    O links   O rechts   O im Rücken   O vorne

Angaben zum Raum: Belegung   (Anzahl Personen im Raum)
                               Höhe im Gebäude (Geschosszahl / Ebene)

Bitte kennzeichnen Sie die Lage Ihres Arbeitsplatzes im Grunrißausschnitt

Anhang

119	Tageslichtsituation bei der Befragung *(eine Nennung außer bei Kunst- und Tageslicht)*	O stark bewölkt O bedeckt, etwas trüber Tag O freundlich, aber nicht sonnig O sonnig, Fenster nicht direkt besonnt O sonnig, Fenster besonnt O *Kunstlicht zugeschaltet* O nur Kunstlicht
121	Wenn Sie weitere Kommentare zum Gebäude haben, notieren sie diese bitte hier:	

....
....
....
....

122	Angaben zur Person:	Alter	O bis 20 O 20 bis 29
	Die Angaben zur Person werden streng vertraulich gehandhabt. Sie dienen ausschließlich zur statistischen Auswertung. Eine Identifizierung einzelner Umfrageteilnehmer wird ausgeschlossen.		O 30 bis 39 O 40 bis 49 O 50 bis 59 O 60 und darüber
123		Geschlecht	O weiblich O männlich
124	Seit wann arbeiten Sie an diesem Platz ?		O weniger als 1 Jahr O mehr als 1 Jahr
125	Sind Sie Rechtshänder oder Linkshänder ?		O RechtshänderIn O LinkshänderIn
126	Tragen Sie bei der Arbeit eine Brille oder Kontaktlinsen?		O nein O ja O zeitweise

Ansprüche an Ihren Arbeitsplatz sind auch abhängig von der Zeit, die Sie an diesem Platz verbringen
Bitte schätzen Sie Ihre durchschnittliche Wochenarbeitszeit

127	Arbeitsstunden insgesamt	☐	Stunden / Woche
128	davon an Ihrem Arbeitsplatz	☐	Stunden / Woche

Im Namen der Universität Dortmund danken wir für Ihre Kooperation

Anhang

VI. Lebenslauf

Hans Jürgen Schmitz

10 Juni 1964	geboren in Hückeswagen, BRD Nordrhein-Westfalen
Oktober 1986	Studium der Architektur an der RWTH Aachen
August 1989 - März 1991	Mitarbeit am CEC-Forschungsprogamm 'Daylight in Buildings' als studentische Hilfskraft am Lehrstuhl Baukonstruktion II, RWTH Aachen
April 1991 - Februar 1992	Mitarbeit an Seminarveranstaltungen „Lichtplanung und Lichtgestaltung" als studentische Hilfskraft beim Lehrgebiet Innenraumgestalung, RWTH Aachen
17 Juli 1992	Diplom der Fakultät Architektur, RWTH Aachen
Juli.1992 - Juni 1998	Lichtplaner im Büro Lichtdesign, Köln Schwerpunkt Tageslichtplanungen
März 1997	Beginn der Dissertation zu Tageslichtbedingungen in Atriumgebäuden, Lehrstuhl Klimagerechte Architektur der Universität Dortmund
Juli 1998	Lichtplaner bei der Ges. für Licht- und Bautechnik, Dortmund Schwerpunkt Konzeptentwicklung und Tageslichtplanung

Anhang

www.ingramcontent.com/pod-product-compliance
Lightning Source LLC
Chambersburg PA
CBHW021547020526
44115CB00038B/898